高职高专公共基础课系列教材

公共关系与商务礼仪

（第2版）

张岩松　主　编
焦素莉　韩　金　副主编

清华大学出版社
北京

内容简介

本书以国家职业标准为依据,以应用能力培养为主线,以"实用、适用、够用"为原则,从职业分析入手,根据公共关系及商务工作要求确定教材的具体内容,把原本分属公共关系与商务礼仪的两方面知识巧妙地结合在一起,形成独特的内容体系。全书分为程序公共关系、日常公共关系、专题公共关系、商务人员礼仪和商务交际礼仪五个项目,每个项目下设"课程思政要求"及若干个任务,共计18个任务。每个任务包含学习目标、情境导入、任务设计、知识链接、课后训练等部分,便于教师在教学中以实际任务为载体,突出技能训练和能力培养,让学生在做中学,学中练,学做结合,使学生更好地理解和把握各项公共关系任务和商务交际礼仪规范,切实提高公共关系和商务礼仪的应用能力和操作水平。

本书可作为高职高专院校经济类、管理类、文秘类及相关专业教材,也可作为大中专各专业学生就业指导教材及各类企事业单位工作人员的培训教材和参考读物。

本书封面贴有清华大学出版社防伪标签,无标签者不得销售。
版权所有,侵权必究。举报:010-62782989,beiqinquan@tup.tsinghua.edu.cn。

图书在版编目(CIP)数据

公共关系与商务礼仪/张岩松主编. —2版. —北京:清华大学出版社,2021.3(2024.2重印)
高职高专公共基础课系列教材
ISBN 978-7-302-57402-6

Ⅰ.①公… Ⅱ.①张… Ⅲ.①公共关系学－高等职业教育－教材 ②商务－礼仪－高等职业教育－教材 Ⅳ.①C912.31 ②F718

中国版本图书馆CIP数据核字(2021)第021159号

责任编辑:张龙卿
封面设计:徐日强
责任校对:袁 芳
责任印制:宋 林

出版发行:清华大学出版社
网　　址:https://www.tup.com.cn,https://www.wqxuetang.com
地　　址:北京清华大学学研大厦A座　　邮　　编:100084
社 总 机:010-83470000　　邮　　购:010-62786544
投稿与读者服务:010-62776969,c-service@tup.tsinghua.edu.cn
质 量 反 馈:010-62772015,zhiliang@tup.tsinghua.edu.cn
课 件 下 载:https://www.tup.com.cn,010-83470410
印 装 者:三河市铭诚印务有限公司
经　　销:全国新华书店
开　　本:185mm×260mm　　印　　张:12.5　　字　　数:286千字
版　　次:2014年7月第1版　　2021年5月第2版　　印　　次:2024年2月第4次印刷
定　　价:45.00元

产品编号:090931-01

前　言

　　公共关系活动和商务活动的频繁和活跃是我们所处时代的重要特征之一，从某种意义上说，公关能力、礼仪素养是人生幸福、事业成功之路的通行证，为了帮助大学生提升公关能力和商务礼仪素养，增强其职业竞争力，以更好地适应社会，愉快工作，幸福生活，和谐发展，我们不揣浅薄编写了本书。

　　本书体系新颖简练、内容重点突出、读者适用面宽、案例新颖、训练题多样、可操作性强，是国家精品课程"现代交际礼仪"建设标志性成果之一。本书第1版自2014年出版以来，受到兄弟院校的欢迎，多次印刷，发行量万余册，此次在第1版的基础上进行了修订，与国内的同类教材相比，本书的特色更加鲜明。

　　本书由张岩松担任主编，焦素莉、韩金担任副主编。张岩松编写绪论和项目1，焦素莉编写项目2和项目4，韩金编写项目3和项目5并完成PPT课件和课后训练答案。全书由韩金统稿。

　　本书在编写过程中参考了大量报刊文献及相关网站，吸收了国内学者最新的研究成果，在此向各位专家、学者表示衷心的感谢。

　　由于编者水平有限，对书中的疏漏之处，敬请广大读者提出宝贵的意见和建议，以便今后进一步修订完善。

编　者

2021年1月

目 录

绪论 ·· 1
   课后训练 ·· 8

项目 1　程序公共关系

任务 1　公共关系调查 ·· 13
   学习目标 ··· 13
   情境导入 ··· 13
   任务设计 ··· 13
   知识链接 ··· 14
   课后训练 ··· 23

任务 2　公共关系策划 ·· 24
   学习目标 ··· 24
   情境导入 ··· 24
   任务设计 ··· 24
   知识链接 ··· 25
   课后训练 ··· 37

任务 3　公共关系实施 ·· 39
   学习目标 ··· 39
   情境导入 ··· 39
   任务设计 ··· 39
   知识链接 ··· 39
   课后训练 ··· 45

任务 4　公共关系评估 ·· 47
   学习目标 ··· 47
   情境导入 ··· 47
   任务设计 ··· 47
   知识链接 ··· 48
   课后训练 ··· 52

项目 2　日常公共关系

任务 5　采集信息 ······ 55
　　学习目标 ······ 55
　　情境导入 ······ 55
　　任务设计 ······ 56
　　知识链接 ······ 56
　　课后训练 ······ 59

任务 6　制造新闻 ······ 60
　　学习目标 ······ 60
　　情境导入 ······ 60
　　任务设计 ······ 60
　　知识链接 ······ 60
　　课后训练 ······ 67

任务 7　塑造形象 ······ 68
　　学习目标 ······ 68
　　情境导入 ······ 68
　　任务设计 ······ 68
　　知识链接 ······ 69
　　课后训练 ······ 77

任务 8　网络公关 ······ 80
　　学习目标 ······ 80
　　情境导入 ······ 80
　　任务设计 ······ 80
　　知识链接 ······ 81
　　课后训练 ······ 91

项目 3　专题公共关系

任务 9　专题会议的组织 ······ 95
　　学习目标 ······ 95
　　情境导入 ······ 95
　　任务设计 ······ 95
　　知识链接 ······ 96
　　课后训练 ······ 102

任务 10　庆典活动的组织 ······ 103
　　学习目标 ······ 103

情境导入 ·· 103
　　任务设计 ·· 104
　　知识链接 ·· 104
　　课后训练 ·· 109

任务 11　展览活动的组织 ·· 111
　　学习目标 ·· 111
　　情境导入 ·· 111
　　任务设计 ·· 112
　　知识链接 ·· 112
　　课后训练 ·· 116

任务 12　参观活动的组织 ·· 118
　　学习目标 ·· 118
　　情境导入 ·· 118
　　任务设计 ·· 118
　　知识链接 ·· 119
　　课后训练 ·· 121

项目 4　商务人员礼仪

任务 13　仪容 ·· 125
　　学习目标 ·· 125
　　情境导入 ·· 125
　　任务设计 ·· 125
　　知识链接 ·· 126
　　课后训练 ·· 130

任务 14　服饰 ·· 132
　　学习目标 ·· 132
　　情境导入 ·· 132
　　任务设计 ·· 132
　　知识链接 ·· 133
　　课后训练 ·· 142

任务 15　仪态 ·· 144
　　学习目标 ·· 144
　　情境导入 ·· 144
　　任务设计 ·· 144
　　知识链接 ·· 145
　　课后训练 ·· 157

项目 5　商务交际礼仪

任务 16　商务会面 …………………………………………………………………… 161
　　学习目标 …………………………………………………………………… 161
　　情境导入 …………………………………………………………………… 161
　　任务设计 …………………………………………………………………… 161
　　知识链接 …………………………………………………………………… 162
　　课后训练 …………………………………………………………………… 173

任务 17　商务拜访 …………………………………………………………………… 174
　　学习目标 …………………………………………………………………… 174
　　情境导入 …………………………………………………………………… 174
　　任务设计 …………………………………………………………………… 174
　　知识链接 …………………………………………………………………… 175
　　课后训练 …………………………………………………………………… 180

任务 18　商务接待 …………………………………………………………………… 182
　　学习目标 …………………………………………………………………… 182
　　情境导入 …………………………………………………………………… 182
　　任务设计 …………………………………………………………………… 182
　　知识链接 …………………………………………………………………… 183
　　课后训练 …………………………………………………………………… 190

参考文献 ……………………………………………………………………………… 191

绪　　论

在本绪论中,首先让我们对公共关系和商务礼仪有一个总体的了解和把握,以便更好地掌握其知识体系和操作要领。

一、公共关系概述

"公共关系"一词来自英语 Public Relations,简称"P. R."。由于它是由两个英文词汇组成的,所以包括两层含义:一层是 Public;另一层是 Relations。Public 以两种词性表现出来:一种是形容词,意为公众的、公共的、公众事务的,与 Private(私人)相对应,表明它是非私人的,非秘密性的;另一种是名词,意为公众、大众,表明它不是个体,而是集团、群体。Relations 为名词,意为关系、交往等。一般说来,简单的关系是以个体与个体的形式联系在一起并进行交往的,是一种简单的、直接的交往,这种关系被我们称为"人际关系"。由于 Relations 以特定的形式出现,其内涵更丰富,意义更深远。

首先,这种关系被复数所限定,表明它只能是在复杂的交往中体现出的多种关系。这种关系可能是直接关系,也可能是间接关系;可能是单向关系,也可能是双向乃至多向关系。

其次,这种关系被英语 Public 所限定,表明它只能是社会组织在复杂的社会交往中与其各类公众及公众群体之间所建立起来的非个体、非秘密、非私人的关系,这种关系具有公众性、公开性、群体性、社会性等特点。

综合两个英语词汇的内涵和特点进行分析,将 Public Relations 译为"公众关系"更为确切,因为它是站在一个固定的角度——社会组织来分析其所面临的各种关系。不同的社会组织,由于其业务特点、工作对象不同,因而会面临不同的公众对象,从而形成不同的公众关系。同一个社会组织,由于不同时期工作的重点不同,也会面临不同的公众,形成不同的公众关系。这说明"公众关系"并不具有公共性,它不可能像"公共电话""公共汽车""公共图书馆""公共浴室""公共厕所"那样具有普遍意义,但是因"公共关系"已经约定俗成并广为流传,这里也将其叫作"公共关系",以便容易被更多的读者所接受。

1. 公共关系的表现形式

关于对"公共关系"概念的理解,还可以从不同的角度去分析,使其表现出不同的形式。

(1) 公共关系状态

从静态公共关系的角度来看,公共关系首先是一种社会状态,即一个组织所处的公众关系状态和社会舆论状态。社会组织的公共关系状态是无形的,但也是客观的,无论是有意、无意,任何社会组织都处在一定的公共关系状态之中,这种状态是与任何社会组织相伴的一种客观存在,是不以社会组织的意志为转移的。因此,就任何社会组织而言,都不存在有无公共关系状态的问题,而只有良好或不良的、自觉的或自然的公共关系状态的区别。

这种客观存在着的公共关系状态,形成对社会组织有利的或不利的内外环境,对组织的生存和发展起着积极或消极的作用。

(2) 公共关系活动

从动态公共关系的角度来看,公共关系又是一种活动或工作。当一个组织通过自己的努力来改善自身的公共关系状态时,就是在从事公共关系活动和开展公共关系工作,这是主观见诸客观的一种实践过程。其实,任何一个组织为了生存和发展,为了实现其目标和责任,总要处理方方面面的关系,这实际上就是在进行公共关系活动和开展公共关系工作。在这方面同样不存在有无的差别,而只是可以区分为自觉的或自发的、出色的或不力的、有效的或无效的、专门的或兼顾的罢了。当然,只有自觉地、有计划地、创造性地开展有效的公共关系活动才能积极构建组织良好的公共关系状态。一个组织也只有自觉地、有计划地进行公共关系活动,才能出手不凡、有所创造、事半功倍。因此,公共关系活动又被称为"公共关系艺术"。另外,随着公共关系活动专业化的需要,公共关系成了一项职业,有其专门的组织、机构及人员。

(3) 公共关系意识

公共关系也是一种意识、观念,它是现代组织及其人员对公共关系客观状态的自觉认识和理解,是对公共关系活动经验的能动反映和概括。例如,塑造形象意识、服务公众意识、传播沟通意识、诚信互惠意识、广结良缘意识、立足长远意识、创新审美意识、危机忧患意识等。公共关系意识来源于公共关系实践活动,因而对后者有明显的依赖性。公共关系意识一经形成,就具有相对的独立性和能动性,从而对公共关系实践活动具有指导意义。对任何组织来说,构建良好的公共关系状态,必须开展有效的公共关系活动,而这些活动又必然是在一定的公共关系意识的指导下进行的。反之,没有正确的公共关系意识,就不可能自觉地进行公共关系活动,因而也不会形成良好的公共关系状态。可以说,公共关系意识是自觉构建良好的公共关系状态的思想基础和开展有效的公共关系活动的行动指南,是现代组织及其人员的必备素质。不同的社会组织及人员有无自觉的和正确的公共关系意识,确有天壤之别,而且其结果也大不一样。人们谈论公共关系,往往津津乐道那些独具匠心的手段和技巧,而忽视其中包含的公共关系意识和思想,这是公共关系无法上层次、上水平的关键所在。其实,公共关系本质上是一种思想、一种文化、一种战略,只有在正确的思想和战略的基础之上,公共关系才能有精彩的运作和闪光的创造。

(4) 公共关系学

公共关系学是一门新兴的软管理学科,它以公共关系活动及其规律性为研究对象,既是一门多学科交叉并具有自己的概念、范畴及其系统的理论学科,又是一门具有明显的可操作特征的应用学科。这门学科在公共关系实践活动中受到社会重视,客观上需要在系统总结和理论升华的基础上建立和发展起来,同时这门学科又成为强化公共关系意识和推动公共关系实践的指南。学习和普及公共关系学,增加社会组织及其人员的公共关系意识,并且研究和应用公共关系学的基本理论指导企业和其他各类社会组织的公共关系工作,对于促进企业经营管理水平的全面提高乃至整个社会的和谐与发展,都具有重要的意义。当今世界电子计算机技术的发展和其在社会各个领域的广泛普及,已经极大地推进了整个社会物质和精神文明的进步。公共关系学理论的发展和被各类社会组织的普遍应用,同样必然造就整个社会精神和物质的文明与进步。

公共关系的上述主要层次是互相区别又互相联系的,这些层次在认识和说明公共关系概念时应当弄清。

2. 公共关系的内在含义

公共关系是社会关系的一种管理职能,反映的是事物之间的相互联系、相互作用的机制和状态。所谓公共关系,就是社会组织为了适应并改变环境,树立良好的社会形象,通过开展传播沟通活动使与其相关的公众彼此真诚合作互惠互利,相互适应的一种状态。公共关系的基本含义应从以下几个方面加以把握。

(1) 塑造形象的艺术

形象就是某一事物或人在公众心目中的印象,或者说是公众对某一事物或人的总体评价。"形象"一词的内涵和外延都很大。从构成社会的主体来说,有国家形象、城市形象、地区形象、组织形象、个人形象,就一个具体的企业来说,有企业形象、产品形象、商标形象、环境形象、领导形象、员工形象。形象有好坏优劣之分。影响形象的因素纷繁复杂,一个不利的因素就可能导致形象不佳,而最佳形象的获得容不得任何不利的因素。因此,公共关系特别强调:组织必须时刻注意建立和维护良好的社会形象,否则将会直接影响到目标的实现。

今天形象已引起了人们的重视,我们常说"维护祖国尊严""珍视企业信誉""创建文明城市""给人留下美好的'第一印象'"等,都是要求人们注重形象。1960年和1968年,美国政客尼克松两次竞选总统由不注重形象到注重形象,结果一败一胜,其经验教训告诉我们:注重形象是十分重要的,它关系到组织的生存与发展,关系到事业的成败,关系到目标的实现。

(2) 建立和谐友善的关系

关系是人和人之间或人和事物之间通过人的相互作用、相互影响而形成的具有某种联系的状态。公共关系的定义强调公共关系是组织与其相关公众相互适应的状态。这种相互适应的状态就是指要形成一种和谐友善的关系状态。

人类自诞生开始,就与自然界产生了一定的联系,人与人进行交往就产生了关系。随着人类的增多,关系愈加复杂。人们由于共同目标的需要聚集在一起,形成一定的群体或组织时,因人的作用和影响,这个群体或组织之间也产生了关系,进而形成了邻里关系、组织与组织关系、社会关系、城乡关系、国际关系等。关系也具有双向性:一方面,关系具有客观性;另一方面,关系又具有动态性。正是基于关系的双向性,公共关系强调要利用传播沟通、相互协调、真诚合作、互惠互利等改善组织与公众之间的关系。公共关系界有句俗语:"公共关系不能树立敌人。"公共关系要广结善缘、广交朋友,只有与社会公众形成一种和谐友善的关系,组织才能与公众相互适应、协调发展。

(3) 强调真情的沟通

所谓沟通,是指社会组织、公众运用信息符号进行的思想、观念、情感或信息交流的过程。一个组织要想在公众中树立良好的形象,首先必须把组织的有关信息告诉公众,让公众了解组织,同时还必须了解公众的想法、意见、建议等。要做到这一点,组织必须进行沟通,否则就会出现信息阻塞,造成误解、偏见,出现矛盾,从而影响到组织与公众之间良好关系的建立。

真情的沟通能获得公众的理解、信任、支持与合作。在现实社会中解决矛盾和冲突的方法只有两个：要么战争，要么和平。当人们选择和平时，唯一的解决方法就是真情的沟通。公共关系强调运用真情的沟通改善组织的对内、对外关系，为组织创造一个友善和谐的生存与发展环境。

(4) 利用传播媒介开展有效的传播

西方学者强调公共关系90%靠自己做得好，10%靠宣传。公共关系不仅要求社会组织自身要努力工作，还要善于宣传自己及其已有的成果。这一点似乎与中国传统的价值观念相悖，实际上这是个观念问题。中国的改革开放政策正是转变传统观念的结果。我国的各行各业，尤其是企业必须尽快转变观念，学会传播并善于推销自己，否则必然会在竞争中被淘汰。同时，还要利用传播媒介探究传播技巧，进行有效的传播。因为，积极主动地开展有效的传播才是提升组织形象的重要手段。

(5) 建立一流的信誉

信誉，通常指信用、名声。公共关系强调建立一流信誉，就是要为组织争取得到公众的信任、赞美和支持，提高组织的美誉度。组织的良好信誉的建立，一方面需要组织内所有员工在日常性公共关系活动中遵章守纪，讲究社会公德，说到做到，善待公众；另一方面需要组织在开展专门性公共关系活动中有意识地为其树立一个可信任的形象，在出现突发事件、意外事故的情况下更要坚持组织的基本宗旨，这是对组织信誉的考验。信誉就是财富，信誉就是资源，建立一流信誉就是公共关系追求的目标和努力的方向。

3. 公共关系形成的原因与条件

公共关系不是凭空产生的，它的形成具有深刻的社会基础与必备条件。

(1) 公共关系产生的社会基础

当社会发展到一定阶段，过去那种组织程度比较低的初级社会群体已不能适应需求，形式多样的社会组织应运而生。一个社会必须从外界环境得到支持，才能生存和发展，社会组织有意识地与环境互动，同环境相互依赖、相互作用，公共关系就产生了。所以，社会组织的建立和分化，是公共关系产生的社会基础。

(2) 公共关系形成的内存机制

社会组织与公众之所以能建立关系，最根本的原因是相互之间在利益上能够互补。企业用产品或服务从消费者那里获取利润，消费者用货币从市场上得到企业提供的自己所需的产品和服务。如果没有各自利益的实现和满足，双方就不会建立良好的关系。各自利益需求的驱动，使社会组织与公众发生接触、形成协作、建立起关系。利益的互补、合作的需要是公共关系形成的内在机制。

(3) 公共关系产生的思想条件

在现代社会，良好的社会关系是一种资源，它是生存和发展的必要条件，这一观点已被人们深刻地认识到。从强调以个人为中心到提倡团队合作精神，从重视个人间的竞争到重视组织成员间的协作，从强调对抗斗争到注重和平与发展，这些都表明，人类开始增强相互帮助、相互合作的意识。在相互合作的思想指导下，人类之间的相互关系越来越密切。人类协调、合作意识的增强是公共关系产生和发展的思想条件。

(4) 公共关系产生的经济条件

商品经济发展导致社会分工越来越细,竞争越来越激烈。分工越细越需要协作,竞争加剧的同时合作的要求也在增加。所以,商品经济的发展促使社会组织必须与公众加强联系和合作。

(5) 公共关系产生的政治条件

社会政治生活的民主化发展,是公共关系产生和发展的政治条件。公众被认可,公众权益被尊重,使公众在社会政治生活中地位大幅提高。公众参与意识的增强,参与实践的增多,对社会组织产生了重要影响。公众的信任和支持,已成为社会组织生存和发展的重要条件。

(6) 公共关系产生的物质技术条件

传播媒体的发达和技术手段的现代化是公共关系产生和发展的重要物质技术条件。尤其是计算机网络的发展使我们当今的社会联系更加紧密。社会组织的信息可以在瞬间通过计算机网络图文并茂地传送到世界各地,迅速而又广泛地影响着公众。物质技术条件的现代化使社会组织与公众相互作用的范围、程度和节奏等都发生了很大的变化。

二、商务礼仪概述

1. 商务礼仪的内涵

商务礼仪是企业的商务人员在商务活动中,为了塑造良好的个人形象和组织形象而应当遵循的对交往对象表示尊敬与友好的规范或程序。它是一般礼仪在商务活动中的运用和体现,并且比一般的人际交往礼仪的内容更丰富,它不仅以对顾客的尊重为基础,而且以提供符合消费者需求的商品和优质的服务来体现这种尊重。同一般的礼仪相比,商务礼仪有很强的规范性和可操作性,并且与商务组织的经济效益密切联系。现代商务礼仪已经成为建立企业文化和现代企业制度的一个重要方面。

商务礼仪是商务人员的社交金钥匙,是商务活动的通行证,它甚至能够决定商务活动的成败。这里有一个商务活动的事例:一天上午,一家公司同时来了两位客户,他们分别是两家知名化妆品公司的销售人员。第一位销售人员无论是自我介绍还是递名片,都显得彬彬有礼,而且穿着打扮和言谈举止都显得很有涵养。第二位销售人员在接公司主管的名片时,只是扫了一眼,就顺手把名片放进了上衣口袋里,而且这位销售人员穿着随便,言谈举止比较粗俗。最终,这家公司和第一位销售人员签订了销售合同。这家公司主管后来解释说:"第二位销售人员缺乏礼仪修养,给人一种不可信的感觉,由此我对其产品和售后服务产生了怀疑。第一位销售人员则给我留下了很好的印象,我对其产品和售后服务有信心。尽管我知道,第一位销售人员的产品并不比第二位销售人员的产品质量好,但我最终还是选择了第一位销售人员的产品,我想,这是他有良好的商务礼仪修养的缘故。"

不可否认,随着商业影响逐步全球化,人与人之间、公司与公司之间商业往来的日益频繁,尤其是我国融入世界经济循环之后,商务礼仪越来越受到人们的重视。

2. 商务礼仪的原则

(1) 分清主客

根据待客之道,主方立场为保护者,而客方立场则是被保护者;职位低的为保护者,职位高的则是被保护者。在社交活动中,男性立场为保护者,而女性立场则是被保护者的角色;年轻人立场为保护者,而老年人和儿童则是被保护者。例如,在做接待工作时,主人往往走在来宾的左前方,据说,这主要是由于古代枪支习惯瞄准左方,因此,出于安全考虑,强调"以右为尊"。上下楼梯也要特别注意,上楼梯时应让上司、来宾走在前方,以防止对方不慎跌落;下楼梯时则让上司、来宾走在后方,以便随时给予保护。以上所述看似小事,实则体现出商务人员的个人修养,客人更能因此感受到我们的真诚与可靠。

(2) 与人商量

与人交往要凡事商量,多用商量语气。在商务交谈的礼仪中,商量是一门艺术,重点在学习如何彼此尊重,对领导者而言尤其重要。当我们有求于人的时候,不论是上司或部下都宜采用询问、商量的口气,如多用"可不可以?"或"好不好?"或"May I?",让对方有考虑的时间及空间,因为他有权选择说"Yes"或是"No"。应避免出现下列景象:在办公室中,常见的情况是员工要请假,却摆出一副理直气壮的样子。例如,"老板,我明天有事,要请假。"同样的,上司也常命令员工:"这件事情下班前一定要完成。"此口气不仅让对方很难表达意见,同时还会造成或加大双方的隔阂。因此如果能学会采用商量的口气说明事情,则会完全不一样。如,"老板,我明天有点私事需要处理,不知能否向您请个假?""小王,这件事情很紧急,下班前能完成吗?有什么困难吗?"像这样温和商量的语气,会使人感到被尊重,也容易获得正面的答复,更能使事情顺利进行,使谈话气氛和谐愉快。

(3) 遵时守信

所谓遵时,就是要遵守规定或约定的时间,不能违时或失约;所谓守信,就是讲信用,对自己的承诺认真负责。现代社会工作节奏快,时间就是生命,时间就是效益,这早已为世人所认同。违时既会给对方造成各方面的损失,也是对对方的不尊重。同时,在日常生活和工作中,一个人难免会对他人许下这样或那样的承诺,"言必信,行必果",这是对自身的肯定,也是对自身人格的尊重和肯定。违时失约和不守信用,都是失礼的行为,是人际交往中的大忌。在商务活动中,如果已和宾客约定了时间或是做出了承诺,一般不能轻易变动,而应想方设法去做到。在不得已需要变更时,也须提前打招呼并做出令人信服的解释,尽量避免给对方造成麻烦或使对方产生误解。凡是需要承诺的事情,要量力而行,不能仅仅为了顾及面子就随便答应,事后又不负责任地随意毁约。一旦言而无信,尤其是养成了习惯,就会对别人造成不便,甚至会对企业、对自己的形象和声誉造成很大损害。

(4) 学会尊重

心理学认为,人们对尊重的需要分两类,即自尊和来自他人的尊重。自尊包括对获得信心、能力、本领、成就、独立和自由的愿望。来自他人的尊重包括威望、承认、接受、关心、赏识等。人们往往容易做到自尊,但要获得来自他人的尊重,首先要学会尊重他人。尊重他人是礼仪的重要原则。与人交往,不论对方的地位高低、身份如何、相貌怎样,都要尊重他人的人格,使人感到他在你的心目中是受欢迎的,从而得到一种心理上的满足,进而产生愉悦。要注意三点:一是在交往中,要热情、真诚。热情的态度会使人产生受重视、受尊重的感觉。相反,对人冷若冰霜,会伤害别人。但如果过分热情,会使人感到虚伪、缺乏诚意。二是要给人留面子。所谓面子,就是自尊心。每个人都有自尊心,失去自尊心对一个人来说,是件非常痛苦的事。伤害别人的自尊是严重的失礼行为。维护自尊,希望得到他人的尊重，是人的基本需要。三是允许他人表达思想，表现自己。当别人和自己的意见不同时，不要把自己的意见强加给对方。当你和与自己性格不同的人交往时，也应尊重对方的人格和自由。尊重他人才能赢得他人的尊重。

尊重他人尤其要尊重他人隐私。每个人都拥有自己的空间和不为人知的秘密。当你与别人交谈时，切勿鲁莽地随意提及别人的隐私，这样，别人才会愿意与你交谈。相反，你若不顾别人保留隐私的心理需要，盲目触及"雷区"，一定会影响彼此的交谈效果，引起对方的极度讨厌。另外，忌主动提及别人的伤心事。与人谈话，要留意别人的情绪，话题不要随意触及对方的"情感禁区"。有些过于私人的问题还容易造成尴尬的场面，如婚姻状况、年龄、体重、三围、薪水和穿着品牌等。在公共场合尽量避免公开谈论他人隐私。与人交谈时，如果对方不愿意主动提及某事，必有其原因或有难言之隐，此刻最不应该有的态度就是"打破砂锅问到底"，如果你知晓别人的困难，又没有能力替人分忧解难，记住千万不要背后幸灾乐祸，因为这样最不道德。

（5）宽容待人

一般来说，商务交往双方的心理总存在一定的距离，存在不相容的心理状态，这种差异会使交往者之间产生思想隔膜，甚至会使关系僵化，要想缩小这种心理上的差异，求得人与人之间能多一分和谐、多一分信赖，就必须抱着宽容之心。"宽则得众"（孔子语）。宽容就是要求人们既要严于律己，又要宽以待人，要多容忍他人，多体谅他人，多理解他人，而不能求全责备，斤斤计较，过分苛求，咄咄逼人。唯有宽容才能排除交往中的各种障碍，不能宽容他人的人，往往会得理不饶人，使人际关系恶化。共性是寓于个性之中的，人们应该维护和发展共性，以理解和宽容来增强人们之间的凝聚力。

（6）真诚交往

商务礼仪的运用基于交际主体对他人的态度，如果能抱着诚意与对方交往，那么交际主体的行为自然而然地便显示出对对方的关切与爱心。因为无论用何种语言表达，行为都是最好的证明。在通常情况下人们可以用假话来掩饰自己的企图，但却无法用行为来掩饰自己的空虚，因为体态语是无法掩饰虚假的。因此唯有真诚，才能使你的行为举止自然得体。与此相反，倘若仅把运用礼仪作为一种道具和伪装，在具体操作礼仪规范时口是心非，言行不一、弄虚作假，投机取巧，或是当面一个样，背后一个样，有求于人时一个样，被人所求时又一个样，将礼仪等同于"厚黑学"，这都违背了商务礼仪的基本原则。

（7）施礼适度

俗话说，"礼多人不怪。"人们讲究礼仪是基于对对方的尊重，这是无可厚非的。凡事过犹不及，商务交往要因人而异，要考虑时间、地点、环境等条件。施礼过度或不足，都是失礼的表现。比如见面时握手时间过长，或是见谁都主动伸手，不讲究主次、长幼、性别；告别时一次次地握手，或是不住地感谢，让人觉得厌烦。礼仪的施行只是内心情感的表露，只要内心情感表达出来，就完成了礼仪的使命。如果反复重复，似乎有别人不理解、不领情之嫌，画蛇添足，实无必要。

3. 商务礼仪的修养

除了掌握并遵行上面所述现代商务礼仪准则外，英国学者大卫·罗宾逊概括出了从事商务活动的黄金规则。这些准则也可以看作是商务人员必备的礼仪修养，具体表述可用

"IMPACT"来概括,即:Integrity(正直)、Manner(礼貌)、Personality(个性)、Appearance(仪表)、Consideration(善解人意)和 Tact(机智)。

(1) Integrity(正直)

正直是指通过言行表现出诚实、可靠、值得信赖的品质。当个人或公司被迫或被诱惑,欲做不够诚实之事时,其正直就值得怀疑了。良好的商务举止的一条黄金规则就是:你的正直应是毋庸置疑的——不正直是多少谎言也掩饰不了的。

(2) Manner(礼貌)

礼貌是指人的举止模式。在与他人进行商务交往时,你的风度可以向对方表明自己是否可靠,行事是否正确、公正。粗鲁、自私、散漫是不可能让双方继续交往的。

(3) Personality(个性)

个性是指在商务活动中表现出来的独到之处。例如,你可以对商务活动充满激情,但不能感情用事;你可以不谦虚,但不能不忠诚;你可以逗人发笑,但不能草率轻浮;你可以才华横溢,但不能惹人厌烦。

(4) Appearance(仪表)

人们常常下意识地对交往者以貌取人。由此可见,衣着整洁得体,举止落落大方,是留给商务伙伴良好印象的至关重要的因素。

(5) Consideration(善解人意)

善解人意是良好的商务举止中的又一黄金规则。人们如果事先已预料到交谈、写信或电话联系对方可能有的反应,就能更谨慎、更敏锐地与对方打交道。

(6) Tact(机智)

面对某些挑衅,虽然要立即做出反应,但不可凭一时冲动行动,而应利用某些显而易见的优势来妥善处理。不过本条黄金规则更深刻的内涵是:有疑虑时,保持沉默。

课后训练

1. 如何理解公共关系的基本含义?
2. 你原来心目中的公共关系是什么?学习之后呢?
3. 公共关系有哪些表现形式?它对个人素质提升有哪些作用?
4. 运用公共关系理论分析评价"好酒不怕巷子深"和"王婆卖瓜,自卖自夸"。
5. 请判断下列行为是否属于公共关系活动。
(1) 出资帮助社区建公园而通知报社报道。
(2) 商场开展"买一赠一"活动。
(3) 主动上门调解与客户的关系。
(4) 商场设置奖励顾客意见箱。
6. 有一家企业与当地的公共关系公司比邻,却从来没有打过交道,这家企业的老总说:"哼!我绝不会用到公共关系,根本没有必要与这家公司有任何往来!"你认为这位老总的话对吗?
7. 从网络上收集有关"公共关系"的各种资料,结合所学,自编一期小报,要求以班、组、室为单位,相互协作,设计报头,刊名要鲜活新颖别致,内容要丰富多彩,图文并茂,引人入胜。

8. 在网络搜索观看电视连续剧《公关小姐》,然后谈谈你对公共关系的理解。

9. 在网络搜索观看小崔说事《公关不怕难》,然后谈谈你的感想。

10. 什么是商务礼仪?请用你自己的话表述一下。

11. 在商务交际中,应坚持哪些商务礼仪原则?

12. 应该怎样加强商务礼仪修养?

13. 观看电影《公主日记》《窈窕绅士》,总结主人公从麻雀变凤凰过程中的诸多礼仪元素及其礼仪修养方法。

14. 请指出以下人员礼仪修养上存在的问题。

(1)小王邋里邋遢站在总经理办公室门前,头发乱蓬蓬的,西装皱皱巴巴,刚一进门就被秘书小姐赶出了办公室。

(2)小李坐在接待室等待客户,不耐烦地走过来走过去,还不时地翻看接待室的物品。客户一来他就迫不及待地开始推销产品,客户没机会插上一句话。

(3)拥挤的公共汽车上,小张因一点小事和一个乘客争吵起来。他气呼呼地赶到客户那儿,发现客户是刚才和自己在车上争吵过的那个人。

(4)小刘是饭店前厅的接待,客人登记住店时,看了房价后无意中说了一句:"这么高的房价?!你们的房价为什么这么高呢?"小刘回答:"本来还要高,看你不是经商的,这已经给你打了折了。"客人听后极为不悦,大步离开了店堂。

(5)居民区苏小姐正在忙家务,门铃响了,她打开门,迎面而立的是一位戴墨镜的年轻男士。苏小姐问:"您是……"男士没有摘下墨镜,而是从口袋里摸出一张名片:"我是保险公司的。"苏小姐接过名片看了看,不错,他确实是保险公司的,但这位男士的形象让她反感,便说:"对不起,我们不打算买保险。"说着就要关门,而这位男士动作非常敏捷,已将一只脚迈进门内,挤了进来,一副极不礼貌的样子,在屋内打量半天,然后又说:"你们家的房子装修得这么漂亮,真令人羡慕。可天有不测风云,万一发生个火灾什么的,损失就大了,不如现在你就买份保险……"苏小姐越听越生气,光天化日之下,竟然有人闯进门来诅咒她的房子,于是,她把年轻男子轰了出去。

15. 请为自己制订一套"一日礼仪行"计划,并认真执行。在执行的过程中,是否发生过有趣的小故事,或者使你有所感悟。请写成小文章。

16. 案例分析

让客人每天多看一遍富士山

日本有一家电子公司,总部设在东京,分部和生产区设在大阪。为此,公司每天都安排人员负责购买专线车票,为与该公司有业务往来的客人提供方便。德国人汉森是每天享受这种方便的外商之一。在乘坐过多次专线车以后,汉森发现:每一次去大阪,工作人员给他安排的座位都是靠右窗的,而回东京的时候,则是靠左窗的。起初,他还以为是巧合,经工作人员证实不是巧合之后,他有点想不明白了。这时候,该工作人员微笑着告诉他:"这是特意为您安排的,因为在这个座位上,来回都能够看到咱们这儿最美的风景。每天让您多看一遍富士山,是为了让您能够深深地记住这个地方,记住咱们公司。"每天多看一遍富士山,成了汉森在日本生活、工作期间最感动的一件事。这种感动也使得这家日本公司得到了回报——后来,汉森把他原计划的投资金额追加了一倍。

(资料来源:佚名.gggx anli fenxi [EB/OL].[2019-01-19]. https://max.book118.com/html/2019/0119/8035141132002002.shtm.)

思考讨论题:

(1)让客人每天多看一遍富士山,这不过是举手之劳,但是,在这种举手之劳的背后体现了怎样的公关思想?

(2)想别人之所想,日本这家电子公司工作人员的这种做法,对我们开展公共关系活动,处理公众关系有何启示?

酒店老板与无赖

一个人走进饭店要了酒菜,吃罢摸摸口袋发现忘了带钱,便对店老板说:"店家,今日忘了带钱,改日送来。"店老板连声说:"不碍事,不碍事。"并恭敬地把他送出了门。

这个过程被一个无赖看到了,他也进饭店要了酒菜,吃完后摸了一下口袋,对店老板说:"店家,今日忘了带钱,改日送来。"

谁知店老板脸色一变,揪住他,非剥他衣服不可。

无赖不服,说:"为什么刚才那人可以赊账,我就不行?"

店家说:"人家吃菜,筷子在桌子上找齐,喝酒一盅盅地筛,斯斯文文,吃罢掏出手绢揩嘴,是个有德行的人,岂能赖我几个钱。你呢?筷子往胸前找齐,狼吞虎咽,吃上瘾来,脚踏上条凳,端起酒壶直往嘴里灌,吃罢用袖子揩嘴,分明是个居无定室、食无定餐的无赖之徒,我岂能饶你!"

一席话说得无赖哑口无言,只得留下外衣,狼狈而去。

(资料来源:关晓燕.礼仪——规范行为的学问[M].北京:清华大学出版社,2008.)

思考讨论题:

(1)一个人的礼仪修养表现在哪些方面?

(2)本案例对你有何启示?

项目 1　程序公共关系

向着某一天终于要达到的那个终极目标迈进还不够,还要把每一步骤看成目标,使它作为步骤而起作用。

——[德]歌德

程序公共关系即公共关系工作程序,也称公共关系的"四步工作法"。具体包括公共关系调查、公共关系策划、公共关系实施和公共关系评估四个步骤。

课程思政要求

- 进行社会主义核心价值观教育;
- 进行爱国主义教育;
- 开展诚信教育、法律意识教育和道德意识教育;
- 塑造职业形象,提高职业素养;
- 促进学生全面发展。

任务1　公共关系调查

学习目标

- 明确公共关系调查的内容；
- 按照公共关系调查的一般程序开展公共关系调查；
- 能够撰写公共关系调查报告；
- 运用公共关系调查方法灵活地开展调查。

情境导入

公关部长怎能无事可做

新华酒店新设了一个公共关系部，开办伊始，就配备了豪华的办公室，漂亮迷人的公关小姐，现代化的通信设备……但该部长却发现无事可做。后来，这位部长请来了一位公共关系顾问，向他请教怎么办。假设你就是这位顾问，请你和你的公关小组为该酒店制订一个调查方案，以便了解酒店的公共关系状态，针对酒店的客户展开满意度调查工作，帮助该酒店收集客户信息及有价值的意见和建议。促进该酒店不断改进提高，最终为客户提供更优质的产品和更满意的服务。

任务设计

公共关系调查就是用科学的方法和客观的态度，以组织公共关系的历史和现状为研究对象，收集有效的信息资料，为组织开展公共关系工作和做出公共关系决策提供技术支持。要想成功地开展公共关系工作，一个重要前提就是进行公共关系调查。进行公共关系调查首先要制订调查方案。调查方案设计就是根据调查研究的目的和对象，在进行实际调查之前，对调查工作总任务的各个方面和各阶段进行通盘考虑和安排，提出相应的调查实施方案，制订出合理的工作程序。调查方案设计起着统筹兼顾、统一协调的作用，能够使调查更有针对性，使其更加系统、更加完整地反映调查对象的整体面貌。

这里我们需要思考的是为新华酒店制订的调查方案应该包括哪些内容？如何根据调查方案实施有效的调查活动呢？操作建议如下。

(1) 全班同学分为三组，每组指定一个组长。
(2) 组长带领大家制订调查方案，并形成书面材料。
(3) 每组推选一名代表在课堂上展示调查方案。

（4）全班同学对各组的调查方案提出意见或建议。
（5）教师进行总结、点评。

知识链接

一、公共关系调查的内容

公共关系调查的内容及范围主要涉及组织情况调查、组织形象调查、公众评价调查和公关活动条件调查等。

1. 组织情况调查

组织的基本情况是公众评价的首要对象。要正确地评价公众的意见，公关人员必须对组织的基本情况了如指掌。关于组织情况调查，主要有两方面的内容。

（1）组织的经营发展情况包括组织创建的时间、组织经营发展的目标（包括近期、中期、远期的目标）；组织发展过程的重大事件及在社会上、舆论界的反响；组织对社会的贡献；企业组织的市场分布、市场占有状况及市场竞争状况；企业组织的产品、服务及价格特点；组织的管理特点；企业组织的外观、厂名及商标特点等。

（2）组织成员的基本情况包括组织成员人数的变化、组织成员的精神面貌、一般成员的状况及对组织发展做出过重大贡献的成员的情况和组织领导者的总体情况。员工的一般状况，包括年龄、文化程度、专业特长、兴趣爱好、家庭生活等；为组织做出重大贡献的员工、劳模的成就与经历；组织主要负责人的一般情况。

2. 组织形象调查

组织是通过评价和衡量组织形象的两个指标——知名度和美誉度来完成组织形象调查的。

（1）知名度

知名度表示有多少公众知道和了解组织及其知道和了解的程度，包括机构的名称、标记、经营内容、历史、规模、产品、服务等。组织的知名度在一定意义上决定着组织获得公众理解与支持的范围，所以该项调查的公众范围一般比较广泛，可以是对组织诸多因素的综合考察，也可以是对其中的单项因素进行调查。通过知名度调查，能明确显示组织在公众心目中排名榜上的地位，而且可以详细了解组织的诸多构成因素对其知名度形成的具体作用。同时，也能为其他项目的调研工作提供基础资料。

（2）美誉度

美誉度表示有多少公众信任和赞赏组织及其信任和赞赏的程度，包括对机构名称、标记、经营方式、产品或服务是否喜欢、信任等。组织美誉度的高低，基本上反映了组织的信誉与社会形象。该项调查一般是在组织知名度调查基础上进行的更深层次的调查工作。通过美誉度调查，在一定程度上能为组织指明努力的方向。一个组织可能会为自己的高知名度而沾沾自喜，然而如果美誉度调查显示出反向结果，则表明组织的日常工作中存在问题。组织要及时追根溯源，努力修正不良影响，以免后患无穷。

表 1-1 和表 1-2 是组织知名度、美誉度的调查表,可供组织在公关调查实践中参考。

表 1-1　知名度调查问卷设计

项　目	1	2	3	4	5	6	汇总
机构名称							
地点							
标记							
代表色							
历史							
规模							
经营内容							
产品 A							
产品 B							
服务							

（低）　　　　　　　　　　　　　　　　　　　　　　　　　　　（高）

注：请被调查者对准项目在空格中写"√",根据总分及各项得分,综合评价机构知名度。表中 1～6 分别表示不知道、好像知道、知道、有些了解、了解、非常了解。

表 1-2　美誉度调查问卷设计

项　目	1	2	3	4	5	6	汇总
产品 A							
产品 B							
售前服务							
售中服务							
售后服务							

（低）　　　　　　　　　　　　　　　　　　　　　　　　　　　（高）

注：请被调查者对准项目在空格中写"√",根据总分及各项得分,综合评价机构美誉度。表中 1～6 分别表示比较怀疑、怀疑、一般、比较信任、信任、非常信任。

3. 公众评价调查

所谓公众评价调查,就是通过评估公众意见和公关活动效果,了解社会公众对组织相关行为的具体反应和建议。

（1）公众意见

公众意见表示社会公众对组织有关问题的反应及形成反应的具体原因,包括组织的产品、服务、价格、管理、人员素质等问题。

公众意见调查要探明组织在目标公众心目中的形象及他们之所以会有如此评价的形成原因。该项调查一般可以加深对相关公众的广泛了解,也可以聘请一些熟悉业务、具有经验和综合分析能力的专家,运用座谈、信函的形式,请他们对组织面临的问题进行诊断并提出解决问题的建议。

公众意见调查不仅需要针对不同公众的知识水平、理解能力等多方面多层次进行有的放矢的调查,而且对各方面意见的汇总、整理也需要花费比较多的精力。例如,个别企业在消费者心目中形象不佳,那这种不信任究竟源于何处呢?是产品质量不过关,还是推销方式不适宜?是不相信企业的经营水平,还是对企业存有偏见?只有追根溯源,才能找到解决问题的关键。

(2) 公关活动效果

公关活动效果是了解社会公众对组织实施的公共关系专门活动的评价。正确评价公共关系活动的真实效果并不简单。作为一种长期为组织树立良好形象、为组织获取最大经济效益创造条件的公共关系活动,相当多的情况下是无法要求它直接创造利润的。所以,对组织实施的公共关系活动,往往不能用数量式的硬性指标来衡量,必须考虑到它所产生的滞后效应。

然而,通过公关调查,可以在一定范围内,用定量分析的方式,了解组织的公共关系活动是否达到以最少的投入使信息传递到最大空间的目标。

$$接触率 = \frac{目标公众接触媒体人数}{目标公众人数} \times 100\%$$

$$单位宣传费用 = \frac{宣传费用}{受众人数}$$

$$单位宣传费用效果 = \frac{宣传后销售实绩 - 宣传前销售实绩}{宣传费用}$$

4. 公关活动条件调查

所谓公关活动条件调查,是指在开展公关活动之前,组织对开展活动的主客观条件进行调查研究。为了避免闭门造车,给组织带来不必要的损失,组织的公关人员在开展公关活动之前或是在公关活动策划时,对支持公关活动的具体条件要进行调研工作。其内容主要包括以下三个方面。

(1) 公关活动主体的人力分析

组织要使公关活动达到预期的目的,应该考虑由哪些人员参加,人力是从组织内部挑选还是由外部公关公司承担,人员具备哪些特长、工作能力、经验和业绩如何、能否胜任工作等。

(2) 公关活动主体的财力分析

从某种意义上讲,这是一种投入—产出比分析。针对公关活动来说,就是组织所能投入的资金和活动所产生的效益是否成比例,资金的使用是否合理等。

(3) 公关活动的客观环境调研

客观环境分为宏观调研和微观调研两部分。宏观调研是对组织的经济环境、政治法律环境和社会文化环境的认识。组织在开展公关活动之前,应对社会、政治、经济形势进行冷静分析,对市场和公众的社会心理进行认真研究。在市场活跃或疲软的不同环境下,公关活动的内容和效果是大不一样的。微观调研是对开展公关活动的具体条件进行调研,对活动的场地、设备及各类有关规定等进行调研。公关活动的场地分为室内和露天。事先要调查场地面积、人员交际、食宿场所和流动的通道等。公关活动设备的调研一方面要调查清楚活动所需家具(桌椅、餐具、茶具)的数量、质量和档次;另一方面要调查清楚电子设备(电话、电视、音响、扩音器、投影仪、照明设备、话筒等)的数量及使用效果。

二、公共关系调查的程序

公共关系调查研究是一门艺术,既有科学性,又有技巧性。掌握公共关系调查的科学程序,是提高调查艺术、强化调查效果的基础。

1. 确定公共关系调查的选题

确定公共关系调查的选题,实际上就是确定调查的方向。对于公共关系人员而言,需要调查的情况十分繁杂。但是,在一次具体的调查活动中,由于时间、人力及调查容量自身的限制,不可能也没有必要进行全方位、大规模的调查,通常只能开展有针对性的、专题性的、围绕某一个方面内容的调查活动。

(1) 确定公共关系调查选题的原则

公共关系调查选题的确定,是一项科学性与艺术性很强的工作,需要遵循以下几个原则。

① 需要性原则。即根据社会组织的需要来选择和确定调查选题。

② 创新性原则。在选择公共关系调查课题时,要善于运用新理论、新思维、新方法,从新的角度提出有别于以前的调查选题和有别于竞争对手的新选题,确保公共关系调查活动的顺利开展。

③ 可行性原则。即社会组织所选择的公共关系调查课题在规模上、深度上要符合社会组织现有的调查工作的能力水平。

④ 科学性原则。在确定公共关系调查选题过程中,要进行科学分析和科学假设,运用相关学科、专业知识判断公共关系现象之间的内在联系,提出源于科学判断的课题,以保证公共关系调查活动的科学性。

(2) 确定公共关系调查选题的过程

公共关系调查选题的确定不是一蹴而就的,它是一个需要经过筛选、判断、分析的过程,该过程由以下四个步骤构成。

第一步,根据社会组织需要尤其是公共关系决策的需要,明确公共关系调查选题的基本概念与内涵,指出公共关系调查的方向和必须达到的目标。

第二步,运用文献调查方法和直觉判断方法,明确公共关系调查选题的中心内容。公共关系人员在明确了选题概念以后,可以运用文献调查方法,了解以往相关的调查研究成果,为确定本次公共关系调查选题的中心和重点内容提供参照体系,以便找出本次公共关系调查选题的关键所在。

第三步,运用相关的学科理论和方法,形成公共关系调查选题的假设命题。在收集了与公共关系调查选题概念相关的文献资料的基础上,公共关系人员即可根据相关的学科理论,进行推理分析,在科学理论指导下,围绕选题概念,撰写本次调查选题的假设命题。

第四步,运用比较、判断方法,对调查选题的假设命题进行综合评估。评估的标准有实用性、创新性、可行性、科学性等。如果判断结果表明假设命题对社会组织亟待解决的问题具有实用性,与以往课题相比具有新颖性,同社会组织人力、物力、财力等条件又相符,用学科理论来衡量又具有科学性,那么选题就有价值,应当及时据此撰写调查选题,开展调查活动。反之,就说明选题工作有问题,需要重新设定标准,重新选择公共关系调查的重点,重新设定调查选题。

2. 制订公共关系调查方案

为了使公共关系调查工作能够顺利、系统并且有针对性地进行，拟订调查计划方案是必不可少的。它是公共关系调查的总体方案，是进行实际工作的行动纲领。

(1) 确定公共关系调查的目的

公关调查的目的是了解社情民意，通过征询公众意见，分析社会趋势，研究公众的社会需要，寻找建立信誉、协调经济效益和社会服务效益的途径。调查的任务包括：寻求解决问题的具体办法，了解公众有哪些具体看法、具体要求和具体建议、希望解决问题的实际内容，达到解决问题的目的。例如，确定了产品换代问题是企业组织中长期的最大问题，就应围绕这一问题搞清以下情况：①企业所面临的经济、政治、技术、社会等因素的变化趋势。②企业应采取哪些行动影响公众，使其在产品换代问题上取得成效，并适应环境变化。③社会公众对产品换代问题的关心程度、紧迫感和提出问题所考虑的因素。

(2) 确定公共关系调查的对象

对象是调查的客体。明确了公共关系调查的目的后，就应该确认调查的对象。调查对象首先是"公众"。这些个人或团体具有一些共同的特征，受相同关系或问题的影响。例如，面对相似的问题，对该问题有各自的看法、态度、主张，试图处理解决这一问题。确定了调查对象后，还要注意以下两点：一是对目标"公众"进行分类，借以确定调查对象的类别及其组合；二是考虑到目标"公众"数量的大小、分布集中与分散程度各不相同，"公众"的背景、对问题的知晓程度和参与的积极程度也各不相同，应该考虑决定公共关系调查对象的具体构成，包括调查对象的总量、分布地区、涉及的"公众"类型、涉及的社会领域、对象的知晓度和积极性。

(3) 确定公共关系调查的项目

项目是调查内容的具体化。按照一定的逻辑顺序在调查项目下面注明需要调查的具体问题。公关调查主要有四项内容，即组织情况调查、组织形象调查、公众评价调查、公关活动条件调查。

(4) 确定公共关系调查的方法

公关调查的方法是公关调查所采取的手段。确定公关调查方法的根据是：①有利于定量与定性分析；②能达到公关调查的目的；③考虑现有条件。公关调查多以统计、社会测量、抽样和民意测验为主，这就要设计好统计表和问卷。

3. 实施公共关系调查方案

实施公共关系调查方案，实际上就是调查者根据调查方案的既定计划，在既定的范围和时间内，利用既定的调查方式、方法，向既定的公众收集信息资料，这是整个公共关系调查过程中最重要的环节。公共关系调查实施过程中的主要工作有以下几项。

(1) 组织公共关系调查对象群体

公众是分散的，而且数量庞大。公共关系人员要根据公共关系调查工作计划中的抽样方案，选择调查样本，把符合调查样本要求、具有代表性的公众挑选出来，作为本次公共关系调查活动的调查对象。

(2) 积极协调各种公共关系

公共关系人员根据抽样方案选择的调查对象,一般与企业没有任何直接的关系。即使存在一定的关系,多半也是顾客关系,公共关系人员对他们没有任何行政约束力。因此,在调查工作中,公共关系人员是否积极主动地协调好各种公共关系,取得公众组织、群众网络、公众代表的配合与支持,就成为整个调查工作成败的关键。

(3) 发放问卷,引导调查对象回答问题

为了提高问卷资料的可信度,在公众填写问卷前,公共关系人员应做好动员、教育工作,使调查对象理解本次调查活动的价值及他们填写问卷的注意事项,提高他们填写问卷的主动性和规范性。

(4) 回收、清理问卷

调查对象填写完问卷后,公共关系人员应及时回收问卷,并进行初步的问卷整理,把不符合要求的问卷作为无效问卷清理出来,归档另外收藏。一般出现以下情形的问卷都应列为无效的问卷:①常规项目填写明显失误的问卷;②只对少数问题做出回答而对大多数问题没有做出回答的问卷;③问卷回答带有明显不认真标志的问卷,如整张问卷中所有问题都填写一个答案序号。这说明调查对象是未加思考、随意填写,虽有答案,但并未反映出调查对象的真实状况。

(5) 观察、记录公众的言行

在公共关系调查中,调查者要认真观察公众的言行,收集公众在言谈举止中流露出的真实信息资料,并及时做好记录。利用这种方式收集到的资料,比问卷收集到的资料更加真实、典型,因而更加具有公共关系价值。

4. 整理公共关系调查资料

资料收集任务完成后,即可转入信息整理阶段。资料整理不仅有利于分析、研究资料,而且有助于调查工作的后期总结。

(1) 公关调查资料的整理环节

公共关系调查资料的整理,在操作上有以下几个环节:①问卷核实与清理。公共关系人员根据本次调查活动的特点,定出核实问卷的标准和要求,分拣出无效问卷。②建立分类体系和分类标准,对资料进行归类。③资料主题小结。对于一些文字类资料,如问卷调查中的开放题答案、调查人员的观察记录材料等,相对来说比较零乱,公共关系人员应列出主题项目,对各种资料按主题项目进行小结、归纳,制作出"主题项目资料登记文摘卡"。④资料统计。对于问卷调查中的封闭答案资料,公共关系人员可以借助计算机进行统计,计算出公众在每个问题上的意见分布数值。⑤进行数据处理,建立数据库。根据问卷的问题设置,分项目编制表格,把统计的数据结果填入相应的表格项目中,建立起本次调查结果的数据库。

(2) 公关调查资料的类型

公共关系调查资料经过整理后,主要有两大类型,即文字类资料和数据类资料。文字类资料就是把公众在发放问题中所写的意见、在交谈过程中所表达的观点、调查者在观察中所记录的资料等经过归类后所形成的公众意见信息资料登录下来。数据类资料一般是指公共关系调查资料数据库和数据表。

5. 总结公共关系调查工作

总结是公共关系调查工作的最后一个环节。在这个阶段，涉及的工作主要有两个方面的内容。

（1）撰写调查报告

调查报告是调查者根据公共关系调查活动获得的信息资料和据此形成的分析结论所拟写的一种应用文。公共关系调查报告有其基本文体格式、写作内容方面的要求，但在具体写作过程中仍应针对具体情况灵活安排其写作结构。

（2）撰写调查工作总结报告

调查工作结束时，应及时进行工作总结，找出经验教训，并撰写公共关系调查工作总结报告，为以后开展调查活动提供参照系。公共关系调查工作总结报告是一个总回顾。在写作格式上，一般包括标题、正文和署名三个部分。标题可以用公文式的写法，也可以只有内容概括。正文的内容主要有调查工作基本情况概述、成绩、经验、缺点、问题、经验教训及认识体会，对今后工作的建议等。最后是署名和写作日期。

三、公共关系调查的方法

公共关系调查的全过程是由相关的基本步骤组成的。这四个步骤是：确定调查任务、制订调查方案、收集调查资料、处理调查结果。要顺利地实现上述步骤，必须借助于行之有效的科学调查方法。公共关系调查所运用的主要方法有访谈调查法、问卷调查法、抽样调查法等。

1. 公共关系访谈调查法

公共关系访谈调查法是指访问者通过口头交谈等方式向被访问者了解公众情况的方法。它表现为公共关系调查人员根据设计要求，围绕某个主题，通过与被调查者谈话，以讨论有关问题及了解人们的行为特征和动机，达到收集材料的目的。

（1）公共关系访谈调查法的特点

了解公共关系访谈调查法的特点，运用时扬长避短，对公共关系调查人员来说，无疑是非常重要的。访谈调查法具有如下特点：①具有灵活性。它既可提高被调查者的兴趣，达到很高的回复率，也可限定某一特定的人回答，增加回答问题的针对性。调查人员可根据访谈时的具体情况而调整访谈的方式、内容及时间。②调查的范围比较广泛。它不仅可以了解当时、当地正在发生的各种现象，还可以询问过去和外地发生过的现象。③适用于各种调查对象。它不仅能适用于有一定文化程度的人，也可以适用于文化程度较低的人。④受到调查者与被调查者两方面的限制。调查者个人的访问技巧、人品气质、性格特征等都会直接影响调查的结果；被调查者的合作态度和回答问题能力的差异使其所提供的材料的质量也不一样。⑤有些问题不宜当面询问。如涉及个人隐私或较敏感的问题，即使被调查者作了回答，也常常是不真实的。⑥需要的人力、物力、财力和时间较多。所以一般应用于那些对准确性要求较高的问题研究上或应用于探索性研究。

（2）公共关系访谈调查法的类型

公共关系访谈调查法的类型是指根据不同的标准划分出的访谈类别。主要有以下三种：①结构访谈和无结构访谈。结构访谈是按照预先制订的计划和既定的程度进行的,其特点是把问题标准化,然后由被调查者回答或选择;无结构访谈是公共关系调查人员只对所要询问的问题有基本上的要求,以开放式问题为主,答案不受限制。②个别访谈和集体访谈。个别访谈是由调查者同被调查者逐一进行面对面的谈话,将回答记录下来;集体访谈是由调查者同若干被调查者进行的座谈,它要求把握好主题,创造民主、自由的气氛。③一次性访谈和追踪访谈。一次性访谈是就某一时候或时期内人们的态度、行为等情况进行的调查,它通常是对某一特定的问题或某事件的调查;追踪访谈是对人们的态度、行为等情况进行的连续的、长期的调查,它通过多次访谈,调查了解人们的动态信息。

(3) 公共关系访谈调查法的实施

公共关系访谈调查的具体实施步骤是：①访谈准备。制订访谈计划,草拟谈话提纲,了解被调查者情况,选择适宜访谈的时间和地点,预备必要的访谈工具,如调查表格、记录笔纸、录音机及本人证明等。②创造良好的访谈环境。见面伊始,要大方有礼,友好寒暄,同对方建立起相互信任的关系;说明来意,使对方了解调查的目的和内容;说明调查对被调查者的意义,被调查者知晓调查对自己有益,可能会更主动地配合;谈话要尽量自然和轻松愉快,并且态度要保持中立,不宜对回答做肯定或否定性评价。③建立共同的意识范围。应做到双方对同一问题的理解一致,避免答非所问的情况。最好从被调查者感兴趣的问题入手,逐渐深入到调查的核心问题。如果对方对某些问题不愿回答或不便回答,应体谅对方的难处,不要急躁或施加压力,采取耐心温和的态度,成功的可能性更大。④做好记录。记录要客观真实,不能把调查者自己的意见、态度加进去;访谈中记录可能较乱,之后要立即核实整理。

2. 公共关系问卷调查法

公共关系问卷调查法是指根据调查目标设计调查表并通过公众填写调查表而进行调查的方法。它简单易行,是目前国内外社会调查中使用较为广泛的一种方法。按问卷投递的不同,可将公共关系问卷调查方式分为报刊问卷、邮政问卷、送发问卷和访问问卷等。

(1) 公共关系问卷调查法的使用条件

公共关系问卷调查法的使用条件包括：①调查范围较广,不易当面访谈,应采用问卷法;②被调查者文化水平太低,对问卷看不懂,则不宜采用问卷法;③如果所要取得的材料是常识性的事实、行为或态度,回答者不会因顾虑而拒绝回答,可采用问卷法;④一般情况下,问卷的回收率不高,65%以上为较好。因此,如果要求较高的回收率,最好采用与访谈法相结合的方式来进行调查。

(2) 公共关系问卷的分类

问卷的类型主要有三种：①开放型问卷。这种问卷的问题虽然对每一被问者是相同的,但被问者可以根据自己情况自由作答。比如,你对本公司有何评价?②封闭型问卷。这种问卷不仅问题是相同的,而且每一个问题事先都列出了答案,供被问者从中选择自己认为最恰当的答案,比如,你对本公司满意吗?(很满意____、满意____、无所谓____、不满意____、很不满意____)③半开放型问卷。这种问卷是前两种问卷的混合型,既有供选择的答案,又有供发挥的问题。

不论哪一种问卷,都应根据公共关系调查的需要,根据问卷的类型来设计,以便提出问题、整理资料。

（3）公共关系问卷的技术设计

问卷法的主要优点在于标准化和成本低，问卷的设计要求规范化并可计量。①题目的设计。题目是调查的主题，其设计要求：第一，题目本身要与调查目的相符；第二，题目要使被调查者在感情上易于接受。有时，为了使被调查者易于合作，设计者会故意把题目设计得不十分明确。②说明信的设计。说明信也就是指导语，它对被调查者回答问题的态度影响较大。说明信一般由这样几部分组成：称谓；调查的出发点和目的；调查与被调查者自身利益的关系；回答问题的原则、具体要求及双方的责任；对有关问题的解释等。最后注明联系人、联系地址和电话号码。说明信要诚挚、热情、恳切，用语简练，表达明确。③问卷具体内容设计。一般来说，较为完整的问卷包括两类问题：一是事实问题；二是态度问题。

事实问题指那些曾经发生过的、现在的事件及一些实际的行为。它又可分为静态资料和实际行为类问题两部分。静态资料包括性别、年龄、文化程度和职业等，这些一般项目是对获得的资料进行整理和分析的最基本的条件；实际行为类问题，旨在了解实际行为发生的频率等情况。

态度问题包括意见、情感、动机、观点、人格等。它又可分为意见问题和态度问题。意见问题通常属于表面和暂时性的看法，它通常是一次性的，时过境迁也许就变了。对这类问题，可对每个问题单独分析了解趋势。比如：

你对实施公平竞争法的看法是：

非常赞成____，赞成____，无所谓____，不赞成____，非常不赞成____。

态度问题属于比较持久和稳定的认识。这类问题不能单独分析，要把整个部分或分组分数与其他变量求相关度或因素分析。一种态度不能通过一两个问题就加以确定，通常要通过一组题目测定，这样才能使得稳定的态度体现出来。比如，对组织形象的态度，用一两个问题是很难测定的。

设计问卷须注意：一张问卷上问题不宜过多（30～40分钟答完）；问题的措辞应该简洁、准确、易懂，不带倾向性、引导性和强迫性；问题的顺序应按问题的类型、逻辑关系、对象心理合理安排。

3. 公共关系抽样调查法

以上调查法都涉及一个调查对象的问题。由于调查者不可能对所有的用户进行访谈，不可能找许许多多的人开座谈会，也不可能发成千上万张问卷。因此，调查周期短、调查资料准确可靠、节省经费的抽样调查法在公共关系调查中被广泛应用。

抽样调查法是一种科学地从调查总体中选取样本的方法。抽样要遵守随机性原则，即在抽选调查对象时，必须要保证总体中的每一个抽选对象抽中的机会均等。

（1）公共关系调查的抽样方法

公共关系调查的抽样方法包括：①简单随机抽样。它的做法是采用抽签的方法即将总体中的每个单位按调查的编号分别填写一张卡片，然后从中随意抽出一个编号，直到达到样本数为止；②等距抽样。把总体的所有单位按照一定的顺序排列，然后按相等的间隔，抽取组成样本。抽样距离 K 是以总体 N 除以样本单位数 n；③分层抽样。把总体单位按其属性特征分为若干层，然后在各层中随机抽取样本单位。比如，可按职业、性别、年龄、文化程度等分层；④整群抽样。在总体中成组地抽取调查单位,然后对其进行全部调查。比如,对组织内部公众进行调查,只随机抽取若干个车间或班组,然后对这些车间或班组中的每一个人进行调查；⑤多级抽样。它把抽样过程分成两个或多个阶段来进行,即先以总体中进行分层抽样或整群抽样,然后再从抽得的层群中随机抽取若干调查对象组成样本。

（2）公共关系调查中样本数的确定

公共关系调查中样本数的确定应注意如下方面：①对精确程度要求越高,样本的数目要越多,当其他条件不变时,要求推断的把握程度越高,样本数目也要越多；②受调查时间、人力、财力等的限制,常无法抽取最理想的样本,只能在有限的范围内抽取最佳样本；③调查的项目少,内容较简单样本数较少；反之,样本数则多。统计分析中,相关分析所涉及的变量多,要求的样本数就多,否则在进行交互分类计算时,有些项目的数据就会显得过少。

课后训练

1. 安排学生利用业余时间深入某企业参观访问,并针对该企业设计一份以提高企业产品的社会美誉度为主题的调研方案。

2. 设计一份"早餐情况调查表",了解你周边同伴的早餐情况。

3. 小王是刚分配到某单位的大学生,正好赶上该单位要对职工进行一次满意度调查,领导就把设计调查问卷的任务交给了小王,如果你是小王,你如何设计这份调查问卷？

4. 王芳是某大型企业公共关系部经理,该企业总经理希望了解重要客户对该企业产品的意见,于是,要求王芳对几个重要客户进行访谈。在访谈时,王芳应采取哪些方法和技巧才能达到访谈的目的？

任务 2　公共关系策划

学习目标

- 明确公共关系策划的基本要求；
- 按照公共关系策划的程序进行公共关系策划；
- 把握公共关系策划要素，创造性地进行公共关系策划；
- 撰写公共关系策划方案。

情境导入

情人节的公关策划

情人节虽然源于西方，但近年来已经以其浪漫的情调与甜蜜的氛围征服了中国的年轻人。在五彩缤纷的情人节礼品中，鲜花和巧克力是经久不衰的两个黄金选择。这个弥漫着浓情蜜意的节日也因此成为巧克力消费的旺季，成为各种巧克力品牌大显身手、逐鹿中原的特别时机。为了巩固自身的市场地位，进一步提升品牌的形象，扩大公司的影响，德芙巧克力制造商准备借情人节之际举办一次公共关系宣传活动。

问题：如果请你替德芙巧克力制造商策划这次活动，你准备怎么做呢？

任务设计

公共关系策划是公共关系工作程序的第二步，是指在公共关系调查的基础上进行运筹、制订方案，为公共关系计划的实施与公共关系评估提供依据。从某种意义上说，公共关系的竞争就是公共关系策划的竞争。因此，公共关系策划不仅处于公共关系工作程序的核心地位，而且是整个公共关系工作成败优劣的关键。公共关系策划能力无疑是公共关系人员的核心职业能力。

要成功地进行公共关系策划，重点是要提高公共关系策划的创新性和艺术性。这要求公共关系人员加强信息储备，多听、多看、多思考，掌握创造性的思维方法，熟悉公共关系策划的基本规律。这里，我们拟通过设计一个策划方案来完成本任务的学习。具体建议如下。

（1）将学生分成 3～4 组，每组为德芙公司设计一份构思新颖、创意独特、具有一定可操作性的情人节公共关系活动策划方案。

（2）可以通过各种媒介与方法广泛收集德芙巧克力的相关背景材料，多关注其他巧克力产品的公共关系活动信息以资借鉴。

（3）策划方案设计好后在全班交流。每组推荐一名发言人做重点介绍，其他同学补充。

（4）向全班同学讲解策划方案时要重点讲清策划思路和本策划方案的创新之处。

（5）最后师生共同点评，评选出最佳方案。

知识链接

一、公共关系策划的概念与原则

1. 公共关系策划的概念

公共关系主要是研究组织如何处理与公众的关系，研究如何为本组织塑造良好的社会形象。组织形象的塑造受到各种各样因素的制约，组织必须制订形象战略，并通过连续不断的公共关系活动去具体实现既定目标。因此，策划是公共关系工作中难度最大、层次最高、最引人注目的一项工作。所谓公共关系策划，就是指公共关系人员为实现组织形象、战略目标，在公共关系理论的科学指导之下，对各类公共关系活动所进行的谋略、构思、设计和计划的过程。

2. 公共关系策划的原则

公共关系策划是企业公共关系工作的中心环节。一个企业形象能否良好地树立，能否很好地传播，在很大程度上取决于公共关系活动开展得好坏。公共关系活动开展得好坏又取决于公共关系策划的优劣。因此，公共关系策划人员应该遵循一系列基本原则，确保公共关系策划的成功。

（1）实事求是原则

实事求是是公共关系策划的一条最基本的原则。这一原则的含义是指公共关系策划必须建立在对事实真实把握的基础上，向组织如实传递有关组织公众的信息，并根据事实的变化不断调整公共关系策划的策略和时机等内容。一位优秀的公共关系工作人员首先考虑的不是技巧，而是对事实的准确把握。他必须通过种种办法收集关于公众情况的资料，收集关于组织与环境互补情况的资料，收集双方可能存在的不平衡、不协调的种种事实。只有掌握了足够的事实，他才能策划公共关系的行动计划。

公共关系策划人员在策划过程中，要平心静气，摒弃自己头脑中主观感觉的东西，认真调查，尊重事实，不要以自己的猜想、判断作为策划的依据。要用科学的方法去做相应的市场调查，要让数据证实自己的设想，换言之，要把自己的设想建立在数据和实事的基础上。具体而言，就是要做到以下两点。

① 深入客观现实，认真调查实际。在进行一项公共关系策划工作之前，策划人员要对策划对象的现状进行深入的全面的调查，把自己头脑中的东西暂时埋藏起来，多竖耳朵少张嘴，尽量不带偏见地听听别人怎么想、怎么说，尽可能全面地、准确地、客观地了解策划对

象，使自己掌握的资料尽量与实际情况相符合。

② 排除主观偏见，保证据实策划。若策划中缺少了客观性，也就没有了科学性，策划也就不会成功。因此，要有坚定的决心和足够的勇气排除各种干扰、阻力甚至压力，保证据实策划。一是以科学的精神排除虚假因素的影响，把握问题实质；二是以对公众、对社会、对事业负责的精神，排除各种阻力和干扰，把握现实，据实进行策划和实施策划方案。

(2) 公众优先原则

公众优先原则即公众利益优先原则，是公共关系工作的重要原则，更是公共关系策划的重要原则。

作为公共关系策划主体的组织（尤其是企业），以公众认可为其生存的前提，以公众信任为其发展的条件。企业的发展有赖于公众对企业的认同和支持，有赖于公众对企业行为的参与和回应。企业在其行动之前应该清楚地了解公众的利益倾向，企业所能做的事情就是顺应公众利益倾向，将自己行动的目的融在其中，在满足公众利益的同时达到企业自己的目的。公共关系策划者必须明确认识到：公众参与某些公共关系活动不是为了记住企业形象，也不是为了企业获取更多的利润，而是为了自己的利益，企业的"获利"只能来自公众认为不重要的或公众觉察不到的方面，因此，在进行策划之前，一定要深入分析目标公众的利益所在，不要被表面现象所迷惑，不要以自己的心态去推测公众的心态。

一个好的公共关系策划方案不在于它能改变公众、强制公众，而在于它能很准确地满足目标公众的利益点，从而吸引公众参与某项公共关系活动，并在这项活动中传递公共关系主体的信息，让公众在不知不觉中接收策划主体发出的信息。

(3) 系统规划原则

① 公共关系活动相对于整个组织活动是一个子系统，因而公共关系策划是组织活动策划的一个子系统。

② 完成公共关系活动的各个环节又是公共关系活动的子系统，因而这些子系统的策划是公共关系策划不可分割的组成部分。

③ 公共关系活动的每个子系统又是由众多因素组成的，公共关系策划必须使这些因素相互协调。

④ 组织活动总策划处在社会经济的系统中，又只是一个子系统。

系统原则应用到公共关系策划中去，就是要如实地把公共关系策划作为一个有机整体来考虑，从系统的整体与部分之间相互依存、相互制约的关系中指示系统的特征及运动规律，实现整体最优。其基本思想有三点：首先，对系统统筹安排，确定最优目标，实行系统最优。因为系统具有不同于各组成部分的新功能，系统最优的核心要求是处理好局部优化和全局优化的关系，为使公共关系活动系统处于优化结构，协调稳步前进，必须建立公共关系系统工程，实行系统运筹，通盘安排系统中的子系统及组成要素，使它们相互制约、相互促进，并与外部环境协调起来。其次，协调公共关系活动要素与环境的关系，讲究整体的最佳组合的效应。公共关系的各子系统各自具有不同的特征与目标，各自又处在特定的环境中，在时间和空间上又是相互分离的。这就需要做好协调工作，在注意系统全局的同时，还要把握各个局部，使之同步、匹配地进行活动。最后，考虑到公共关系策划的有序性，要使公共关系策划中的各项工作有步骤地进行，这是系统有序性的要求。

(4) 切实可行原则

公共关系策划者在策划活动之前,一定要做可行性分析,以确保公共关系活动目标的实现。可行性分析贯穿于策划的全过程,即在进行每一项策划时都应充分考虑所形成的策划方案的可行性。策划方案形成后,必须进行可行性分析,以便选出最优方案。可行性分析主要从四个方面进行。

① 利害性分析。分析策划方案可能产生的利益、效果、危害情况和风险程度,综合考虑、全面衡量利害得失。

② 经济性分析。考虑策划方案是否符合以最低的代价取得最优效果的标准,力求以最小的经济投入实现策划目标。

③ 科学性分析。它包含两方面的意思:首先看策划方案是否是在科学理论指导下,在进行了实际调查、研究、预测的基础上严格按照策划程序进行创造性思维和科学想象而形成的;其次分析策划方案实施后各方面的关系是否能够和谐统一,是否能够高效率地实施策划方案。

④ 合法性分析。考虑策划方案是否符合法律法规要求:一方面,策划方案要经过一定的合法程序和审批手续;另一方面,策划方案的内容及实施结果要符合现行法律法规的规定和政策要求。

(5) 谨慎周全原则

凡事都需要策,用策必求制胜。同时,以策制胜,慎之又慎。"老谋深算"在一定意义上反映了策划者设计、策划总是力求疏而不漏、周全稳妥。世界上本无十全十美之事,因为策划者所掌握的客观情况受到种种主观因素的制约,策划者的知识、胆略、思维方法等又各有长短,因此凡策划只能在慎重之中求周全。但是,周全是相对的,不周全是绝对的,于万变之中求不变,于不周全之中求周全,才能立于不败之地。

怎样做到谨慎周全呢?一个公共关系策划方案的完成,首先要听取各方人士之高见,然后整理成文。此文还需交专家论证,在目标公众中测验,在小范围内试验,经过反复修改后才能定稿。作为公共关系策划人员,我们无法通过这样的程序化运作使某项公共关系策划方案达到最优,但我们可以通过这种方法避免产生最劣的策划方案。

(6) 独特新奇原则

独特新奇原则,寓意奇正相生,以奇制胜。核心在"奇"。老子中有"以奇用兵"之语。《孙子兵法》中说:"凡战者,以正合,以奇胜。"对于奇正的概念,战国时的《尉缭子》中解释说:"正兵贵先,奇兵贵后。"曹操说:"正者为敌,奇兵从旁,击之不备也。"这些无疑把奇正的概念具体化了。

策贵用奇。"出奇制胜"是人们常常引用的一句成语,策划者无不十分推崇这一思想。奇不在意,用奇旨在"出其不意,攻其不备",达成突然性,这也是策划的出发点和立足点。众人意料之中的计谋,也就不称其为策划。意外可以说是策划中最精彩也是最危险的领域。奇由正出,奇修于正。"修法而生法"正说明了这一点,先学法,后生奇。武术中的基本功,如同策划中说的"正"。"正"功练到家,临阵交战,才能运用自如,灵活多变,急中生智。用奇,在很大程度上是对"正"的应变,应变而奇,多变出奇,善变使敌不意。变法出自常法,"不知用正焉知用奇"。

唐代军事家李靖说得好："善用兵者，无不正，无不奇，使敌莫测。故正也胜，奇亦胜。"这是说善于策划的人，没有不用"正"的，也没有不用"奇"的，或奇或正，使对方无以揣测，所以用正也胜，用奇也胜。讲奇正变化，就是讲策划的辩证法，使奇正互为对立、互为变化、互为统一。

需要补充说明的是，作为公共关系策划人员，要正确掌握奇的分寸，要明白"奇由正出"的含义，先学会别人都在做的事，再去想那些别人没有做的事情。

二、公共关系策划的基本要素

进行公共关系策划时，应该重点把握以下基本要素和环节。

1. 目标确立

公共关系策划是一种大脑的思维活动，是一个积极寻求完美答案的思维过程。因而，公共关系策划应掌握一整套谋划的科学思路，或者说应当事前将公共关系策划的基本要素加以组合，在头脑里搭造一个严谨周密的思维构架，以避免凭经验和直觉办事的随意性和盲目性。

为此，我们在策划中应首先关注的事便是：就实现组织的总体目标看，组织在公共关系方面是否存在什么问题。

所谓问题，就是组织公共关系现状距离公共关系工作准则呈现出的偏差；所谓发现问题，就是根据公共关系工作准则比较组织公共关系实际而确定出差距的过程。在公共关系发展的历史中，任何一个成功的策划，都是肇端于发现和提出问题。

对组织外部环境的调查和内部资源的审定，实际就是对主客观条件的了解。通过这个了解，去发现组织的公共关系问题所在，并由此提出组织的公共关系目标，就是公共关系策划要素组合的第一步。在确立组织公共关系活动的目标时，我们应注意以下几点。

(1) 目标必须是具体的

目标不应是一个抽象的概念或空洞的口号，如"良好的形象"或"真诚的奉献"。它应当是组织在内外环境条件下必须达到的实际结果，如"在某区域提升组织认知度5个百分点""与内部公众的和谐度提高3个百分点"等。

(2) 目标必须是可测量的

公共关系的知名度、美誉度这两大目标，均是可以测量的。因此，目标不应是模糊含混的，比如"使员工的参与意识得到极大提高"中，"极大"一词便是难以准确把握的，应是可以通过计算得到明确数据的结果，比如"使80%的员工参与到这次活动中来"。

(3) 目标应当是能够达到的

在确立目标时，必须考虑在组织现有条件下，能否解决问题、实现目标，能在多大程度上解决问题、实现目标。目标过高，必然导致失望和沮丧；不考虑自身条件的盲目蛮干，也只会以失败告终。

(4) 目标必须要有时间限制

组织公共关系活动要实现的目标，必须是在规定的时间里应当达到的结果，既非远不可及，也不应遥遥无期。

确立公共关系策划目标的思路，大约是这样一个过程：通过调查研究获得组织内外环境与资源的大量材料,以材料去推断组织的优势与劣势、机会与风险、资源与条件;通过对这些推断的分析,找出组织的公共关系问题所在;再根据问题的轻重缓急,排出解决问题的先后次序,并提出和界定首要的问题;然后通过对这一最重要问题产生原因的探索,找出问题的症结;根据组织的特质和组织的需要,最后确立组织公共关系策划的目标。

2. 主题提炼

主题是指公共关系活动中联结所有项目、统率整个活动的思想纽带和思想核心。提炼公共关系活动的主题,是公共关系策划过程中一个极其重要的环节,它好比确定一部大型交响乐曲的主旋律。我们听过《命运交响曲》、钢琴协奏曲《黄河》、小提琴协奏曲《梁祝》,它们或气势恢宏,或奔腾激越,或哀婉凄绝,我们之所以能在脑海里留下深刻难忘的印象,就在于它们有风格各异、色彩鲜明的主旋律。能否提炼出鲜明突出的公共关系活动主题,主题能否吸引公众、抓住人心,可以说是公共关系策划成败的一个重要标志。为此而反复揣摩、推敲、提炼,"语不惊人死不休",对于公共关系策划者来说,都是必要和值得的。

提炼主题需要创意,但不能为提炼而提炼,故弄玄虚,故作高深。提炼和确定主题应当注意以下几点。

(1) 目标的一致性

提炼主题,是为了更好地凸现公共关系目标,主题必须与公共关系活动的目标保持一致,主题必须服务于目标。偏离目标的主题,会给公众造成错觉,从而引起误导,策划者不可不慎。

(2) 主题的实效性

好的主题,不在于辞藻华丽、技巧娴熟,而在于产生的实效。主题的实效一是表现在是否合乎公共关系活动的客观实际,不能话说得好听实际却做不到;二是能真正打动公众心扉,切中公众心愿;三是要考虑社会效果,一味哗众取宠、迎合低级趣味的主题是要不得的。

(3) 主题的稳定性

主题一经确定,就应贯穿公共关系活动始终,不得半途而废、中途改换,以免造成公众感知的混乱。

(4) 主题的单一性

一次公共关系活动,只应有一个主题,一般不得出现多个主题。对于大型的综合性活动,虽然也可设计一些次主题,但不能喧宾夺主,造成主题的杂乱无序。这犹如交响乐曲一样,无论主题如何变化、对比、发展、再现,所有的手法都是为了烘托和突出主题,而不是削弱和破坏主题。

(5) 主题的客观性

公共关系活动的主题,要展示公共关系精神,体现时代气息,不可商业化十足,也不宜宣传口号味太重。一句话,主观性不要太强,以免招来公众的反感。

3. 认定公众

组织公共关系活动目标的差异性,决定了公共关系活动对象的区别性。在公共关系策划过程中,我们必须要在组织的广大公众群中,根据实现目标的需要,去认定哪些是该项公共关系活动必须关注、交流和影响的目标公众。认定目标公众的方法一般有以下几种。

(1) 以活动目标划定公众范围

例如,学校为宣传自己的办学成果而组织的人才交流会,其公众主要是应届毕业生、用工单位、新闻单位、毕业生家长、人才交流部门及部分教职工,非毕业班学生及其家长、政府机关、实习基地等则不是该次活动的目标公众。

(2) 以组织实力划定目标公众

在公共关系实践活动中,有时组织需要面对的公众面极广,面面俱到则深感人力有限、经费不足,应付不过来。这时就应将有关公众按与组织关系的密切程度、影响的大小程度、相关事情的急缓程度等因素进行排队,选出最为重要的"部分"作为目标公众。这种划分主要强调的是重要性。

(3) 以组织需要决定目标公众

例如,当组织出现形象危机时,目标公众应当首指组织的忠实公众,以防危机的扩散和加剧。这种划分主要强调的是影响度。

其实,不同组织每次公共关系活动确定谁为目标公众,很难有统一的标准,基本的原则便是考虑组织目标、需要和实力三个方面的因素,由各组织灵活去决定。

4. 项目设计

所谓项目,是指围绕公共关系目标而确定的在不同时期进行的各种形式的活动。要实现公共关系目标,只有通过一个个公共关系项目的实施,去逐步接近,直至完成。没有公共关系具体活动的开展与公共关系项目的完成,组织的公共关系目标就永无实现之日。

5. 时空选择

我国自古以来就有"机不可失,时不再来""机事之事,间不容发"的名言。"机"的含义很广,从普遍意义上看,凡牵涉事情成败的关键因素,都可以称作"机"。就公共关系策划来看,也需要刻意去捕捉"天时""地利",去充分地选择运用时间和空间。

(1) 时机的捕捉

时机,简而言之,就是时间变化所带来的机会。从传播学角度说,时机是策划水准最为重要的衡量标志之一。时机的选择或捕捉,有两层意思:一是捕捉时机要准确;二是把握时机要及时。前者指的是对那些可以预先选定的时机,一定要选准其"时间区间";后者则是说对那些预先不可选定、稍纵即逝的时机,要及时抓住,不可犹豫。

一般说来,组织可预先选定利用的时机有以下几种:①组织创办或开业之时;②组织更名或与其他组织合作、兼并、资产重组之时;③组织周年庆典或周期性纪念活动之时;④组织内部改组、转型、品牌延伸之时;⑤组织迁址之时;⑥组织推出新产品、新技术、新服务之时;⑦组织新股票上市之时;⑧国际国内各种节日和纪念日之时,等等。

组织需即时捕捉、稍纵即逝的时机主要有:①重大的社会活动和社会事件出现之时;②组织形象出现危机之时;③组织或社会突发性灾害爆发之时;④国家或地方政府新政策出台或新领导人上台之时;⑤公众观念和需求发生转变之时;⑥组织经营出现困难之时;⑦国际国内政治经济大环境大气候转变之时;⑧组织内部资源条件发生变化之时,等等。

时机具有不可逆转性,"难得者时,易失者机",公共关系策划必须抓住不可复得的机会,迅速果断地采取对策。时机又具有机会的均等性,它公平地赐予每一个组织和公共关系策划者,就看你能否抓住它。谁先抓住它,谁就将在竞争中获得先机,谁就可能获得成功。

那么,我们应当怎样去选择和捕捉时机呢?选择时机时,我们要注意以下几点。

① 尽量选择那些能够引起目标公众关注,又具有新闻苗头的时机。

② 要善于利用节日,去做可借节日传播组织信息的项目;但又要学会避开节日,如果是与节日毫无关系的活动项目,不光不能借节日之势,反会被节日气氛冲淡效果。

③ 尽量避开国内外重大事件。因为这时公众关注的焦点、热点是这些重大事件,组织的活动项目弄不好会毫不起眼。但国内外大事发生之时,又是组织借势之机,关键看你是否能借题发挥。

④ 重大的公共关系活动不要同时开展两项以上,以免分散人们注意力,削弱或抵消应有的效果。

⑤ 选择时机时,要考虑公众,尤其是目标公众参与的可能性,避开那些目标公众难以参与的时日。

⑥ 选择时机时,要考虑媒介,尤其是大众传媒使用的可能性,避开那些因其他重要新闻而使组织信息上不了媒体的时日。

⑦ 选择时机时,要考虑当时当地的民情风俗,尽量使组织的活动项目与这里的风土人情相吻合。我国是一个多民族国家,面对不同民族、地区的不同风俗习惯和宗教信仰,时机选择尤应慎重。

(2) 空间的选择

公共关系策划,对于空间场景的利用非常必要。一方面应尽可能地考虑如何充分利用环境的有利条件,回避不利条件。比如对当地资源土特产的利用、对地理和人文构成的旅游资源的利用、对特殊民俗风情的利用及对恶劣气候条件的避开等。另一方面是尽量去选择便利于公共关系活动实施的场所。具体应顾及以下几个方面。

① 空间大小:空间大小以活动参与者与活动所需物资的多少大小为转移。场地过大既是浪费也无美感,会使活动气氛显得冷清;过小则显得拥挤、混乱,也易造成事故。

② 空间位置:活动空间的地理位置很重要,选择位置要与活动内容相吻合,大型活动还要考虑与机场、港口、车站的距离。

③ 空间环境:主要是指公共关系活动场地周围的建筑环境、交通环境、生态环境等。

④ 空间条件:主要是指组织活动场所应当具有的基本设施和基本条件。比如通信设施、医疗急救条件、卫生条件、治安条件、文化娱乐条件、购物条件及食宿条件等。

⑤ 备用空间:主要是指为防止各种因素或条件的偶然变化,策划时应对空间做一些应急和临时性变动的考虑。

⑥ 空间审美:是指公共关系活动地点场所给人的感官审美印象。它包括建筑的造型、布局和结构,场地设施布置与环境装潢,实物摆设与商品柜台设计、橱窗展示、展品陈列及活动宣传现场广告的张贴、悬挂、放置等。

6. 选择媒介

组织公关工作可供选择的媒介很多,但要选择恰当才能事半功倍,取得良好的传播效果。选择传播媒介的基本原则有以下几点。

(1) 根据组织公关目标选择传播媒介

各种媒介都有其特定的功能,能适合为组织形象塑造的某一目标服务。选择媒介首先应着眼于企业目标和要求。如果企业的目标是提高知名度,则可以选择大众传播媒介;如果企业的目标是缓和内部的紧张关系,则可以通过人际传播与群体传播,通过会谈、对话等方式加以解决。

(2) 根据不同对象选择传播媒介

不同的对象适用于不同的传播媒介,要想使信息有效地传送到目标公众,就必须考虑到目标公众的经济状况、教育程度、职业习惯、生活方式及他们通常接受信息的习惯等。比如,对经常加班加点的出租车司机最好采用广播;要引起儿童的注意和兴趣,制作电视节目和卡通片效果最好;对文化较落后又没有电视的山区居民则采用有线广播和人际传播;对喜欢阅读思考的知识分子,应多采用报纸、杂志等传播媒介。

(3) 根据传播媒介特点和传播内容选择传播媒介

传播媒介的各种形式都有鲜明的特点和一定的适用范围,在选择媒体时必须首先了解各种媒体的优缺点。组织形象塑造过程中,应将信息内容和传播媒介的特点结合起来综合考虑。比如,内容较简单的快讯可以选择广播;对较复杂、需要反复思索才能明白的内容,最好选择印刷媒介,可以使人从容研读、慢慢品味;对开张仪式、大型活动的盛况,采用电视方式则生动、逼真,能产生非常诱人的效果。还需要注意的是,只对本地区有意义的信息就不要选用全国性的传播媒介;只对一小部分特定公众有意义的消息,就没必要采用大众传播媒介;而对个别的消费者投诉,则只需要面约商谈或书信往来。

(4) 根据企业经济条件来选择传播媒介

俗话说:"看菜吃饭,量体裁衣。"企业的经费一般有限,越是现代化的传播媒介,费用越高。所以,成功的形象塑造策划应选择适当的媒介和方式,以较少的开支争取最好的传播效果。

7. 经费预算

公关活动策划阶段中一项重要的工作是对公关活动经费的预算,并编制预算书。任何公关活动的实施都需要有一定的人力、物力和财力来保障,尤其是大型公关专题活动则更为突出,因此,公关活动策划人员要有成本意识。搞好成本核算,可以促使组织节约使用资金,节约公关活动中的经费,从而降低公关活动的成本,使组织以较少的耗费,取得较高的公关效益。

(1) 编制公关活动预算的条件和原则

一般来讲,编制大型公关专题活动的经费预算必须建立在下列条件基础之上:首先是了解公关活动策划的项目计划,然后再根据项目计划的实际需要制订预算开支的计划;其次是预测和估算公关活动可以获得的资金和其他人力、物力的支持;最后还要对市场价格行情有充分的调查了解,包括市场物料供应的价格、劳务的市场价格、项目制作的价格等。公关活动预算要坚持两个基本原则:一是提高预算的准确度;二是项目预算要实事求是,一切从客观需要出发。

(2) 公关活动预算的主要内容

一项公关活动的实施需要有各面的经费支持,其主要内容包括以下几点:一是人力支出。公关活动的实施主要靠人力,因而人力支出经常是构成公关预算的主要部分。人力支出分为内部人力支出和外部人力支出两部分,这两部分的支出预算有所不同。内部人员支出指用于组织内部的专职人员和其他辅助人员如秘书、会计、招待员等人员的支出,这部分的支出主要与这些人员的工资水平相关。外部人员支出主要指用于为该项公关活动而外聘的公关顾问、摄制组等人员的支出,这些人员的费用通常以小时为单位计算,因而主要与他们工作时间长短有关。二是物资支出,即用于有关活动的各种物资的损耗。公关活动需要大量使用各种信息传播工具和媒介,才能有效地进行信息传播。这些工具或材料的使用费用,如邮费、各种印刷品的印制费、电子器材、展览设施、纪念品、照片、影视设备和材料、视听器材、美术装潢器材和材料等是经费预算的重要内容。此外,与公关活动的行政费用,如办公室的租金、取暖、电、水、清洁、电话、通信及文具等费用也应该计算在内。三是活动费用的支出,即与某项公关活动直接相关的除人力和物资以外的费用,如参观、接待、广告、交通、住宿、膳食等方面的费用。这些费用有时是因临时活动安排而不可预知的,因此要做一定的应急费用预算,以确保整个公关活动在各个环节上都能有效衔接。四是其他费用支出。除了人力支出、物资支出、活动费用支出这些较为具体的支出项目之外,在预算经费时还要考虑到其他一些支出项目。例如一些连续性的公关活动常常是跨年度的,对于这一类的活动项目,公关人员在年度预算中需考虑适当增减。公关活动灵活性较强,往往一些突发事件的发生会改变或调整计划,公关人员在编制预算时,应事先设置临时应变费用,从资金上保证公关活动的应变能力。

(3) 公关活动经费预算的方法

编制公关活动预算有多种多样的方法,组织可以根据自身的情况来选择适用。商业的本质是以较少资源投资换取较大的营收回馈,公关活动投资也是希望实现销售或利润的增长及组织形象的提升。常用的公关活动预算方法主要有以下三种。

经费承包法,即按组织常年的公关实务活动算出一定量的经费作为公关活动使用,或是针对单项活动计划拨出专项经费,一旦划定了经费,就不能再增补和删减,而由组织的公关部门及人员在职权范围内使用。用这种方法编制预算的优点是简单迅速,但是用承包方式确定经费总额较为盲目,缺乏灵活性与针对性。

比例抽成法,即按组织的正常收入抽取一定的百分比作为公关活动的经费,使用这种方法的经费预算比较明确,而且可随组织的财力状况而调整。缺点是缺乏弹性,有时不能顾及公关活动的某种需要。

目标估计法,即按组织确定的公关活动目标,逐项列出细目,计算出所需经费。这种方法计划性强,开支项目清晰,但有时会因预测不准而造成经费过多或不足。三种方法比较而言,前两种方法常用于组织公关活动年度预算的编制,而第三种方法则更适用于某项公关活动经费的具体概算。当然,组织可以根据不同的需要单独或结合使用这些方法。

(4) 公关活动预算书的编制

公关活动的预算费用一般是通过编制预算书来表现其具体内容的。大型公关专题活动经费的预算书也要编制得尽量详细、具体,切忌笼统含糊。下面我们举两个例子供参考。表2-1为年度预算书的模式,表2-2为记者招待会项目预算书的模式。

表 2-1 年度预算书

项目	预算/元
工资：公关经理、助手及秘书	
一般管理费：租金、地方税、照明、取暖、空调、清洁费、电话交换台等	
拆旧：家具和设备	
保险：汽车保险，为设备、旅行、养老金、医疗所有风险投保	
视听辅助手段：准备工作、制作、分发和保养影片、录像带、VCD视盘	
新闻稿：准备工作和发稿	
服务：新闻简报的服务、对电视与广播监听和监视的服务	
新闻特写：准备工作和特写	
信息服务：配置职员和装备	
自办报刊：编辑和印刷	
教育性的文字：创作、印刷和制作	
赞助：奖品和报道、招待	
讨论会：物资用品、饮食、租赁费	
照片：摄影、洗印	
运输工具：小汽车和货车	
设备：照相机、放映机、录像机、视盘机、电视机、录音机、计算机等	
文具：专用信笺、新闻稿纸、照片说明文用稿纸、信封等	
邮资：电话、电报、检索、传真	
差旅费用：小汽车津贴、出租车、火车票或飞机票、旅馆住宿	
应急：按10%计	
总　　计	

表 2-2 记者招待会项目预算书

序号	项目	规格	数量	单价	金额/元
1	印制请柬、信封	19cm×11cm	100	15元/套	1500
2	寄请柬所需邮资				
3	联系电话费				
4	场租				
5	录像机、幻灯机、电话机租用费				
6	放映员报酬				
7	自助餐费				
8	酒水费				
9	小费				
10	新闻稿				
11	资料袋印制				
12	印刷资料				
13	照片				

续表

序号	项　目	规　格	数量	单价	金额/元
14	纪念品				
15	交通运输费				
16	场地布置费				
17	应急费用				
18	承办费				
	合　计				

8. 人员分配

再好的公共关系策划，最终是靠人去实施和完成的。因此，在策划时，就应对将来的实施人员做一个考虑和安排。对人员分配的策划，一般要考虑以下几个方面。

（1）人员挑选

为达到活动开展的效果，首先要根据组织公共关系活动规模的大小、内容的繁简、层次的高低、经费的多少等因素，对活动实施的人员进行量和质的挑选。

（2）人员培训

对于选出的人，为保证策划方案的有效实施，在策划时便需要考虑如何对其进行培训，就策划目的、宗旨、方法技巧、应急措施等方面准备一套行之有效的培训计划。

（3）人员分工

策划中对于将来活动中的各个岗位，事先要对现有人才或培训人才作一个量才施用的考虑，尽量根据其过去的表现和经验，使人员分工能做到人尽其才，既能发挥特长，又能完成任务。

9. 应急程序设计

一个完善的计划，一定要有应急程序。一般来说，应急程序包括以下几方面内容。

（1）安保措施

安保措施包括在活动期间所有人员特别是首长、嘉宾的保卫工作，与会人员的行为秩序及人员和车辆的导流路线。行人坐立行走设施、高空架设物、用电设备、机械设备、易燃易爆物品的安全使用措施，每一项都不能掉以轻心，要有一个周详的安全使用计划。

（2）保健措施

公关活动，特别是大型活动一般参加的人员多，各人身体条件情况复杂，尤其是在有老人或小孩参加的时候，保护措施就尤其要考虑周全。常见的户外活动中经常发生中暑晕倒等情况，所以大型活动要配备医护人员及用于急救的车辆。保健措施现已基本列入公众活动的常见项。

（3）意外人员疏散计划

对于意外事故，设计应急程序时要充分做出预测，并制订好相应的应急措施。较大型的活动，一定要制订一套意外人员疏散计划，以防万一。

（4）防火措施

公关活动中，尤其是使用易燃易爆物品时，必须要事先制订好防火措施，做好充分的防火准备。

（5）户外雨天工作程序

假如是户外活动,预防下雨几乎成了必然要面临的课题。活动开始之前,当然是要及时获取气象台的天气预报,做好相应的防范工作。但即使是有气象报告也不能掉以轻心,尤其是在天气不稳定的情况下,必须制订好雨天的工作程序。

三、公共关系策划方案的撰写

公共关系策划方案是指以书面文字形式确定下来的策划者头脑里的构思和创意。整个策划的思维过程,最终是将策划方案的形式加以条理化和系统化。所有的灵感和创意,都将在策划方案中被具体细化为可供施行的方法和步骤,就连公共关系活动的最后结果,也将预先在策划方案中进行展示。

1. 公共关系策划方案的构成要素

公共关系策划方案当无定式,策划者一般根据实际的需要和自己的文笔风格来撰写。但无论方案形式、内容有着如何的差别,理应包容的基本要素都不可或缺。

一份完整的策划方案应当具备 5W、2H、1E。

What(什么)——策划的目的、内容。

Who(谁)——策划组织者、策划者、策划所涉及的公众。

Where(何处)——策划实施的地点。

When(何时)——策划实施的时机。

Why(为什么)——策划的缘由。

How(如何)——策划的方法和实施形式。

How much(多少)——策划的预算。

Effect(效果)——策划结果的预测。

上述 8 个要素组合即是一份完整的公共关系策划文案应当具备的基本要素。针对不同组织不同内容与形式的公共关系策划方案,应当围绕着这 8 个要素,根据自己的需要去进行丰富完善和组合搭配,公共关系策划方案的创意与个性风格,就存在于对要素的丰富完善和组合搭配的差异之中。

2. 公共关系策划方案的基本格式

公共关系策划方案的基本格式,大致包括下列五项。

（1）封面

策划方案的封面不必如书籍装帧那样去考虑其设计的精美,但文字书写及排列应大小协调、布局合理,纸张只要略比正文厚些即可。封面内容一般包括以下几方面。

① 题目。题目必须具体清楚,让人一目了然。

② 策划者单位或个人名称。方案如系群体或组织完成,可署名"××公共关系公司""××专家策划团"或"××公司公共关系部",对其中起主要作用的个人也可在单位名称之后署名,如"总策划×××""策划总监×××"等。方案如系个人完成则直接署名"策划人×××"。

③ 策划方案完成日期。写明年、月、日甚至时。

④ 编号。比如根据策划方案顺序的编号、根据方案的重要性或保密程度的编号或根据方案管理的分类编号等。

⑤ 在需要的情况下,可考虑在封面上简洁地加上说明文字或内容提要。

⑥ 如策划方案尚属草稿或初稿,还应在标题下括号注明,写上"草案""送审稿""讨论稿""征求意见稿"等字样。如果前有"草稿",决策拍板后的策划方案就应注明"修订稿""实施稿""执行稿"等字样。

(2) 序文

并非所有策划方案都需加序,除非方案内容较多、较复杂,才有必要以简洁的文字作为一个引导或提举。

(3) 目录

这也如序文一样,除非方案头绪较多、较复杂,才有做目录的必要。目录是标题的细化和明确化,要做到让读者通过看标题和目录后,便知整个方案的概貌。

(4) 正文

正文即是对前述8个要素的表述和演绎。其主要内容有:①活动背景分析;②活动主题;③活动宗旨与目标;④基本活动程序;⑤传播与沟通方案;⑥经费概算;⑦效果预测。正文的写作需要周到,但应以纲目式为好,不必过分详尽地去加以描述渲染,也不要给人以头绪繁多杂乱或干涩枯燥的感觉。

(5) 附件

重要的附件通常有:①活动筹备工作日程推进表。②有关人员职责分配表。③经费开支明细预算表。④活动所需物品一览表。⑤场地使用安排表。⑥相关资料。这主要是提供决策者参考的辅助性材料,不一定每份方案都需要,例如完整的或专项的调查报告、新闻文稿范本、演讲词草稿、相关法规文件、平面广告设计草图、电视片脚本、纪念品设计图等。⑦注意事项,即将策划方案实施过程中应当注意的事项做重点集中的提示,比如完成活动需事前促成的其他条件、活动实施指挥者应当拥有的临时特殊权限、需决策者出面对各部门的协调、遇到特殊情况时的应变措施等。

课后训练

1. 某化妆品公司拟通过赞助慈善活动来提升公司形象,活动有关要求如下。

(1) 目标:提升公司社会形象的知名度和美誉度。

(2) 经费:拟投入费用50万美元。

(3) 活动范围:某中心城市。

请按上述条件和以下格式撰写一篇简明的公共关系活动策划方案。

(1) 题目。

(2) 背景分析(调查内容以假设的方式设定)。

(3) 策划方案:①目的;②实践;③地点;④活动内容;⑤效果预测。

(4) 实施计划:①实施方案的措施;②传播策略;③场地布置简述。

(5) 费用预算。
(6) 评估标准。

2. 某音响公司拟借中华人民共和国成立 65 周年的时机,策划一个公共关系活动,旨在传播该公司形象和产品形象,有关要求如下。

(1) 目标:提高公司在音响界的知名度;推出 A 型新产品。
(2) 经费:拟投入费用 100 万元。
(3) 活动范围:某中心城市。

请按上述条件和以下格式撰写一篇公共关系活动策划方案。

(1) 题目。
(2) 背景分析(调查内容以假设的方式设定)。
(3) 策划方案:①目的;②时间;③地点;④活动内容;⑤效果预测。
(4) 实施计划:①实施方案的措施;②传播沟通策略;③场地布置概述。
(5) 费用预算。
(6) 评估标准。

3. 假如你所在的城市要邀请《同一首歌》剧组来演出,请你帮助制订一份策划方案,并模拟组织与实施工作,以便发现问题,修订方案。

4. 案例分析

老 鼠 和 猫

某地的一群老鼠,深为附近一只凶狠无比、善于捕鼠的猫所苦。这一天,老鼠们聚首一堂,讨论如何解决这个心腹大患。

老鼠们颇有自知之明,并没有猎杀猫儿的雄心壮志,只不过想探知此猫的行踪,早作防范。

有只老鼠的提议立刻引来满场的叫好声,说来也无甚高论,它建议在猫儿身上挂个铃铛,如此一来,当猫儿接近时,老鼠们就能预先做好逃遁的准备。

在一片叫好声中,有只不识时务的老鼠突然问道:"那么,谁来挂铃铛呢?"

(资料来源:佚名.老鼠给猫挂铃铛[EB/OL].[2019-06-25]. http://bbs.qs100.com/dispbbs.asp?ID=188365&boardid=8&replyID=150958&skin=1.)

思考讨论题:

请结合这一案例谈谈公共关系策划的原则。

任务 3　公共关系实施

学习目标

- 明确公共关系实施的基本要求；
- 能够设计公共关系实施方案；
- 克服公共关系实施障碍，保证顺利实施。

情境导入

为学校作公关宣传

配合你所在学校的招生宣传工作，组织实施一次宣传学校的公共关系活动，以提高学校的知名度、美誉度，扩大学校的影响。

任务设计

公共关系实施是指社会组织为了实现既定公共关系目标，充分依据和利用实施条件，对公共关系创意策划实施策略、手段、方法设计并进行实际操作与管理的过程。公共关系实施是解决公共关系问题和实现公共关系目标的重点环节。只有通过扎实、有效的实施工作，才能直接地、实际地、具体地解决问题。即使是完美无瑕的公共关系策划，如果不经过实施，而是束之高阁，也只能是毫无意义的"纸上谈兵"。

这里拟通过组织一次旨在宣传学院的公共关系活动来完成本任务的学习。具体建议如下：
(1) 以班为单位，先通过教师、校园网等途径了解学院的基本情况。
(2) 由学生个人设计活动方案，在小组内讨论交流，相互启发，补充修改。
(3) 最后在全班汇总，形成一个较完整的实施方案。
(4) 创造条件组织实施此活动。

知识链接

一、公共关系实施的特点

1. 艺术性

公共关系实施的艺术性包括两层含义：其一是公共关系实施要勇于创新。同一公共关系策划方案的实施策略、手段、方法很多,要突破常规,别具一格,标新立异,出奇制胜,设计出竞争对手意想不到的、传播效果最好的操作手段和方法。其二是公共关系实施在于攻心。目标公众具有不同的心理,比如性别心理、年龄心理、职业心理、专业心理、地域心理、血型心理、民族心理、宗教心理、情感心理等,要针对目标公众的特定心理来设计与操作实施策略、手段和方法。因此,公共关系实施的过程是创新与攻心的过程。

2．文化性

公共关系实施的策略、手段、方法具有鲜明的、浓郁的文化色彩。许多传统文化和现代文化成为公共关系实施可利用的重要资源。随着社会进步和人们物质消费水平的不断提高,特别是随着知识经济时代的到来,物质文化化、消费文化化、生活文化化和经济文化化成为现代社会生活的一大趋势。从某种角度来说,现代物质消费就是文化消费,现代生活就是文化生活。因此,公共关系实施手段、方法要体现一种文化品位,迎合公众的文化追求,用文化的力量去感染公众。没有文化品位的操作方法和手段是低层次的公共关系实施行为。

3．情感性

公共关系实施的过程常常表现为一种感情交流的过程,感情手段成为公共关系实施中基本的、常用的手段。要注意研究和利用公众的感情心理和感情倾向,重视感情投资,以情感人,以情动人,以情服人。让公共关系实施行为充满感情,这是公众的客观需要,也是公共关系的生命根基。

4．形象性

公共关系实施的策略、手段与方法必须具有良好的公众形象和社会形象,以此赢得公众和社会的信任与喜爱。这是由公共关系注重塑造良好形象属性所决定的。

5．关系性

公共关系实施以建立和协调组织与公众的良好关系为基础,一切有利于建立良好公共关系的协调手段、交际手段和游说方法均是现代公共关系实施手段与方法的重要内容。要建立、巩固与发展广泛的关系网,遵循"养兵千日,用兵一时"的关系网运作原则,使关系网成为公共关系实施的重要途径。要正确应用交际方法和交际手段,善于与公众打交道,以便顺利完成公共关系任务,实现公共关系工作目标。

6．传播性

公共关系实施的过程就是组织与公众之间的双向信息沟通过程。各种传播媒介都是公共关系信息传播的载体,各种传播方法都是公共关系实施的方法。要把人际传播媒介、组织传播媒介、大众传播媒介及各种综合性传播媒介有机结合使用,熟练掌握其使用技法,以实现公共关系整合传播的最佳双向沟通效果。

二、公共关系实施的原则

公共关系实施是一个复杂而科学的过程,客观上需要有一套科学的实施原则作指导。公共关系实施原则是公共关系实施的工作准则,是公共关系管理者(领导者)和操作者在错综复杂的实施环境中,排除各种实施困难、完成公共关系实施各项工作、实现公共关系目标的成功法则。

1. 准备充分原则

在正式实施公共关系策划方案之前,必须做好各种实施准备。实施准备是公共关系实施成功的基础和前提条件。准备越充分,公共关系实施就越顺利,失误就越小。绝对不能打无准备之仗。在正式实施策划方案之前,要用足够的时间做好各种准备工作。公共关系实施的管理者、操作者要严格、准确地检查每一项准备工作。要建立"准备工作责任制",把各项准备工作落实到具体的人并负责到底。

2. 策划导向原则

策划导向原则就是公共关系人员必须严格按照既定的策划方案进行工作。包括目标导向、策略导向和实施方案导向。

目标导向要求公共关系人员在公共关系方案实施过程中,不断将实施结果与目标要求相对照,发现差距,及时努力,务必实现目标。策略导向要求公共关系人员必须按既定策略思路去执行实施方案。策略指导实施行为,是实施行为的主题思想。实施方案导向要求公共关系人员严格按照实施方案开展实施工作。各项具体工作内容的实施方法是公共关系策略和公共关系目标的实现目标,应当熟练掌握与应用,并在应用中创造更有效的实施方法。

3. 控制进度原则

控制进度原则就是必须按照公共关系实施方案中各项工作内容实施时间进度的要求,随时检查各项工作内容的完成进度,及时发现滞后或超前的情况,搞好协调与调度,使各项工作内容按计划协调、平衡地发展,并确保按时完成。

控制进度的原则要求做好预测和及时发现各种可能影响实施工作进度的因素的工作,针对关键原因采取有效的预防和应急措施。

4. 整体协调原则

整体协调原则是指在公共关系实施过程中,要使各项工作内容之间达到和谐、合理、配合、互补和统一的状态。公共关系实施是一项系统工程,各项工作只有相互有机配合才会达到整体最佳。各自为政,相互矛盾,只能增加内耗,严重时必然导致公共关系实施的失败。整体行动的一致,保证实施活动的同步与和谐,做到统一意志、统一指挥、统一行动,提高工作效率与效果。

5. 反馈调整原则

反馈调整原则是指通过监督控制及时发现公共关系实施中的方法偏差甚至错误,并及时进行调整与纠正。由于各种因素干扰,或由于实施人员的素质问题,不按照既定工作方法实施的情况时有发生。由于策划设计错误,或由于实施环境突然发生变化,原来设计的实施方法无法操作,这些都是实施中的严重问题。要建立一种灵敏的监督反馈机制,快速发现问题征兆,并立即采取有效措施调整实施方法。

三、公共关系实施的方案设计

公共关系策划的主要成果是产生了一种公共关系策略或点子(即公共关系创意),确定了主要的公共关系工作手段与策略(例如形象塑造手段与策略、传播沟通手段与策略、关系协调手段与策略),并进行了总体预算,但是没有详细操作方案,而这正是公共关系实施方案要解决的问题。公共关系实施方案又称公共关系技术方案或公共关系策划的实施方案。其核心内容是公共关系策略、点子的具体操作方法。同样的策略、点子,不同的操作方法可能产生不同的效果。因此,公共关系策略、点子的具体操作方法也需要进行精心策划与设计。

1. 设计实施内容

一种公共关系策略或点子的实施,往往要做多方面的工作。我们把一个方面的工作叫作一个工作项目,这是一级工作项目。一级工作项目又可分解为若干个二级工作项目(即更小的工作项目),二级工作项目同样可分解为若干个三级工作项目,直到不能再分解为止。我们把不能再分解的最后一级工作项目称为工作内容。

2. 设计实施方法

公共关系实施工作要求是指各项公共关系实施工作内容的操作目标、原则和注意事项,它对具体工作方法设计和实际工作过程具有重要的指导作用。因此,在公共关系实施工作内容设计完成后,就要对每项工作内容提出要求,根据这一要求设计具体工作方法。对工作项目只存在分解方法(分解为更小更细的工作项目的方法),而不存在操作方法。公共关系实施工作方法的策划设计要符合以下原则。

(1) 工作方法的设计要具体、仔细、实在,工作量要小,尽量简单,具有较强的可操作性。

(2) 工作方法的形象要好,成本要低。

(3) 完成工作任务(内容)和实现策略(点子)的可靠性要高,防止"实现功能不足"。

(4) 必要时进行多种方法组合,有利于增加完成工作任务和实现策略(点子)的把握度,但要防止"实现功能过剩",以免造成实施成本增加。

(5) 要为有风险的操作方法设计备用方法,确保万无一失。

(6) 工作方法要符合目标公众心理,符合政策法律和各种社会风俗习惯、伦理道德。

从理论上讲,完成一项工作内容的具体方法有很多,但实践中可寻找的方法却是有限的。要深入调查分析组织自身和实施环境所提供的各种实施条件和产生的实施制约,针对目标公众的公共关系心理,寻找和策划出多种工作方法,反复比较论证,从而确定出能圆满完成工作任务(内容)、达到甚至超过工作目标的相对最佳的工作方法。

3. 选择实施时机

选择实施时机是指能够使公共关系实施获得最佳效果的开始工作时间和结束工作时间。在现代社会,时间就是金钱,时间就是生命,时间就是效率。不善于利用时机,事后即使投入更大的力气,也无法收到好的公共关系实施效果。

公共关系实施的最佳时机,有时表现为一刻、一时、一日,有时也表现为一个较长的时间段,如几日、几周甚至几个月等。这些时机,有的是日常性的,有的是固定性的,而有的则具偶然性。一项公共关系创意的实施,往往有若干项工作内容,其中,与公众发生关系的工作内容的实施开始与结束时间特别重要,必须准确把握,科学决策。

4. 确定实施进度

确定实施进度是在确定公共关系实施时机后,对各项公共关系实施工作内容所需的时间规定并进行日程进度安排。必须保证在所确定的最佳开始时间启动有关工作,在最佳结束时间完成操作。实施时间进度安排,要充分估计各种因素的干扰,要留有余地。最直观的时间进度安排方法是拟出时间进度表。

5. 确立实施流程

公共关系实施各项工作内容之间存在着一种客观的分工与协调关系。只有合理分工、有机协调,才能保证各项工作的顺利完成。我们把公共关系实施各项工作内容之间的衔接、协调和配合关系及其有机组合的过程称为公共关系实施流程。它反映了各项公共关系、工作内容之间的一种内在的联系规律,是公共关系实施作为一项系统工程的体现。

公共关系实施流程中的时间衔接、分工协调和有机组合关系通过流程图来表示,并配以文字说明。

流程图的文字说明,主要是对各项工作之间的协作关系、责任关系进行规定,必要时形成一种制度。一定要防止彼此责任不清、相互扯皮、"踢皮球"等情况发生。否则,将严重影响实施工作进度和质量。

6. 实施预算

在公共关系策划工作中,已对所选择的传播媒介操作等活动经费做出了总体预算,这是进行公共关系实施工作预算分配的依据。将公共关系策划的总体预算经费合理分配到公共关系实施的各项工作内容中去,以保证各项工作开支需要,这就叫公共关系实施预算分配。

一般来说,公共关系策划工作中的经费预算只做到一级工作项目预算,也只能做到这一级预算。因为,这时的详细工作内容及其工作方法尚未策划设计出来,所以不可能做到具体预算。

公共关系实施工作预算分配的结果应表述于公共关系实施时间进度表右侧,这样一目了然,便于了解与管理。

需要提醒的是公共关系策划中的一级工作项目经费预算(或总体经费预算)是留有余地的,目的是防止意外工作增加或策划不周遗漏工作而造成经费不足。留有余地仍然是具体工作内容预算分配的原则,这主要表现于不要把一级工作项目预算的经费分配完,一般需要留下 5%~10% 的经费备用。

7. 安排工作机构人员

组织的公共关系实施主体有三种:组织内部公共关系部(或相关机构)、公共关系公司和公共关系社团。不管是哪种操作主体,都必须建立项目公共关系实施机构,配备得力的实施人员(包括实施领导和操作人员)。实施人员的素质与能力十分重要,优秀的实施人员不仅能顺利完成工作任务,而且能修改完善实施方案,弥补实施方案的不足。

公共关系实施机构是指为完成某一项公共关系任务、实现公共关系目标而建立的专门组织。规模较大的公共关系活动实施,其机构具有多层级特点,从较低层级到较高层级,人数依次减少,权力依次增大,形成"金字塔"式的稳定结构。应按照精简、统一、节约、效能的要求来构建公共关系实施机构。一般应以领导中心机构为核心,下设智囊机构、执行机构、监督反馈机构。其中,领导中心机构是决策角色,人员要少而精,办事效率要高;智囊机构作为领导决策的参谋部门,其组成人员应具有科学分析问题的能力及较宽的视野和战略眼光;执行机构作为实施方案的具体操作部门,其组成人员应具有较强的指挥、协调、组织、交际和操作能力;监督反馈机构作为保证和检查实施的部门,其组成人员要有敏锐的洞察力、实事求是的科学态度和强烈的责任观念。

公共关系实施机构设置的程序是:①明确指导思想,确定组建机构的目的和任务。②制订编制方案。根据领导机构的任务和工作量,确定部门、职务和人数,规定每个岗位的职责。③确定领导体系。明确纵向隶属关系和横向协作关系。④报批机构编制方案。⑤任命领导人和安排工作人员。

一定要将每一项工作内容落实到具体人员。当一项工作内容安排两个以上人员操作时,要确定一个负责人,并进行相对分工。一个人负责多项工作时,要考虑工作之间的依存关系,使其运作起来高效、方便。每一项工作内容的实施人员姓名表述于公共关系实施时间进度表右侧。

8. 建立规章制度

要依据公共关系职业准则和组织中有关规章制度,以及公共关系实施的具体情况,制订出各项公共关系实施的工作制度。

组织的公共关系部(或公共关系公司、公共关系社团)都建立有具有共性的公共关系人员行为准则和公共关系实施制度,这是任何一次公共关系实施都必须遵守的工作制度。但就某一项公共关系活动来讲,其实施起来会具有特殊性,应根据这种特殊性,制定出特殊的工作制度作为补充。这些工作制度涉及如下内容:①职业道德;②信息保密;③经济关系;④行政关系;⑤分工协调;⑥交际形象与礼仪规范;⑦请客送礼;⑧奖罚机制;⑨危机处理(紧急处理);⑩差旅出勤。

9. 实施人员培训

在公共关系方案实施之前,对实施人员进行一定的培训是很有必要的。这种培训的主要内容是实施工作制度教育和操作方法学习与研讨。

公共关系方案实施工作制度的教育,除了让大家明白各种规定及其意义外,特别要对特殊规定、容易违反的规定进行重点说明与强调。配合制度教育,反复灌输组织文化与理念,提高实施人员的思想与道德素质,增强其抵御腐蚀的能力。

要组织实施人员认真学习研讨公共关系方案实施工作内容的操作方法,反复体会,彻底弄懂,决不含糊。很重要的方法,可通过讲解、讨论、答辩、模拟训练来促使实施人员正确掌握。有使用风险的方法要反复做模拟演习,切实提高操作的把握度,把失误率降至最低限。很重要的工作内容的实施,除了第一工作方法外,还应配有第二工作方法甚至第三工作方法作为第一工作方法失败时的备用方法。备用方法的启用规定及其操作技能必须重点掌握。重要工作内容的第一工作方法如果是两种以上方法的组合,其相互配合关系也是学习研讨的重点。

课后训练

1. 在你所在的机构中,组织一次"'××杯'公共关系基本原理知识竞赛",请写出策划方案,包括活动主题、活动目的、活动内容、活动安排、活动组织工作、竞赛程序、竞赛规则及竞赛题目等内容。如果你具体组织实施,请谈谈感受。

2. 案例分析

事 与 愿 违

某大型商场开业在即。为使企业开业伊始便有较高的知名度,企业策划了一个别出心裁的活动,以期引起当地媒体的关注。开业当天,在商场外搞抛发礼券活动,每张礼券500元,共抛售1000张。活动当天,先后有数万人参加了争抢礼券的活动。受活动影响,商场周围交通被迫中断,结果导致市政当局和部分市民的不满。同时,活动本身秩序失控,导致一些人被挤伤。对此,当地几家媒体对活动所带来的问题进行了报道。尽管活动的开展客观上使企业有了知名度,但知名度带给企业的却是企业不希望看到的结果。

(资料来源:佚名.公共关系试卷[EB/OL].[2018-04-01].http://www.docin.com/p-2097340365.html.)

思考讨论题:

(1) 公共关系实施中应注意哪些问题?

(2) 用所掌握的公共关系知识对该商场的开业活动加以评析。

中国农业银行"e 时代,赢精彩"

大学生热爱新事物,喜欢表达自我,在互联网上尤其活跃,他们已成为最有消费潜力的群体。越来越多的品牌将他们视作黄金受众,作为国有银行品牌之一的中国农业银行也不例外。然而,在这群"新新人类"眼中,农行引发的品牌联想往往是"传统""古典",甚至"刻板"。所以由 IM 2.0 广告代理的这次公关活动,联手拢聚了中国98%大学生的实名社交网络人人网,在人人网上开设品牌主页"e 时代,赢精彩",建立农行电子银行金 e 顺与大学生沟通的品牌触点。入学时赢得学业、在校时赢得认可、毕业时赢得工作……大学生关注的话题往往离不开一个"赢"字。金 e 顺品牌主页结合大学生生活大事件,建立"赢"阵地,宣扬"赢"心态,并肩"赢"未来。

在执行过程中,通过人人小站,发动许多贴近大学生生活的网上活动,引起大学生的共鸣,并在活动过程推广理财的理念,从而加深推广效果。

(1) 许愿墙

"拜"考神,不挂科。金 e 顺顺应风靡校园的"拜"文化,在品牌主页树起"2011许愿墙"。逢考试、毕业高峰期,金 e 顺还联动"四级""六级""考研""卧佛寺(offers)"等人人网高人气百科类公共主页,并提供"必赢"礼物,供大学生许愿还愿。

(2) 测形象

进入品牌主页的虚拟"e 校园",测试个人未来卡通形象。获得较差形象不必气馁,使用金e顺产品道具,较差形象即刻变为良好形象。卡通形象还可同步到人人网个人相册。

(3) 赢基金

大学生以社团为单位,将活动方案上传到金e顺在人人网上的品牌主页。优秀方案将赢得基金,实现梦想。

通过这次为期138天的活动,生成形象超过500万张,上传案例超过1万个,品牌曝光次数超过25亿,品牌好友超过10万人,并且获得了很高的客户评价。中国农业银行电子银行部副总经理翟翼对这次活动的评价是:"人人网庞大的用户基数、优质的内容、丰富的功能模块及活动,为品牌营销建立了多个与用户对话的触点,为我们全面展示品牌和介绍业务提供了较好的平台。"

(资料来源:佚名.中国农业银行"e时代,赢精彩"[EB/OL].[2015-01-23]. http://blog.sina.com.cn/s/blog_13f120ce50102vi4v.html.)

思考讨论题:

(1) 中国农业银行"e时代,赢精彩"在公共关系实施上有何特点?

(2) 中国农业银行此次活动成功得益于哪些方面?

任务 4　公共关系评估

学习目标

- 做好开展公共关系评估的基础工作；
- 正确开展公共关系评估工作；
- 撰写公共关系评估报告。

情境导入

学校公关宣传的评估

在本项目的"任务 3　公共关系实施"中已经配合学院的招生宣传，组织了一次宣传学院的公共关系活动。请针对这次活动撰写一篇公共关系活动评估报告。

任务设计

公共关系是现代社会组织的一项重要管理职能，也是现代社会组织开拓事业的一种有效手段。公共关系的工作程序一般包括调查、计划、传播和评估四个阶段。其中公共关系评估是公共关系工作过程的最后阶段。由于公共关系工作的可塑性和弹性，对公共关系工作进行科学的衡量和评估存在着许多困难。不过，公共关系的正确评估有助于社会组织把握公共关系工作的效率和水平，有助于总结经验教训，并为新的公共关系活动提供背景材料。因此，它应是公共关系部门工作的重点内容之一。

公共关系评估在公共关系工作中占有重要的地位，因而公共关系评估不应是公共关系工作的附属物或公共关系工作的事后补救措施，而应是整个公共关系工作的重要组成部分。

这里拟通过组织学生对自己亲身实施的公共关系活动进行评估，以评估报告的形式完成本任务的学习。具体建议如下。

(1) 学生按照上次实施时的小组进行划分，每人提交一份评估报告。

(2) 学生提交的分析报告是考评依据。考核首先看分析报告格式是否正确；其次看内容是否科学严谨；最后看知识面是否广阔。

(3) 成绩的评定采取自评和教师综合评定相结合的方法。

知识链接

一、公共关系评估的程序

对公共关系工作来说,有效的评估不仅仅是事后的总结,还应贯穿于整个公共关系活动过程的始终。因此,准确的定义可为:公共关系评估是社会组织对其公共关系活动及其结果的分析、评价和总结,它是公共关系工作最后一个不可缺少的环节,它有助于提高检查公共关系工作的效果,对公共关系活动进行控制,提高公共关系工作的科学性,争取本组织领导对公共关系工作的重视和支持,总结经验教训,提高公共关系工作的水平,并为今后公共关系工作的顺利开展奠定基础。可以说,公共关系评估在公共关系工作中发挥着十分重要的作用。

公共关系评估要在科学的程序下进行。公共关系评估的程序可以定义为评估从开始到结束工作安排的先后次序和具体步骤。合理安排评估的程序,有助于保证评估工作的顺利进行。笔者认为,评估工作必须安排以下具体步骤。

1. 明确评估的目的

进行公共关系评估,首先要明确评估的目的。因为公共关系评估是检查、分析和评价公共关系活动及其成效,所以公共关系评估的对象和内容是各不相同的。对评估的对象和内容来说,是选择项目的评估还是整体的评估,选择部分过程的评估还是全过程的评估,均需要根据公共关系评估的目的来确定。相反,如果评估目的不明确,评估工作则盲目进行,就可能收集许多无用的资料,浪费时间和精力,影响评估的效率和质量。因此,明确评估的目的,才能确定评估的对象、内容、重点、搜集资料的方式方法及应该注意的问题,并保证评估工作的顺利进行。

2. 确定评估的主持者

公共关系评估从实践来看,一般可分为自我评估、组织评估和专家评估三种形式。自我评估是由主持和参与公共关系工作的人员凭自我感觉评价工作的效果,这种评估既有反映工作真实状况的一面,也存在着不可靠的一面。组织评估是由组织负责人出面主持,由组织各部门的负责人或有关人员对公共关系工作进行评价。这种评估能全面反映组织成员对公共关系工作的认识。专家评估是由组织出面聘请外部公共关系专家或顾问对公共关系工作进行的评价,外聘专家能对公共关系工作做出较为客观的评价,并提出有价值的意见和建议。总之,公共关系评估的主持人既可以是组织内部的公共关系人员,也可以选择组织的领导人或外聘公共关系顾问和专家。评估究竟由谁主持,应根据评估的目的视具体情况来确定。

3. 选择评估的标准

为了进行准确、有效的公共关系评估,必须选择适当的评估标准。由于公共关系的评估对象是公共关系活动及其成效,对不同的对象应考虑使用不同的评估标准来进行检查、分析和衡量。例如,对公共关系活动评估,评估的标准可以考虑采用公共关系计划,即公关系活动是否按公共关系计划进行；对公共关系成效评估，评估的标准可以考虑使用公共关系目标，更具体的标准则是对目标进行细分并具体化，以考虑公共关系活动的结果是否达到了组织期望达到的目标。因此，社会组织应根据公共关系评估的目的、对象和内容来选定可靠的公共关系评估标准，才能使评估工作顺利地展开，从而保证结果的准确可靠。

4. 确定收集评估资料的方法和途径

社会组织公共关系工作要受多方面、多层次因素的影响，组织形象地位和公众态度的改变也是由多方面的配合所取得的，因而要准确评价公共关系的工作效果就比较困难。为保证评估结果尽量客观、公正和准确，不能单凭公共关系部门人员的自我感觉和认识进行评价，还要采用科学的计量方法，使定性分析和定量分析相结合。为使评估更加可行，结果更加可信，在收集评估资料的过程中，应根据评估的目的和所需要资料的内容及范围，适当选择调查的途径和方法。对一些评估项目，评估所需的资料应同样采用公共关系调查阶段所使用的渠道和方法收集，以增加现时和过去公共关系状态和组织形象地位的可比性。

5. 开展评估

通过各种途径和方法收集的资料，数量往往很多，其中有些资料可能杂乱无章，也有些资料可能是片面和不真实的。对于这些资料，要根据评估的目的和内容，经过系统的整理分析才能获得活动结果的准确情况，这部分材料才能作为评估的材料和依据。在此基础上，再把公共关系的活动情况及结果与公共关系计划或目标进行对比分析，才能确定公共关系计划、目标完成和实现的程度及其原因，从而对整个公共关系活动过程及其结果进行全面准确的评估。

6. 评估结果的汇报

通过各种方法对公共关系工作进行评估后，必须把各种评估意见进行整理、分析和总结，接着还需要把公共关系的评估结果以书面报告形式向社会组织的管理层和决策层进行汇报。评估报告的基本内容应包括工作过程、目标的完成情况、预算的执行情况、取得的成绩、仍存在的问题和差距及采取的相应对策，下一阶段工作的任务、重点和评估的程序和方法等。通过评估结果的汇报，既可以充分说明公共关系工作的重要性，又有助于领导及时掌握情况，以便对组织进行有效的管理和控制。

7. 评估结果的利用

社会组织的领导人和公共关系人员必须对公共关系评估的结果给予高度的重视并加以妥善的利用。除了利用总结性评估说明公共关系工作的作用、影响和效果外，更主要的是要把公共关系的评估结果用于决策。因为公共关系评估在公共关系活动过程中是连续不断地进行的，并贯穿于整个过程的始终。这样才能及时在公共关系工作中发现和解决问题，调整和修订公共关系工作和活动，使制订的目标和计划更加完善，并减少实施过程中的偏差。另外，评估的结果又能为下一阶段公共关系活动提供背景性材料，使社会环境分析及问题确定更加准确，公共关系计划和目标的确定更加符合社会组织的实际发展需要。

二、公共关系评估的方法

1. 公共关系活动评估的方法

公共关系活动评估是一项过程性评估，它主要检测评价公共关系活动是否按预定的计划进行,其目的就在于控制和协调公共关系活动,努力实现既定的目标,以避免公共关系活动的失败。具体来说,公共关系活动评估可以分为公共关系调查评估、公共关系计划评估及公共关系传播评估三种,因而公共关系活动评估的方法也可分为三类。

(1) 公共关系调查评估的方法

在公共关系调查中或结束后,应该对公共关系调查活动及其搜集的资料进行验证和分析,这一评估有利于发现调查中没有明确的问题,并提高及时补救的可能性。对调查计划和方案的可行性研究的主要方法包括:逻辑分析,即用逻辑学的原理和方法对调查计划和方案的可行性进行检验和分析;经验判断,即用以往的实践经验对调查计划和方案的可行性进行分析和判断;试验分析,即通过小规模的实地调查对调查计划和方案的可行性进行检验和评价。

对所收集资料的准确性和完整性衡量的主要方法是信度和效度评价。信度是指调查结果反映调查对象实际情况的可靠程度,效度是指调查结果反映调查所要说明问题的正确程度。因此,信度是针对调查对象而言的,它主要验证调查资料和结果的可靠性;效度是针对调查所要说明的问题而言的,它主要验证调查结果的正确性。信度评价有两种基本方法:其一是交错法或折半法。交错法是指调查人员使用设计项目表面不同而实质相同的两种同类调查手段对同一调查对象进行调查验证的方法;折半法是指调查人员使用的调查手段中包含设计属性相同的两部分调查项目对调查对象进行调查验证的方法。其二是重复检验法。重复检验法是指调查人员通过对同一调查手段的重复使用对调查对象进行验证的方法。而效度评价则是通过表面有效度、准则有效度和构造有效度三个方面来衡量。

(2) 公共关系计划评估的方法

公共关系计划评估主要是对公共关系目标、活动项目及计划编制等内容进行评价和分析。这一评估的目的是预先发现漏洞,进一步审定或调整计划与战略,改进方案的实施过程,以增强信息说服力,避免宣传发生负效果,提高计划的可行性。

对公共关系计划评估的主要方法包括:①经验判断。即用以往的实践经验对公共关系计划和方案的可行性进行检验和分析。如根据经验来评价分析公共关系计划中的语言文字的运用、图表的设计、图片及展示方式的选择等是否合理、新颖,是否能达到引人注目、给人印象深刻的效果。不过,经验判断没有完全客观的标准,易受到评估者主观因素的影响。②试验分析。即通过小范围的试验对公共关系计划和方案的可行性进行验证和分析。具体地说,试验分析的操作是将计划和方案在小范围或者样本公众中实施,并通过对公众调查或利用剪报、广播录音或录像对信息资料进行内容分析,取得经验后再进行调整,最后在大范围内实施。在公共关系计划评估中,应主要采用现场试验法。

(3) 公共关系传播评估的方法

在公共关系传播中或结束后,也应对公共关系传播活动进行评价。对制作并发送信息数量的衡量,主要是了解所有信息资料的制作、发送情况及其他宣传活动进行的情况。其主要方法是清点并统计制作、发送信息资料以及其他宣传活动的数量。

对信息曝光度的衡量,这一过程主要了解信息资料被新闻媒介采用的数量以及注意该信息的公众数量。评估信息覆盖面的最常用方法包括：①收集剪报,检查报刊索引和广播电视记录,以统计信息被新闻媒介采用的数量。②统计新闻媒介的发行量,推算可能阅读报刊或收听、收看广播电视节目的人数,以测定接触信息的公众数量。③展览、演讲、专题活动等的次数,也能反映组织开展活动的影响程度。

对信息准确度的衡量,这一过程主要是为了确定目标公众接受信息的状况。评估信息准确度常用的方法包括：①内容分析。通过对新闻媒介的系统分析可以了解信息资料正被哪些新闻媒介采用;信息资料是否被重点地区的新闻媒介采用;这些新闻媒介采用最多的是哪些信息资料;通过这些媒介接收到信息的目标公众的数量。②对组织目标影响的检测。即测定新闻媒介传播的信息在多大程度上帮助这个组织实现它的目标是衡量新闻媒介是否准确传播信息要点的方法之一。③受众调查。通过选择小组座谈、个人访问及电话访问,或者问卷等方法来调查公众对信息的理解程度。④公众到席率。展览、会议、演讲或事件的到席率,可以说明收到某一信息的人数,到场的人数也可以作为评估宣传工作效果的依据。

2. 公共关系结果评估的方法

公共关系结果评估是一项总结性评估,它主要检测评价公共关系活动对目标公众的作用和影响程度,以及整个公共关系目标的实现程度,其目的就在于了解公共关系工作的效果,因而又称为公共关系效果评估。公共关系结果评估的主要方法有以下几种。

(1) 接受信息的公众数量的评估方法

对接受信息的公众数量的衡量,其主要方法就是水准基点研究,即事前事后测验法,它是对公众在开展公共关系活动前后对组织的认识、了解和理解等变量进行调查比较。采取的形式是,在开展公共关系活动前后对同一组公众进行重复测验,或者在一组公众当中开展公共关系活动,而在另一组公众中不开展这样的活动,然后将两组测验结果加以比较。

(2) 转变态度的公众数量的评估方法

对转变态度的公众数量的衡量,比接受信息更难评估。一般来说,对态度转变进行评估的常用方法也是事前事后测验法,它是对公共关系活动前后的公众态度进行衡量,在图表上标出公共关系工作前后公众态度变化的百分比,并用方差分析说明公众态度变化与公共关系工作的关系。

(3) 产生行为的公众数量的评估方法

公共关系工作的目标就是促使公众行为的产生和改变,实现组织的目标。对公众行为的评估经常利用的方法包括：①自我报告法。这种方法是由公众对象自己说明行为变化时方向、程度和原因。使用这种方法的缺点是有的公众可能不真实地进行回答,尤其是向公众提出一些敏感性的问题时。②直接观察法。这种方法是公共关系人员在公共关系活动期间,根据确定的主题对公众的行为进行直接的观察,直接观察需要公共关系人员有较强的观察分析能力。③间接观察法。这种方法是公共关系人员利用仪器或有关部门的记录对公众行为进行的观察。

课后训练

1. 公共关系评估的程序是怎样的？
2. 公共关系评估有哪些方法？
3. 请走入社会了解一些社会机构所进行的公共关系活动是否成功，并予以评价。
4. 案例分析

只载一名乘客飞行的英航公司

1988年10月25日，一架波音747喷气式客机从东京飞往伦敦，机上只有一名乘客。这架飞机是英国航空公司所属的008号航班，乘客是日本妇女大竹秀子，为什么一架飞机只载一人飞行？原来，在东京等候这架飞机的有191名乘客，可是，这架飞机因机械故障推迟起飞，其他190名乘客都经劝说改乘别的航班走了，唯独大竹秀子非008号航班不乘。在此情况下，英航毅然决定008号班机在修复后放弃另外的飞行，载着大竹秀子一人开始了航程为13000公里、飞行时间为13小时的长途飞行。在航行过程中，大竹秀子被请到头等舱，15名服务员和6名机组人员专为她一个人服务。她享用了水煮大马哈鱼、嫩煎猪肉等美味菜肴，又收看了专场电影，在睡意蒙眬中飞抵伦敦。大竹秀子一走下飞机悬梯，便被闻风而至的几百名记者团团围住。为了这次飞行，英航公司损失了整整10万美元。

（资料来源：佚名.公共关系客体[EB/OL].[2020-05-22]. https://www.renrendoc.com/p-80541700.html.）

思考讨论题：

（1）英航公司该不该损失这10万美元？
（2）请评估这次活动的效果。

项目 2　日常公共关系

公共关系是这样一种管理功能，它能建立和维持组织与公众之间互利互惠的关系，而一个组织的成功或失败取决于公众。

——引自[美]斯各特·卡特里普及艾伦·森特，格伦·布鲁姆的《有效公共关系》

日常公共关系是指组织公共关系为发挥其职能和作用而开展的日常工作，主要包括采集信息、制造新闻、塑造形象和网络公关四个方面的工作。

课程思政要求

- 进行社会主义核心价值观教育；
- 进行爱国主义教育；
- 开展诚信教育、法律意识教育和道德意识教育；
- 塑造职业形象，提高职业素养；
- 促进学生全面发展。

任务5 采集信息

学习目标

- 明确采集信息的内容；
- 掌握和运用采集信息的方法；
- 能够处理和运用采集来的信息。

情境导入

一张照片后的巨额利润

1964年，《中国画报》的封面刊出这样一张照片：大庆油田的"铁人"王进喜头戴大狗皮帽，身穿厚棉袄，顶着鹅毛大雪，手握钻机刹把，眺望远方，在他背景远处错落地矗立着星星点点的高大井架。同时，《人民中国》杂志撰文报道说，以王进喜为代表的中国工人阶级，为粉碎国外反动势力对我国的经济封锁和石油禁运，在极端困难的条件下，发扬"一不怕苦，二不怕死"的精神，抢时间，争速度，不等马拉车拖，硬是用肩膀将几百吨采油设备扛到了工地。不久后，《人民日报》报道了第三届全国人大开幕的消息，其中提到王进喜光荣地出席了大会。

当时，由于各种原因，大庆油田的具体情况是保密的。然而，上述几则由权威媒体对外公开播出的极其普通的旨在宣传中国工人阶级伟大精神的照片和新闻，在日本三菱重工财团信息专家的手里变成了极为重要的经济信息，揭开了大庆油田的秘密。

(1) 根据对照片和新闻报道的分析，可以断定大庆油田的大致位置在中国东北的北部，且离铁路线不远。其依据是：唯有中国东北的北部寒冷地区，采油工人才需戴这种大狗皮帽和穿厚棉袄；唯有油田离铁路线不远，王进喜等大庆油田的采油工人们才能用肩膀将百吨设备运到油田。因此，只需找一张中国地图，就可以轻而易举地标出大庆油田的大致方位。

(2) 根据对照片和有关新闻报道的分析，可以推断出大庆油田的大致储量和产量，并且可以确定是否已开始出油。其依据是：首先从照片中王进喜所站立的钻台上手柄的架势，推算出油井的直径是多少；从王进喜所站立的钻台油井与他背后所隐露的油井之间的距离和密度，又可以基本推算出油田的大致储量和产量；接着从王进喜出席了人民代表大会，可以很肯定大庆油田出油了，不然王进喜是不会当代表的。

(3) 根据中国当时的技术水平和能力及中国对石油的需求，中国必定要大量引进采油设备。

于是，日本三菱重工财团立即集中有关专家和人员，在对所获信息进行剖析和处理之后，全面设计出了适合中国大庆油田的采油设备，做好充分的夺标准备。果然不久后，中国政府向世界市场寻求石油开采设备。三菱重工财团以最快的速度和最符合中国要求的设计、设备获得了中国大量订货，赚了一笔巨额利润；此时，西方石油工业大国却目瞪口呆，还未回过味儿来呢！

（资料来源：查灿长.公共关系实务与案例[M].青岛：青岛出版社,1994.）

问题：日本三菱重工财团的成功靠的是什么？

任务设计

公共关系活动的本质就是通过双向沟通和有效地达成组织机构与公众之间的信息交流。采集信息已经成为公共关系部门的一项基本职能，任何关系到组织生存、发展的信息都是公共关系机构收集的对象。公共关系部被称为组织的信息情报部，发挥着组织"耳目"的重要作用。

这里通过你所在的学校采集形象信息的方式，完成本任务的学习，具体操作建议如下。

(1) 全班同学分为三组，每组指定一个组长。

(2) 组长带领大家采集学校的形象信息（包括学校配套设施的评价信息、学校管理水平的评价信息和学校教职员工素质的评价信息），在此基础上为提升学校形象提出建议，并形成书面资料。

(3) 每组推选一名代表在课堂上进行成果展示。

(4) 全班同学对各组的成果提出宝贵意见或建议。

(5) 教师进行最后总结、点评。

知识链接

一、采集信息的内容

所谓信息，是指包含新知识、新内容并可以进行传递的消息。公共关系信息指的是为了塑造组织形象而采集、传播的各种消息。大到国家的方针、政策，小到一张名片、一个电话号码都可以看作是公共关系信息。具体来说，公共关系信息主要包括以下内容。

1. 政治信息

政治信息主要包括政府的决策、政治体制改革、领导人的更换、对外交往政策及友好往来等。政治信息关系到组织的未来发展方向和目标，也是组织可以利用的重要信息来源。

2. 立法信息

立法信息包括政府颁布的各种法律、法规、条例、章程等。公共关系活动不能触犯或违反法律，否则，必然有损于组织形象。

3. 舆论信息

舆论信息包括新闻舆论和社会公众舆论。由于舆论具有导向功能,因此,公共关系部门通过对舆论信息的分析、加工、反馈和利用,了解公众对本组织的意见、建议,通过开展公共关系活动为组织创造机会形成良好的社会舆论。

4. 市场或消费者信息

市场或消费者信息包括市场分布、市场现状、市场占有率、消费者需求、消费心理、消费趋势、消费观念等。组织的公共关系部门了解以上信息可为组织决策提供依据。

5. 同行业竞争者信息

同行业竞争者信息包括同行业的数量、规模、分布、产品质量、服务设施、技术水平等。了解同行业竞争者的信息,一方面是为了向同行们学习;另一方面也可以做到心中有数,以便有的放矢,在竞争中求生存、求发展。

6. 组织形象信息

组织形象信息包括组织内部公众和外部公众对组织的评价,主要是对组织的产品形象、技术水平、服务态度、经营方针、领导者能力、综合实力等进行全面了解,以便准确判断组织知名度和美誉度的高低。

二、采集信息的方法

1. 社会调查法

社会调查是公共关系人员运用科学的手段和方法,并对有关社会现象进行有目的、有系统的考察,以此来收集大量资料,并对这些资料进行定性、定量的分析。社会调查方法根据涉及的范围、对象的不同,可分为普遍调查、典型调查、个案调查、抽样调查等方法。公共关系的大量信息是根据社会调查获得的,社会调查也是公共关系工作的起点。

2. 借助传媒法

大众传播媒介具有信息量大、覆盖面广、传播速度快等特点,因此,它是公共关系获取信息的一条捷径。大众传播媒介是反映社会大众意愿和要求的最主要渠道,它可以触及社会的各个阶层。同时,它又是党和国家领导人的传声器,传达着政府的方针政策。从大众传播媒介中获取的信息,往往带有全面性和方向性,它能帮助组织决策者把握发展趋势。

3. 网络搜索法

借助互联网上的搜索引擎如百度,找到相关信息。为了保证搜索成功,必须认真选择输入引擎的关键词。

4. 专家预测法

每一个行业都有自己的专家,他们与政府部门关系密切,甚至直接参与制定和论证即将出台的政策,他们掌握的信息多且具有权威性,组织通过听取专家对经济趋势分析、市场动态预测、组织形象评估的意见,能取得大量信息。

5. 直接听取法

直接听取法是指组织直接听取公众反映的一种方法,这种方法一般用于初步感知、范围较小的采集阶段,主要包括接待来访者和投诉者、现场面谈、专题采访、追踪调查、设意见箱等方法。这一方法的优点是速度较快,及时灵活,可以采集到有价值的信息。其缺点是采集信息的范围受到限制,对公共关系人员素质要求比较高。但它们不失为采集信息的一个好方法。而且,由于组织直接面对公众,还可在公众中树立一个善于听取公众意见的良好形象。

6. 参与活动法

组织可以通过参与各种活动来收集信息,如别的组织举办的新闻发布会、产品展览会、订货会、重大庆典、学术交流会、宴会等都是采集信息的好机会,这些活动可以吸引大量的公众,所以采集的信息面广、量大。此外,参加外单位组织的会议和活动,成本较低,可以和组织的业务活动相结合。

7. 员工意见法

组织可以从内部员工中获得许多信息。公共关系部门对内部公众的各种反映也必须认真对待,因为管理者只有通过员工的行动才能实现自己组织的目标。组织要了解员工在想些什么,对领导层有什么看法,对本组织的前途是否有信心,组织的产品是否能满足顾客需要等。总之,要广泛收集员工的意见、建议、要求等信息。

三、处理信息

处理信息是公共关系人员重要的日常业务之一。所谓处理信息,是指公共关系人员根据本组织公共关系的目的和要求对采集的初始信息进行加工的过程。其目的在于把原始信息变换成便于观察、传输、分析和处理的形式;对原始信息进行去粗取精的筛选并加以分类整理、编辑、浓缩、提炼、分析以及做必要的统计计算;把某些信息集中并储存起来,作为事后的分析参考资料。

1. 信息处理的要求

信息处理要求及时、准确、适用和经济。及时,就是传递信息要快、适时;准确,就是信息反映的情况要真实可靠;适用,就是信息要适合实际需要;经济,就是要符合经济效益的要求。

2. 信息处理的程序

(1) 收集

收集即收集原始信息。原始信息是零星分散的,将其及时地集中起来,是信息处理过程中一项十分关键的基础工作。全面可靠的原始信息,有助于信息处理质量的提高。

(2) 加工

加工即整理信息的过程。加工是依据某项任务的需要或组织长远发展的需要,对信息进行选择、比较、分类、排序、计算等方面的工作。

(3) 传输

传输即利用相应的装置和设备实现信息的流动。需要考虑到时间、距离、费用和效果等因素,还应该注意信息传输的方向、顺序和路线。

（4）存储

存储即保存必要的信息。经过加工处理的信息,有的马上就能用,有的待用,有的则可供日后参考。因此,将有关信息放入相应的存储器中,妥善保留起来是十分必要的。

（5）检索

检索即查找信息。检索分手工检索和机器检索两种。手工检索主要是指在有关的文献和工具书中查找信息;机器检索则指在电子计算机(或其他存储器)中查找信息。迅速而准确地检索出信息,就会充分发挥信息的作用。

（6）输出

输出即将用户所需的信息及时传输提供的过程。输出的信息要根据要求将其编制成各种形式。

课后训练

1. 请分析新浪、搜狐等搜索引擎对信息的分类,并指出可以改进的地方。
2. 公共关系采集信息的方法有哪些?选择其中的一个方法进行举例说明。
3. 某县地处深山,县政府决定组织农民将当地的土特产向外地推销,为此还组织了专门的部门负责此项工作,现需要收集有关信息。如果你负责收集信息的工作,你准备通过哪些渠道收集信息?能收集哪些信息呢?
4. 案例分析

事 与 愿 违

某生产男性内裤的企业,为了促销其产品,该企业针对男性客户大作诉求,媒体选择也一律以男性接触的媒体为主,如凡男性喜爱的活动、频道、时段、版面都是这家企业选择的目标,各种活动和广告创意也都不错。问题是,大笔的广告费、促销费花了不少,却不见销售成效,为什么呢?经过市场调查才发现,65%的男性,他们的内裤都是由太太或妈妈买的。虽然公司展现的创意不错,但由于信息掌握得不全面,导致诉求的对象错误,因而所有的沟通无效,当然销售成绩也无法提升。

(资料来源:姚惠忠.公共关系原理与实务[M].北京:北京大学出版社,2004.)

思考讨论题:

（1）公关人员为何要采集信息呢?
（2）公关人员应该采集哪些信息?

任务 6　制 造 新 闻

学习目标

- 把握制造新闻的含义和特点；
- 学会挖掘新闻的技巧；
- 掌握制造新闻的策划步骤。

情境导入

大火烧不坏的彩电

南方某电视机厂的一位外地用户因遭火灾，房屋和各类家用物品付之一炬，一台由南方某厂生产的 61cm 彩电虽然在火灾中外壳面目全非，但接通电源后依然图像清晰，音质优美，全家人是又惊又喜，该电视机厂得知这一情况……

请利用这一事实借势造势，策划一次公共关系传播活动，掀起××彩电热。

任务设计

公共关系的基本目标是为组织树立良好的社会形象，是要扩大组织的知名度和美誉度，这就离不开传播。所谓公共关系传播，就是组织与公众之间信息的双向交流与共享，它在公共关系工作中具有非常重要的地位和作用。

作为公共关系人员，要想成功地策动传播，需要深刻地理解公共关系传播的含义和特点，学会发掘新闻、制造新闻。

这里拟通过模拟策划一个新闻事件来完成本任务的学习，具体操作建议如下。

(1) 将学生分成若干个小组，每组分别讨论，进行制造新闻的创意策划。
(2) 每组成员相互启发，共同研讨形成策划方案。
(3) 在课堂上交流策划方案。
(4) 对其中被一致认为可行而又富有创意的策划方案共同组织实施。

知识链接

制造新闻是与新闻界交往的一种重要形式和方法。所谓制造新闻，是指制造具有新闻价值的事件和报道材料，即由公共关系人员以健康、正当的手段，以组织内部发生的真实事件为基础,有计划地推动和整理出来的既有利于组织,又使社会、公众受惠的新闻素材。

制造新闻虽然也是要以真实的事实为基础,但它带有浓厚的人为色彩。它需要公共关系人员具备广博的知识、丰富的想象力、一定的技巧和敏锐的观察力,即敏感的"新闻鼻",能在纷繁复杂的社会现象中迅速地发现新闻线索和发掘新闻素材。

一、制造新闻的特点

与一般新闻相比较,组织有计划、有目的地制造新闻具有以下特点。

1. 精心策划

制造新闻不是自发的、偶然产生的,而是经过公关人员精心策划安排的。一般性新闻是在事物发展变化中自然而然发生的(如突发性的新闻事件),而制造的新闻是经过公关人员精心策划、推动、挖掘出来的。一般而言,新闻传播的主动权不在公关人员方面,而在新闻界人士方面,公关人员精心策划出来的新闻事件,因为奇特、有趣,具有较高的新闻价值,同样也能引起新闻界人士的兴趣和跟踪追击,并加以报道,取得提高组织知名度的作用。

2. 富有戏剧性

制造的新闻比一般新闻更富有戏剧性,更能迎合新闻界及公众的兴趣,想要成功地制造新闻事件,吸引新闻界人士的注意和兴趣,就要使新闻事件更富有戏剧性,更具有新、奇、特的特点,要求公关人员独具匠心,富于创新。

3. 成效显著

能以较低的成本明显提高组织的社会知名度和美誉度。自然发生的新闻有的是对组织的声誉有利的,也有的是对组织的声誉不利的,一般而言,自然生活中出现的新闻不可以控制。但经过公关人员精心、周密策划的新闻活动、事件,则带有很强的目的性,都是围绕提高组织知名度和美誉度为中心而展开的。因此,成功地策划一个新闻事件能大大提高组织的知名度和美誉度。

低成本地制造新闻事件,吸引相关媒体的报道是营销界常用的一种借鸡生蛋的办法。由于前期对相关客户做了详细的调查,可以依据客户的特点人为制造新闻事件。新闻是媒体赖以生存的基础,只要新闻事件策划周全,往往就能起到事半功倍的效果,从而以最少的营销费获取最大的推广效果。例如,脑白金在进入市场之初,采用的关键市场推广手法之一就是制造新闻。这种推广手法使其在短时间内以最低的成本占据了华东地区。

二、制造新闻的基础——发掘新闻

1. 提高新闻敏感性

新闻敏感性是指对新的事实中新的信息的发现和辨别能力、对有价值的新闻敏锐的认识能力和准确、迅速的反应能力。新闻敏感性是公共关系人员必备的素质,也是制造新闻的根本前提。新闻敏感性包括以下方面。

(1) 对政治形势的洞察力,即迅速判断客观事实的政治意义以及预见可能产生的政治作用的能力。政治洞察力强,善于从政治上考虑问题,善于鉴别和选择政治性强的事实进行报道,并能很好地体现党的政策。

（2）对实际工作的关注力，即判断某项工作在全局中的地位以及对全局工作影响大小的能力。关注力强，就会努力深入实际，熟悉实际工作的发展，对全局情况了如指掌。

（3）对公众兴趣的审视力，即判断某些事实能否引起公众兴趣的能力。对公众的审视力强，就能代表公众来观察，寻找他们欲知而未知的有趣材料，从而满足他们的新闻欲。

新闻敏感性并不是某些记者、某些公共关系人员的天赋灵感，只有经过长期的努力，刻苦学习，不断积累和磨炼，才能逐步提高新闻意识，增强新闻敏感性。具备了新闻敏感性并不等于就可以发掘新闻、制造新闻了，还必须广泛地收集新闻素材。

2．收集新闻素材

在组织的生存和发展过程中，有可能成为新闻的事件很多，大致可以概括为以下几个方面。

（1）组织的经济效益和社会效益有明显的提高，工作成效显著，甚至在国内、国际、同行业、同地区处于领先地位，有可能成为热点新闻。

（2）组织在某一方面有了重大突破，比如某一企业产品质量提高、数量扩大、新的品种诞生，引用了新技术、新设备或者重要发明获取专利，新的科技成果通过鉴定，获得重要荣誉称号、重要奖励，或为国家节约了大量能源，这些都有可能构成新闻。

（3）组织在深化内部改革、理顺关系、调动各方面积极性、提高劳动生产率方面有了新的经验、新的做法和新的措施；或是组织在人事方面有重大变动，撤换了不称职干部，大胆重用了有能力的年轻人，顶住了来自各方面的压力等。这些也有新闻价值。

（4）组织的职工对社会和组织做出了重大贡献，涌现出富有时代精神、高尚情操的先进人物等也是重要的新闻素材。

（5）组织在参与社会公益活动、热心社会福利及慈善事业、承担社会责任方面有良好的表现。例如给残疾人捐款、捐赠生活用品，支持我国的体育事业、教育事业、希望工程、航天事业等，这些既能很好地塑造组织形象，也是很好的新闻素材。

（6）组织因被诬陷等原因导致组织形象受损，企业优质产品名牌商标被假冒，或者由于其他原因使组织声誉受损，也应作为新闻素材，通过新闻媒介传播予以澄清，恢复声誉。

（7）组织在经营管理上出现失误，在公众中造成不良影响，组织知错改过后也应及时通过新闻媒介向有关方面和社会公众表示歉意，并承担责任，赔偿损失，以挽回影响。

（8）组织举办各种专题活动，如奠基典礼、开业典礼以及各种有意义的纪念活动或庆祝活动。这些活动本身对组织的发展具有重要影响和深远意义，若能邀请知名人士参加则更能吸引新闻媒介的注意，从而达到提高组织知名度和美誉度的目的。

3．挖掘新闻线索

在广泛收集新闻素材的基础上，公共关系人员还必须探寻、挖掘有价值、有意义的新闻线索。探寻和挖掘新闻线索通常有以下途径。

（1）认真学习党和国家的一系列文件和有关领导同志的讲话如吃透精神。因为这些文件和讲话一般都集中概括了当前的政治、经济和文化生活中的主要情况和问题，以及政策动向和新的任务，既是进行新闻报道的思想依据，又直接预示着一个时期内将要发生的重要事情，能为人们提供大量的新闻线索。

（2）积极参与组织内部的各项活动。组织内部的有关会议和活动往往是状况、问题、意见和建议集中的场合，公共关系人员要尽量多参与，而参与的目的不能只是为了报道会议本身，而应通过会议中所反映的情况集中各方面的意见以及从会议就有关问题所做出的决定中去发现有意义的新闻线索。

（3）掌握动态，善于研究。公共关系人员要通过查阅有关报刊、剪贴和复印有价值的部分，将其分类汇编成册，并注意收听和收看广播、电视节目，必要时还应录音、录像，应及时了解和研究各个特定时期新闻机构报道的动向、热点，从已掌握的各种情况中寻找线索；也可以根据报道的动向有意识地去收集材料，取得更多的新闻线索。

（4）广泛交往，开拓思路。我们每天都接触传播媒介，信息每天都像洪水一样涌来，稍加留意就会受用无穷；随意放过不但可惜，还可能给组织经营带来后患。所以，公共关系人员应在社会上广交朋友，并通过对周围的密切观察分析，从日常生活中挖掘素材，并在此基础上提出新问题、选择新角度、发现新线索。

（5）丰富知识，积累经验。公共关系人员应尽可能地多掌握生产知识、经济知识、科技知识和其他业务知识。只有熟悉这些知识，才能更深入地了解从事这些活动的人，更敏锐地发现新闻线索。

4. 确认新闻价值

新闻价值是指某种事实得以实现传播从而产生效果的各种因素的总和。一般来说，无论是公共关系人员，还是新闻记者、编辑以及社会公众，他们衡量、确认、选择新闻价值的标准大致相同。确认新闻价值要注意以下几点。

（1）注重新奇性。新奇性是新闻价值构成的基本要素。它通常包含两个意思：一是指时间上要新。新闻报道与新闻事实发生的时间要尽可能接近，时间差越小，新闻价值越大；时间性越强，新闻价值越高。所以，新闻报道要有强烈的时间观念才能增强新闻的可读性和可信性。二是指内容上要新。现实生活中有许多广大群众欲知而未知的新鲜事，如新情况、新成就、新经验、新风貌、新问题等。

（2）讲究指导性。新闻是否具有指导性也是衡量新闻价值的重要标准。在任何时候，新闻都要以指导性和思想性为尺度去衡量所观察到的一切事物，从而确定它的新价值，恰当地运用它。

（3）强调重要性。事物越重要、越显著，关心的人越多，新闻价值也就越大。有些事的重要性和显著性是一下子就能看出来的，有些却是淹没在大量的一般性事实之中，这就要公共关系人员下功夫筛选、辨别。新闻事实与人们的利害关系越密切、涉及面越广、影响越大，重要性就越显著，也就必然引起人们的普遍关注。重要性与显著性常常是连在一起的。显著性是指那些著名的、非同一般的事物，比如邀请著名人士参加组织的重要纪念日活动等。这些事实知名度高、影响面广、吸引力强，最能激起人们的兴趣。

（4）考虑接近性。这是指新闻事实与公众在心理上、利益上、地理上、职业上的关联与接近。其关联接近程度越紧密、公众越关心，新闻价值也就越高，如恰当地选择社区内的新闻事实予以报道有助于引起社会公众的兴趣，改善组织形象。

（5）注意趣味性。趣味性也是衡量、确认新闻价值不可缺少的标准之一。新闻从业人员都知道一句话，叫作"狗咬人不是新闻，人咬狗才是新闻"，说的就是这个意思。但是，对趣味性不能做庸俗理解，不能做片面理解。公共关系人员在做新闻宣传工作的时候，不能有片面猎奇的小市民心理，专门去追求怪招、选奇闻、耸人视听。所以，新闻除了"新""奇"外，还应该从社会生活中人们所关切的具有积极意义的事情中去寻找。

公共关系人员在广泛收集新闻素材、挖掘新闻线索、分析和确认了新闻价值之后，就可以通过健康、正当的手段去制造新闻了。

三、制造新闻的策划步骤

1. 市场分析

要做一个新闻策划，必须先对策划对象所在行业及相关情况有深入的了解。比如，行业的历史、行业的现状、行业发展的新特点、相关的法律配套等。了解得越详细，掌握的信息越多，就越有可能从中挖掘出有价值的新闻点。

2. 确定宣传目标

对新闻策划来说，主要需要确定的是宣传的范围和宣传的目标人群。宣传目标影响着后面新闻点的策划、媒体的选择和预算的编制等步骤。如果宣传范围只是地域性的，那么媒体只需选择地方性媒体就可以了，预算也会比做全国性宣传低得多。如果选择是针对年轻白领的，那么策划的新闻事件必须能吸引他们的关注，媒体也应有针对性地选择白领媒体。

3. 策划"新闻点"

这一步需要策划出能够达到宣传目标的"新闻点"。策划"新闻点"一般可以运用"借势"或"造势"两大基本方法。①借势。即借助外部的条件和环境进行策划，如借助比企业更受人们关注的各种事物，与企业即将进行的公共关系营销活动结合起来，从而把新闻界及公众的关注点移到本企业方面，受到良好的效果。②造势。这是指企业新闻策划者通过巧妙思维，利用某一看来微不足道的契机为企业与公众间关系的建立与发展创造出一个有利趋向和势头来。造势是一种最简单，同时也是最复杂的策划。

4. 选择媒体

新闻策划都是通过媒体的传播来完成的，因此媒体的选择非常重要。一般根据产品的特性和宣传目标来选择媒体。比如，大众产品应选择大众媒体；如果客户目标是女性，则应该选择女性媒体；专业化的产品应选择专业化的媒体，像计算机产品最好选择计算机专业媒体和大众媒体中的计算机版面；而全国市场则应选择全国性媒体。

5. 编制预算

做宣传，要衡量投入产出比，对预算要做到心中有数。新闻策划和广告投放在费用上很不同，广告费用主要包括制作和媒体投放的费用，而新闻策划则主要是新闻事件的实施费用，优秀的新闻策划只需要少量的甚至不需要媒体费用。因此，新闻策划费用很难像广告投放那样在今年就可以计划好明年的投放量。

新闻策划不同，个案的实施费用往往会根据具体的策划而有所不同，因此应采用"目标任务法"来预算。先确定一个新闻策划的目标，然后估算出要达到这一目标所需的费用，包括新闻事件实施费用和新闻发布费用，这两项费用相加就是一次新闻策划的总费用。

6. 策划的实施和控制

这是新闻策划中的另一个重要环节。因为再精妙的策划也需要通过媒体进行传达。如果媒体不配合，新闻策划是不可能获得成功的。还有，现在不少媒体已出现"排他性"倾向，就是一条新闻如果其他媒体（尤其是竞争媒体）已经刊播了，就不再采用。这就为新闻策划所需要达到的"大规模轰炸"效果提高了难度。在这种情况下，就需要策划人有很强的媒体运作和控制能力。

7. 衡量策划效果

对策划效果进行有效评估，有助于判断整个策划成功与否，也能对下一次策划提供有价值的参考。一般来说，新闻策划的效果可以通过以下几个标准来衡量：①刊登播出数量。在策划实施后统计媒体刊登播出的新闻数量，衡量是否达到原先设定的目标。②刊登播出质量。刊登播出质量主要指篇幅、字数、播出时间长度、刊登的版面（是否头版或其他重要版面）、播出的时间段（是否是黄金时段、知名栏目）、企业和产品的名称是否出现、产品性能是否介绍等事先设定的目标。③市场反应。市场反应包括两个方面：一是销售业绩，只需对策划实施前后实际的市场销售情况做出比较就可以分析出策划是否推动了销售；二是看企业或产品的知名度是否提高，这需要在策划前后各做一次问卷调查。④采用"比较法"。比较法就是与其他竞争产品的市场表现进行比较，从而对新闻策划的效果做出评估。

四、制造新闻的一般技巧

1. 联系热门话题

公众在不同的时期关注的话题也不同。对公众兴趣审视力较强的公共关系人员，应该时刻关注这个问题，以便把握时机，成功制造新闻。比如，1988年汉城奥运会期间，广州健力宝集团就抓住时机成功地制造了一次很有影响的新闻。集团不仅向奥运会捐送、赠送产品，在奥运会结束后，总经理还专程向我国获奥运金牌的运动员赠送冠以"健力宝"名称的金罐。对这一活动，新闻界进行了大量报道。

2. 抓住"新、奇、特"

一个事件的新闻价值往往就在于它的"新、奇、特"上。在激烈的组织形象竞争中，要成功地制造新闻，公共关系人员必须独具匠心，使公共关系活动具备"新、奇、特"的条件。

超大牛仔裤的震波

上海蓓英百货服装店是一家特约经销牛仔裤的个体集体联营商店。在服装业日趋萧条的情况下，店主想出了颇具公共关系意识的一招：定做了一条近2米长，腰围1.3米宽的特大牛仔裤悬挂在店堂，上面别着一张纸条，纸上写着"合适者赠送留念"，以此来招揽顾客。这一别出心裁的做法，引来了不少高个子和大块头，他们苦于无处购买合适的牛仔裤而到此处碰运气，然而，这条牛仔裤实在太肥大了，他们只能望"裤"兴叹，但小店的名气却由此而大振。这种奇妙宣传逐渐引起了新闻媒介的注意。《新民晚报》《解放日报》等纷纷对此作了报道，使这家原本淹没在个体市场的小店竟一下变得家喻户晓，尽人皆知了。人们普遍关心的是："牛仔裤被穿走了吗？"没有！店主继续寻觅"合适者"。不久，第一个幸运者出现了,上海浦东陆行镇腰围1.30米的退休工人陆阿照穿走了第一条超大型牛仔裤,人们的情绪陡然高涨了,《解放日报》以《腰围1.3米的牛仔裤被穿走了》为题报道了这一新闻,蓓英百货服装店又一次名声大振。在此期间,国家女篮的郑海霞曾到店里来试,但因腰太肥而不无遗憾地走了,店里特意到广州重新定做一条,赶到北京去送给郑海霞。这样,蓓英服装店的名声从上海传到了北京。中国"巨人"穆铁柱是慕名而来的第三位幸运者,他光顾"蓓英"的这一天,这间只有一间门面的小店顿时热闹非凡,很多人围拢在此,争相观看穆铁柱穿牛仔裤的场面,在这位2米多高的巨人面前,一旁的售货员和观众简直成了小娃娃,在那些好奇的观众看来这本身就是一大"奇观"。店主把穆铁柱送出店门之后,"穆铁柱穿上了牛仔裤"的消息不胫而走,各大小报刊纷纷报道,上海电视台、中央电视台也相继播放这条新闻。就这样,蓓英百货服装店没花一分钱广告费,仅用三条超大型牛仔裤就轻而易举地名扬全国,营业额翻了几番。

3. 进行心理铺垫

为了强化新闻的效果,应事先制造一些热烈气氛,使公众心理上有所准备。法国白兰地成功打入美国市场的案例中,法国白兰地公司就是通过给美国艾森豪威尔赠送两桶有67年酿造史的名贵白兰地,作为其67岁寿辰的贺礼,制造了有关白兰地酒的新闻。赠送仪式上白兰地酒的种种传说与趣闻已成为华盛顿市民街谈巷议的话题,以至于到总统寿辰那天出现了万人空巷的现象,人们都集中在白宫前面等待这一赠酒仪式,新闻机构更是纷纷报道,造成了强烈的轰动效应。

4. 联系重要日子

制造新闻还要尽可能地与传统的盛大节日或纪念日联系在一起。每年的传统节日、纪念日往往都是新闻报道的重点。

妈妈,我向您致敬

前些年,南方某酒店以西方传统节日母亲节为契机,举办了以"妈妈,我向您致敬"为主题的征文比赛和表扬模范母亲的活动。他们精心评选出12位模范母亲,给予表彰,并向当地12~15岁的学生征集歌颂母爱的诗歌和文章,从中选出20篇优秀文章,在母亲节当日举办朗诵会。在舞台背景下,一群天真可爱的孩子们为母亲献上了不同的节日礼物,母亲的眼中则流露出无比幸福和喜悦。朗诵会上,孩子们朗诵着自己的作品,倾诉着一颗颗童心和对母亲表达不尽的爱意。此次活动获奖孩子将奖品献给母亲,表露母子、母女的亲情中落下帷幕。这样的结尾在无言中升华了此次活动的主题,一时间,该酒店的名字在当地家喻户晓了。

地球,我们的家园

"我最大的愿望就是通过镜头,唤醒更多的人热爱自然、热爱动物的意识,共同创造一个和谐、美好、长久的生存环境。"这是全国知名连锁品牌——好利来总裁——罗红先生的话。罗红是一个摄影爱好者,多年以来,他独自驾车拍摄的足迹遍布世界。2006年6月5日是世界环境日,罗红应联合国环境规划署之邀,在其总部所在地肯尼亚首都内罗毕举办了主题为"地球,我们的家园"的个人摄影展。这是联合国第一次邀请一位中国摄影家在其年度活动上举办个人展览。为期两周的展览结束后,罗红将所有展品义卖,所得全部捐献给联合国的环境保护项目。联合国官员在参观展览时说:罗红的作品不仅体现了一个摄影家的艺术才华,而且展示了中国艺术家正在以国际化的视角来思考环保问题。

5. 与媒体联合

制造新闻还应注意多与报社、电台和电视台等新闻机构联合举办各种活动,以增加本组织在传播媒介中亮相的机会。这是因为新闻机构自己举办的活动自然会在自己的新闻媒介上报道,组织也会因此得到与广大公众见面的机会。例如某家企业和某电视台联合举办青年大辩论活动,这家电视台一定会全力将此次活动制作成节目在电视上播放,于是这家企业在整个辩论比赛和发奖仪式上露面。可见,与新闻单位联手也是制造新闻的一个极好机会。

课后训练

1. 有人说"制造新闻"是提高社会组织知名度的灵丹妙药,你认为呢?
2. 假如你以某公共关系公司工作人员的身份为一家商场联系当地报社进行报道,该怎么说话、做事?
3. 组织一次去报社、电台或电视台的参观活动,了解其信息制作和发布的过程。
4. 案例分析

小燕子的"道歉信"

日本奈良旅馆每到春天都会迎来大群可爱的小燕子在房檐下筑巢,但小燕子排泄粪便,留下斑斑污渍,服务人员不停地擦也无济于事,人们怨声四起。于是,宾馆经理就以小燕子的名义给客人们写了一封道歉信。

女士们、先生们:

我们是刚从南方赶到这儿来过春天的小燕子,没有征得主人的同意,就在这儿安了家,还要生儿育女。我们的习惯不好,常常弄脏你们的玻璃和走廊,致使你们不愉快。我们很过意不去,请女士们、先生们多多谅解。

还有一事恳请女士们和先生们,请您千万不要埋怨服务员小姐,她们是经常打扫的,只是擦不胜擦,这完全是我们的过错。请你们稍等一会儿,她们就来了。

您的朋友:小燕子

客人们见到这封信,都给逗乐了,肚子里的怨气也烟消云散。人们总是带着美好的记忆,依依不舍地离开古都奈良,离开这逗人的旅馆。

(资料来源:高谋. 小燕子的道歉信[J]. 青年文摘(彩版),2006(05).)

思考讨论题:

(1) 在公共关系中组织与公众沟通的方式很多,为什么奈良旅馆的工作人员单单采用"书信"这一沟通方式来消除顾客的怨气呢?

(2) 奈良宾馆的做法对你有哪些启示?

任务 7　塑 造 形 象

学习目标

- 掌握企业形象塑造的方法，并能进行企业形象塑造的策划与实施；
- 初步具备 MI、BI、VI 设计能力；
- 能成功地进行企业形象定位和设计；
- 掌握导入 CIS 步骤、方法。

情境导入

IBM 意味着最佳服务

IBM 公司有三大基本信念：尊重每一位顾客；提供最佳服务；追求卓越工作。这三大信念贯穿于 IBM 公司的一切工作规范和经营活动之中。靠最佳的服务赢得顾客和占领市场是 IBM 公司成功的秘诀。

IBM 公司总裁小托马斯·沃森对"服务"曾做了这样的说明：多年以前我们登了这样一则广告，用一目了然的粗笔字体写着："IBM 就是最佳服务的象征。"我始终认为，这是我们有史以来最好的广告。因为它清楚地表达了 IBM 公司真正的经营理念——我们要提供世界上最好的服务。

一次亚特兰大拉尼尔公司资料处理中心的计算机出了故障，IBM 请的几位专家几小时内就从各地赶到了，其中 4 位来自欧洲，1 位来自加拿大，还有 1 位从拉丁美洲赶来。

一位在菲尼斯工作的服务小姐，驾车前往某地为顾客送一个小零件。然而，通常应是短暂而愉快的驱车旅行，此次却因瓢泼大雨，交通堵塞，使 25 分钟的奔驰变成 4 小时的爬行。这位小姐决心不能这样失去整整一个下午的时间，她想到车里有一双旱冰鞋，于是她抛下汽车，穿上旱冰鞋，一路滑行，为顾客雪中送炭。迎接顾客各种具有挑战性的服务难题已经成了 IBM 活动的重要部分。视顾客为上帝，奠定了 IBM 繁荣兴旺的基础，从而塑造了 IBM 守信誉、重服务的组织形象。

（资料来源：曾琳智. 新编公关案例教程[M]. 上海：上海复旦大学出版社，2006.）

问题：从本案例出发，请思考组织形象包括哪些方面？公关人员应该如何塑造组织形象？

任务设计

在市场经济条件下，真正有效的高层次竞争是企业形象的竞争，这种胜利才是真正的胜利。因此为企业进行形象设计、宣传，在消费者中树立企业形象，促进企业的发展是公共关系的核心目标和主要任务。

这里通过"为所在组织进行 CIS 形象策划"来完成本任务的学习。具体建议如下。

实训目的：掌握 CIS 形象策划的方法技巧，并把它用到形象策划中去。

实训步骤如下。

（1）把学生分成几组，并每组派组长 1 人。

（2）查资料：世界知名企业或学校的 CIS 策划经验；本单位的历史、现状。

（3）小组同学分工设计与策划，并在小组内讨论，形成一个综合策划方案。

（4）小组同学合作演练、解说策划方案。

（5）全班同学讨论设计演练效果、教师点评。

知识链接

一、企业形象概述

1. 企业形象的界定

为了能更好地理解什么是企业形象，我们从全球最有名气、最备受推崇的十大名牌谈起。1990 年年底，英国很多企业形象顾问公司进行了一项大规模的有关世界名牌的市场调查，访问了 1 万多名消费者，他们分别来自美国、日本以及 9 个欧洲国家。市场调查的目的就是向这 1 万多名消费者询问，能否在调查员所提供的 6000 种"甚有来头"的牌子中，选出 10 种最出名的、最受欢迎的"全球名牌之星"。结果，这 1 万多名消费者不负众望，终于选出了 10 种红极一时的名牌，依其顺序为：可口可乐、索尼电器、奔驰汽车、柯达胶卷、迪士尼乐园、雀巢饮品、丰田汽车、麦当劳汉堡包、IBM 电脑、百事可乐。以上调查因为是在西方国家的消费者中进行的，它并不能完全反映出我国消费者心目中的名牌，但是以上十大名牌，我国消费者应该说都是不陌生的。特别是可口可乐、索尼电器、雀巢饮品、丰田汽车、麦当劳汉堡包等商品，可以说我们已经相当熟悉了。在这些商品中，不是美国货就是日本货或者是德国货。那么为什么这些名牌商品能够走遍世界各地，为全世界各地的消费者所推崇呢？为什么能在世界各地"称王称霸"，在各地市场上独占鳌头呢？这里自然有它的道理。

首先，这些商品都有着稳定和可靠的质量，良好的信誉和优质的服务，在全世界拥有众多的消费者；其次，这些企业能经常参与各种社会公益活动，不仅能给人们一种信赖和好感，而且还给人一种实力雄厚的感觉；此外，这些商品还有显眼鲜明的标志和统一的、在全世界都通用的包装等。一句话，它们都有着良好的企业形象，而企业形象往往是通过产品形象表现出来的。例如，一提起可口可乐，人们便能想到的是那种具有特殊口感的饮料以及对各种大型体育活动的赞助。当然也更忘不了它在商品包装上的 Coca-Cola 的标准字体、白色水线和红底色的图案。一看见黄色的 M 字形就想到这里出售的汉堡包，它代表的是麦当劳等。

那么，究竟什么是企业形象？从消费者角度看，企业形象是指人们对企业所具有的情感和意志的总和。这段定义包含以下两点内容：第一，从消费者角度看，企业形象只是消费者心目中对企业的一种看法和认识。因为情感是人们对客观事物的一种态度，意志是人们的一种有目的的行动。它们都有一种心理活动，这种心理活动是以满足人们的需求为基础的。由于企业与人们的需求之间的关系不同，因而人们对企业形象有着不同的好恶态度。因此，通过满足人们的不同需求尽快使人们了解企业，并对企业产生好感和信赖是树立企业形象的重要手段。第二，消费者心目中的企业形象是很难用数字来加以具体描绘的。

如果我们从企业角度来分析，企业形象的定义则是：企业形象是潜在销售金额，也是潜在的无形资产。这段定义包含着以下几点：首先，指出了企业之所以要千方百计努力塑造良好的形象，其根本目的在于要不断扩大销售金额，特别是大力挖掘尚未开发的潜在销售额。其次，从企业角度看，企业形象的价值是可以用数字来进行计算的。以上两则企业形象的定义都是从不同角度对同一客观事物进行具体描述的，它有助于我们对企业形象的概念进行深刻的认识。

2. 企业形象的基本特征

（1）多面性

企业形象不是挂在墙上的一幅单调的平面绘画，它是社会空间中的企业组织在公众心目中的立体反映。由于公众的层次不同，观察的角度不同，需求不同，每个人都可能从个人的需要出发，站在特殊的角度上来观察同一个企业的行为，因此，在公众的心目中，该企业的形象特征就明显地带着这一角度所看到的侧面表现。例如，政府官员与普通消费者公众对一个企业组织的评价取向往往不同，政府官员注重企业的总体价值、社会价值和长期发展价值，而消费者公众则更多地注重产品本身的价值。

从总体上来看，不同的企业其社会存在的价值不同，目的也不同。所以，不能对所有企业提出同样的形象要求。一般来说，企业形象可分为内部成员心目中的企业形象和社会公众心目中的企业形象。如果再深一步探讨，又可以从不同角度的观察者出发，提出多种多样的企业形象要求，这说明每一个企业的形象都存在着多面性。

（2）相对稳定性

企业的形象表征及行为一旦在公众心目中形成了定式，便使公众形成一种态度取向，态度的相对稳定性便决定了公众对企业形象感受的相对稳定性。人们的认识过程不仅仅是观察，更重要的是感受，而感受最容易使人们形成固定的经验，经验是不易改变的。例如，某食品公司出售了一次腐烂变质的食品，便立刻在受害者和耳闻目睹者的心目中形成了不能再购买该公司产品的经验。由此可见，企业的形象一旦形成就具有稳定性。然而，这个稳定性也是相对的，并不是一成不变的，企业可以通过具体的公共关系活动来改变公众的态度，引导公众的行为，不过需要多花费一些力气。

（3）可变性

人们对某一事物形象的形成有赖于信息的刺激，人们对这一事物形象的改变也借助于信息的刺激，就一般认识规律来说，事物对人们的刺激使人们产生了对该事物的认识、理解、评价,从而在心目中形成了该事物的形象。同样的道理,要想改变这一形象也是可能的,只是需要一个更加强烈的刺激而已。企业形象的形成与改变也是同样的道理。

(4) 阶段性

所谓阶段性,是指企业形象一旦在公众心目中形成,就会相对稳定一个时期。在这期间要想改变它并非是一朝一夕、轻而易举所能完成的,需要在一系列有效的公共关系活动之后,才能使企业的形象出现明显变化。新形象与旧形象的关系是一个取代和被取代的关系,形象的发展是间断的、跳跃的。良好的企业形象是一个组织全体人员,尤其是公共关系人员共同努力的结果,但并不是与特定的企业永远相伴而行。对于良好的、理想的形象需要巩固、保护,对于不良的形象需要及时地、尽快地改善,这就要求公共关系人员要经常向社会公众输送企业更新的信息,以取代旧的形象,建立新的理想形象来引导公众的态度取向。

二、CIS:企业形象塑造的利器

20 世纪 90 年代,在生机勃勃的中国大地,CIS 战略犹如"一枝红杏出墙来",在我国南方兴起,并迅速升温,如日中天。这种应用性很强、使用范围很广、具有明显效果的经营技法迅速引起人们的重视,成为各类企业塑造形象的重要工具。

1. CIS 的含义

CIS(corporate identity system)意思是"企业识别系统",也即指企业将其理念、行为、视觉形象及一切可感受形象实行统一化、标准化与规范化的科学管理并形成体系,是公众辨别与评价企业的依据,是企业在经营与竞争中塑造形象、赢得公众认同的有效手段。CIS 最早应用于企业,是 1914 年德国的 AEG 电气公司,该公司在系列性电器产品上首次采用彼德·贝汉斯所设计的商标,其成为统一视觉形象的 CIS 雏形。

CIS 作为一种理念被运作是在 20 世纪 50 年代的美国。当时的美国国际机器公司产品甚多,然而销售额总徘徊在 1 亿美元左右。小托马斯·沃森接替其父担任公司总裁后,实施了一系列战略性新决策:一是集中公司人力、物力、财力,设计开发计算机的硬件系统、软件系统,提高联网技术,这样就确定了企业发展战略,规定了企业的经营性质和发展方向;二是推行全天候、全方位、全球性限时维修服务,特别是全过程的联网化、系统化、伙伴化的潜在市场开发性服务;三是把产品识别标志和企业识别标志连在一起,并且系统地应用于产品系列、时空环境及企业生产经营的过程之中。

该公司设计了独特的识别标志(见图 7-1),它由几何图形造型的"IBM"3 个大写字母并列组合而成,"M"的字母大小是"IB"两者之和,名称、字体、图形三者合二为一。IBM 公司是公司合称 Internation Business Machine Corporation(国际商业机构公司)的缩写,即象征了计算机产品系列及其联网技术,又使人联想到公司开发计算机的企业发展战略和提供优质服务的企业行为规范。该企业识别系统简洁、明了、流畅、美观,令人一目了然,大大促进了 IBM 成为全世界最大的计算机生产经营企业,使其营业额不断上升,年营业额从 20 世纪 60 年代的 60 多亿美元上升到 80 年代的 600 多亿美元。

图 7-1 美国国际机器公司识别标志

IBM 的成功，使 CIS 开始被企业所认识，欧美各国大企业纷纷导入 CIS。20 世纪 60 年代末期，CIS 传入日本。当时日本经济不景气，但技术高度发达，各企业制造的商品差异小，趋于同质化，企业迫切需要为商品赋予强烈个性，深感企业形象也应当作为一种商品推销，其目的就是使社会不断强烈地感受到企业的行为与精神，以期创造出独特的产品风格。于是，马自达、美能达、三井银行等相继导入 CIS，均获得了良好效益。

20 世纪 90 年代初，我国南方一些企业如"太阳牌""三九胃泰""神州燃气灶""健力宝"等率先导入 CIS，都在建立和提高企业声誉和赢得市场上取得了理想的成效，不但提高了在同类产品中的市场占有率，增加了经济效益，而且作为一个现代企业，更获得了可观的无形资产，提高了产品和企业的知名度。

CIS 是现代企业信息枢纽，就像一座空中立交，把企业、市场、公众沟通起来并融为一体。其作用具体可表现为以下几个方面。

(1) 充分体现现代企业科学的管理和经营水平，展示企业的完美形象，体现企业的文化标准。

(2) 充分利用一切手段达到增加和显示企业竞争能力的目的。

(3) 让社会及消费者识别和记忆企业，赢得更多的用户。

(4) 促使企业各方面更加趋于正规化、秩序化，在企业管理上发挥辅助作用。

(5) 激励员工士气，改善员工意识。

(6) 强化企业广告和传播效果等。

2. CIS 的构成要素

CIS 主要由企业理念识别(mind identity，MI)、企业行为识别(behavior identity，BI)和企业视觉识别(visual identity，VI)三部分组成。

(1) 理念识别系统(mind identity system，MIS)

理念识别就是给企业的精神理念进行定位。企业的理念识别系统全面地、系统地反映出企业的经营哲学、企业精神等，是企业的灵魂，也是 CI 战略的核心。其基本内容见图 7-2 所示。

(2) 行为识别系统(behavior identity system，BIS)

行为识别就是企业行为的内外展示。此行为识别系统是以企业理念为核心而制定的企业运行的全部规程策略。它将企业理念由抽象的理论落实到具体的可操作措施，要求全体员工共同遵守并身体力行。它是企业良好的管理制度、管理方法和员工良好的行为规范的显现。其具体内容如图 7-3 所示。

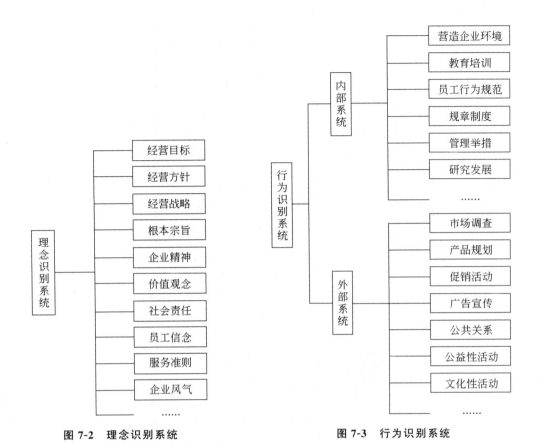

图 7-2 理念识别系统　　　　图 7-3 行为识别系统

(3) 视觉识别系统(visual identity system, VIS)

视觉识别是指企业标识的视觉感知。视觉识别系统是指企业根据其理念和行为所设计的具有视觉感知性和冲击力统一的企业标识系列。其设计的基础是 MIS 和 BIS。它采用的是直观的传达企业理念与行为的方法。不同信息对感官影响程度存在较大差异,其中,视觉信息感觉占 83%,听觉信息接收占 11%,嗅觉信息感受占 3.5%,触觉信息感受占 5%,味觉信息感受占 1%。视觉识别系统是 CIS 中分列项目最多、层面最广、效果最直接的一个子系统。其具体内容如图 7-4 所示。

主要组织标志如图 7-5 所示。

传统的 CIS 战略理论认为 CIS 的构成要素为 MIS、BIS 和 VIS。随着人们对 CI 战略研究的不断深入,有的学者提出了大 CI 战略,CIS 的构成要素还包括环境识别系统、听觉识别系统、味觉识别系统、信息传统系统,必须强调的是:MIS、BIS 和 VIS 是 CI 战略,CIS 的构成要素还包括环境识别系统、听觉识别系统、味觉识别系统、信息传统系统,但 MIS、BIS 和 VIS 是 CI 战略最基本的要素。其中,MIS 是 CIS 的灵魂,是 CIS 的原动力和基础,决定着 BIS 和 VIS。BIS 和 VIS 的执行与推动都有赖于 MIS。BIS 是 MIS 的动态显示,是 MIS 的具体落实。VIS 是 MIS 和 BIS 的外观显现。人们将三者的关系做了形象的比喻:如果

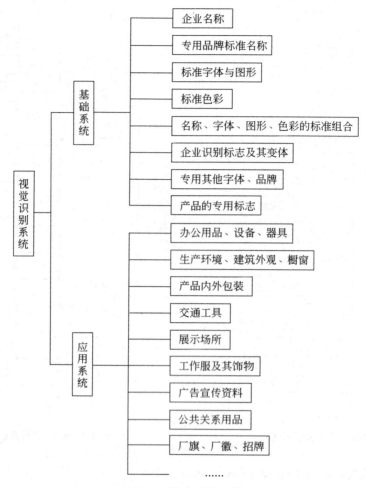

图 7-4　视觉识别系统

把 CIS 比作一棵树,那么 MIS 就是树的根部,BIS 就是树的躯干、树枝,VIS 就是树叶、花与果实;如果把 CIS 比作一个人,那么 MIS 就是人的心、脑中枢神经,BIS 就是人的躯干、四肢,VIS 就是人的面部。这些比喻形象地说明了三者之间的密切关系。

3. CIS 的导入程序

(1) 准备阶段

首先,确定 CIS 导入的理由、提案。任何企业导入 CIS 都是基于一定的原因:要么使内外公众对企业有一个清晰的定位,要么想提高企业形象。这样就产生了要导入 CI 的动机。其次,拟订一份 CIS 导入的提案,这一提案实际上是 CIS 导入的初级策划书。它的内容一般包括:提案的目的;导入 CIS 的理由、背景;CIS 策划的方针、施行细则、计划、组织、人员、经费预算等。再次,决策部门讨论、审核、批准。最后,设置导入 CIS 的组织机构。CI 委员会是 CI 导入的决策机构,其人员一般由企业的主要领导人、部门负责人、CIS 策划专家组成。最后,还要设置 CI 执行委员会,作为隶属于 CI 委员会的执行机构,其人员一般由

图 7-5 主要标志一览

创意策划专家、设计人员、市场调研人员和文案人员构成。

(2) 调查研究阶段

调查研究阶段主要是确定调查方针、调查机构、调查方法,确定调查内容,分析调查结果,制作总概念报告书。调查可在企业内部、外部分别进行。一是企业内部调查。这是 CIS 策划的关键。调查内容主要包括企业内外形象、基本概况、员工素质、产品质量、经营观念、规章制度、视觉标志、信息传递渠道等;通过亲自访谈,了解企业主要领导者和中层以上干部的意愿、意见、建议;通过问卷调查或典型调查,了解员工的基本情况、意见、建议等。二是企业外部调查。其主要内容包括企业外部形象、市场环境调查、公众消费情况调查、企业产品质量、销售及其形象调查、公众对企业的认知程度和综合评价等。调查内容根据实际策划需要来确定。调查结束后,对调查结果进行综合整理,写出总概念报告书。

(3) 创意策划与设计阶段

创意策划与设计阶段实际上是策划人员根据总概念报告书、结合企业决策层的意图,对企业的理念识别系统、行为识别系统和视觉识别系统进行定位设计。这包括以下几个方面。

一是构筑企业理念识别系统。设计企业理念应结合企业的实际,突出个性,从哲学和文化的高度把握住企业经营的内在精髓,兼顾企业的经济使命、文化使命和社会使命。理念识别系统应文字精练、简洁易记,富有情感,具有民族特色、时代精神和战略意义。设计完成后,送交给 CI 委员会审定。

二是行为识别系统的创意策划。行为识别系统是理念识别系统的具体化,它必须充分反映企业理念,具有实效性、可操作性。行为识别系统的内容涉及企业的各具体方面,因此必须由策划专家与企业的管理人员共同研究、合作完成。行为识别系统的创意策划既要有个性,又要科学规范,并能够被员工所接受,设计完成后,送交给 CI 委员会审定。

三是视觉识别系统的设计。这一系统的设计是将理念识别、行为识别转换成具有强烈视觉冲击力的视觉标识。首先,将抽象的理念转换成象征化的视觉要素,形成基本意念定位,确定设计方针、基本形态。其次,开发设计基本要素系统。其包括企业名称、企业标志、标准字体、标准图形、标准色彩为主体的基本要素系统,这是视觉识别系统的核心。应用要素系统的设计可根据企业的实际情况逐步进行。

(4) 实施与反馈阶段

实施与反馈阶段主要是根据 CIS 基本内容逐步地实施 CI 战略。在实施过程中,策划者不断听取反馈意见、建议,不断修正完善 CI 设计。其主要内容包括以下几个方面。

一是举办新闻发布会,开展 CIS 导入的发布活动。策划 CI 发布活动,既可由内到外,也可内外同时发布。其目的是传播具有战略意义的信息,以便使内外公众对此有所了解、认识,强化 CIS 导入的效果。

二是 CIS 相关计划的推行。企业可建立相应机构,监察 CIS 计划的执行。CI 策划委员会至此也完成其使命,CI 委员会可继续保留,并可成立 CI 推进委员会,负责 CIS 计划的监察与实施。建立必要的管理系统有助于巩固与扩大 CIS 策划的成果。

三是建立 CIS 的信息传递机制。CIS 策划的根本目的是要全方位塑造组织的整体形象,因此 CIS 策划必须注重 CIS 信息的传递与交流:一方面利用广告、宣传资料、新闻媒介、专题活动等对内对外进行宣传推行;另一方面还可及时收集来自各方面的反馈信息,修正与完善 CIS 设计成果。

课后训练

1. 什么是组织形象？组织形象有哪些特征？

2. 聘请品牌代言人是一种为企业广为接受的有效塑造企业形象的手段,在现代社会,企业与品牌代言人更是相互照映。是乔丹为NIKE增辉煌还是NIKE捧红了乔丹？是杰克逊为百事带来了活力还是百事赋予了杰克逊激情？

(1) 你怎么看待企业聘请名人做形象代言人？

(2) 企业应聘请什么样的人做形象代言人？

3. 观察社会上各种组织的标志、宣传口号,体会分析其中所反映的企业经营理念。

4. 组织学生收集有关CI的资料、实例,举行研讨会,相互启发,加深理解。

5. 参观CIS导入工作做得好的企业,请企业管理者讲解他们是如何开展这方面工作的,取得了哪些效益,有什么体会。尝试为这家企业重新设计一套CIS系统。

6. 案例分析

海尔集团CIS战略

一、MI

海尔理念：海尔只有创业,没有守业。

海尔目标：海尔——中国的世界名牌。

海尔原则：不能对市场说不。

海尔标准：紧盯市场创美誉。

海尔作风：迅速反应,马上行动。

海尔管理模式："OEC管理法"（OEC是overall every control and clear 的缩写）,即日事日毕、日清日高。

80/20原则：20%的干部负80%的责任,80%的工人负20%的责任。

(1) 质量工作

理念：优秀的产品是优秀的人干出来的。

模式：高标准、精细化、零缺陷,下道工序是用户。

(2) 用人机制

理念：人人是人才。

模式："赛马"不"相马"。

(3) 售后服务

理念：用户永远是对的。

模式：一条龙服务。

开发—制造—售前—售中—售后—回访。

(4) 资本运营

理念：以无形资产盘活有形资产。

模式：东方亮了再亮西方,专吃"休克鱼"。

(5) 技术改造

理念：不在低水平上重复投资。

模式：三角结构。

市场需求—质保服务—技术创新。

(6) 企业管理

理念：人人都管事，人人有人管。

模式：OEC模式。

(7) 市场营销

理念：先卖信誉再卖产品。

模式：市场调查—产品投放—产品定价定位—渠道及促销宣传—服务及回访。

(8) 国际市场

理念：出口战略，先难后易。

模式：3个1/3。

1/3国内销售，1/3国外销售，1/3国外建厂。

(9) 营销理念

卖信誉不是卖产品。

为消费者提供足以让其了解海尔产品优秀性能的售前、售中服务。

二、BI

海尔国际星级一条龙服务。

服务理念：用户永远是对的。

一、二、三、四售后服务模式如下。

一个结果：服务圆满。

二个理念：带走用户的烦恼——烦恼到零。留下海尔的真诚——真诚到永远。

三个控制：服务投诉率小于10%。服务不满意率小于10%。服务遗漏率小于10%。

四个不漏：一个不漏地记录用户反映的问题；一个不漏地处理用户反映的问题；一个不漏地复审处理结果；一个不漏地将处理结果反馈到设计、生产、经营部门。

提供海尔星级服务，解除用户烦恼到零。

公司(单位)内部员工礼仪规范如下。

(一) 日常礼貌用语

(1) 见面互问"您好"。

(2) 请别人帮忙，用"请"(问)字。

(3) 对别人的帮助应致谢："谢谢"。

(4) 给别人造成不便，用"对不起""请原谅""很抱歉"。

(5) 征求别人意见，态度诚恳。

(6) 对同事的询问切忌："明天再说""不关我事""找别人吧""不""没法干"等。

(7) 同事之间应友好相处，文明相待，不说粗话、脏话。

(二) 日常行为规范

1. 着装

(1) 上班时间统一穿着海尔空调工作服,干净整洁,无破损。扣子除了第一个其余全部扣齐。

(2) 男同志上衣必须扎在下衣里面(夏天)。

(3) 不允许穿超短裙、鞋跟太高的高跟鞋。

(4) 不允许穿拖鞋。

2. 仪表

(1) 不蓬头垢面,应胡须干净,头发整洁,仪表文明,精神饱满。

(2) 服务人员应注意个人卫生。

3. 行为

(1) 遵守时间,不迟到、不早退、不失约。

(2) 坐姿端正,走路不勾肩搭背,不摇晃拖沓。

(3) 内部人员(职工)碰面要点头致意,互打招呼。

(4) 与用户碰面要点头问好,主动侧身让路。

(5) 非大厅接待人员不准在大厅停留(围在大台上、坐在座椅上等)。

(6) 上班时间禁止在院内或公共场所闲坐。

(7) 严格遵守厂纪、厂规。

4. 办公室人员行为规范

(1) 办公桌面整齐有序,不放与办公无关的物品(如水杯、报纸等)。

(2) 坐姿端正。

(3) 不大声喧哗、任意嬉闹。

(4) 不松垮懒散,不伏桌睡觉。

(5) 不随便吃零食。

(6) 离开座位时,椅子归位。

5. 驻外人员行为规范

(1) 仪容、衣装整齐洁净。

(2) 讲文明礼貌用语,不说粗话脏话。

(3) 积极学习企业文化,主动宣传企业文化。

(4) 遵守时间,不迟到、不早退、不失约。

(5) 待人谦虚,态度诚恳,热情友好。

(6) 不能利用职权谋取私利,不能利用工作之便接受网点的宴请和礼品。

(7) 不说有损企业形象的话,不做有损企业形象及利益的事。

(8) 中心内部要团结,互相帮助。

(资料来源:何燕子,欧绍华. 公共关系理论与实务[M]. 合肥:合肥工业大学出版社,2012.)

思考讨论题:

(1) 请收集海尔视觉识别(VI),并结合案例中海尔的 MI 和 BI 设计,试分析海尔企业的视觉识别(VI)设计的特点。

(2) 结合海尔的 CIS 战略,分析一下行为识别在企业 CIS 中发挥着怎样的作用。

任务 8　网络公关

学习目标

- 了解网络公关的特点；
- 把握网络公关的运作原则；
- 能够开展网络公关，实现组织的公共关系目标。

情境导入

王老吉的网络公关

在 2008 年 5 月 12 日的汶川大地震中，王老吉是首个向灾区捐款 1 亿元的民营企业，引起了媒体的广泛关注，随后又在互联网上展开一系列的网络推广，虽然王老吉一直声称捐助只是为了献爱心，但从最终的效果来讲，王老吉的所作所为无疑是一次绝好的网络公关。让我们回顾一下整个事件的过程。

5 月 18 日晚，在中央电视台举办的"爱的奉献——抗震救灾募捐晚会"现场，"王老吉"品牌持有者加多宝集团以 1 亿元人民币的国内单笔最高捐款感动了每一个中国人。

随后国内某个著名论坛出现了一篇《"封杀"王老吉》的帖子，倡议只要看到"王老吉"，见一罐买一罐，从货架上"封杀"王老吉……网民不仅回复踊跃，更纷纷在其他的论坛进行转载，随后 QQ 群、个人博客等多种方式也都参与其中，甚至部分报纸和电视媒体也纷纷参与了对这一帖子的讨论。最后"害得"王老吉卖断了货，只能是开足马力生产"抵制封杀"。至此，王老吉不仅取得了超高的销量，也赢得了全国网友的赞誉。可谓是名利双收。

（资料来源：佚名.看王老吉"经典"网络营销公关案例［EB/OL］.［2018-03-21］. https://www.soudao.com/news/ee6Zju.html.）

问题：王老吉的网络公关对你有哪些启示？

任务设计

据统计，在美国发展最快的五个行业中，公关业是其中之一，所有全球性公关公司都以每年 20%～25% 的速度在发展。未来的时代是个人和计算机共生的网络时代，这一时代的到来进一步提升了公关的作用和地位，给公关人员提供了一个长袖善舞的发展空间。网络时代是公关业充满希望和机会的时代。网络为公关业带来了又一个春天。网络世界中的一些著名品牌，如雅虎、亚马逊等在几年时间里都建立起来了，和可口可乐等传统品牌一个世纪才建立起来的知名度相比,不得不说其中就有网络公关的功劳。

网络公关(public relations on net)或者称作 E 公关,是适应时代要求,以互联网为手段,沟通企业内外部信息,加强企业与社会公众的交流,从而提高企业的知名度和美誉度,塑造良好的企业形象的新型公关活动。网络公关是数字环境下的公共关系,是传统的公关活动在网络中的新发展。

这里拟通过撰写企业网络公共关系考察报告的方式完成本任务的学习,具体建议如下。

(1) 把全班同学分成若干小组,每组 6～8 人。
(2) 每组通过上网搜集和归纳网络公共关系的表现形式,并指出各自的利弊。
(3) 每组针对一家企业开展网络公共关系的情况考察,撰写一份网络公共关系考察报告。
(4) 在全班交流各组的考察报告。
(5) 教师点评、总结。

知识链接

一、网络公共关系的特点

1. 互动互通性

首先,因为网络具有互动互通的特点,使得信息传播的交互性大大增强,从而使网上公关主体拥有了在传统公共关系(这里指通过报纸、杂志、电视、广播等传统新闻传播形式进行的公共关系)中所没有的主动性,使网上组织在公共活动的几乎所有环节中都能发挥主动作用。这一特征是网络公关与传统公关相比更具优势的根本原因所在。

其次,在传统的新闻传播中,编辑、记者、导演等人往往充当了"守门员"的角色,他们决定组织的新闻、消息是否能见诸报纸、杂志或电视,他们甚至还决定这则消息的表述风格和隐含内容等。与传统新闻的这种局限相比,网络的加入给组织的公关活动提供了巨大的机会。网络使企业直接面向消费者发布新闻而不需要其他媒体作为中介成为可能,这是一个极为重要的革命。这项革命克服了传统新闻传播中存在的消极人为因素,使组织能有效地掌握公共关系的主动权,对公众产生直接影响。

同时,网络即时互动的特性使网上公关还具有创建组织和公众"一对一"关系的优势,增加了组织和公众间的直接交流与沟通,使组织能及时、充分地接收公众的反馈信息,了解公众的个性化需求,把握公众对组织的评价,维护公众和组织的良好关系,从而提高了公关活动的实效性。

2. 即时性

"给我两分钟,我让全世界找到你。"这是一家网络公司的广告词,形象地说明网络公关的跨越时空性,网络信息传播的高速度使得组织的公关活动具有即时性的特点。传统传播媒介有一定的发行周期,如一般报纸和杂志每天或每月才发行一次,而在网上可以全天

24小时随时发布消息,且可随着形势的发展随时更新消息,公众也可以全天候不拘时地进行点击。比如"蓝色巨人"IBM公司购买Lotus后即在其首页上发布了这则消息,比当天的报纸要早几个小时。网络的这种特点对组织公关活动的开展既是机会又是挑战,组织有了机会便随时发布消息,但也使公关工作的节奏大大加快,一些不利于组织形象的负面信息可能因为在网上曝光,几分钟就传遍世界各地,这就同样需要公关人员利用网络的即时性对事件做及时而有效的处理。

3. 广延性

首先,网络的全球互联性使得网络公共关系在空间上拥有了传统公共关系所没有的广延性,组织公关活动的受众无限扩大,全世界160多个国家和地域的上网公众都有可能接收到组织在网上发布的新闻。克服了传统公共关系活动在地区上的限制。同时,网络给组织的公共关系活动提供了巨大无比的活动空间,组织可以通过网络论坛、当地电子公告板(BBS)、新闻组、网络会议、网络广播台及节目、网络电视台等各种形式向公众发布新闻或开展其他公共关系活动,从而扩大了组织活动的范围。

其次,网络公共关系还具有自主性、多媒体性、低成本性、多形式和效果显著等特点。

二、网络公共关系运作的原则

1. 诚信

"公关之父"艾维·李早已提出"对公众讲真话"的公共关系原则,网络公共关系低成本易行,故企业在使用后会有很多方便。最大的方便即在于自主性。在这种情况下,要搞好企业组织与社会公众之间的关系,关键在于企业对待公众和社会的态度,以及如何对待利润和效益。因此,企业在一定的生产经营条件下,加强管理,提高产品质量和服务质量,真心实意为消费者和社会服务,就是价值最大、最成功的公关策略,而不能以网络是虚拟空间为借口、以网络匿名性为掩护,对公众进行欺骗。网络公共关系管理必须要把树立诚信美德放在重中之重的位置,如果稍有闪失或过错,在网络广阔的空间里将迅速传播,致使企业形象受到极大打击。如果说,欺骗在传统公共关系中还能得逞,那么在网络公共关系中,组织的一言一行都会受到监视,欺骗成为最不明智的选择。公众在网上易核查组织言行的真实性。而且网上公共关系在内容上又十分透明化,即使细微出入也容易被人发现。

2. 快速

快速体现在两个方面:一方面,组织要利用网络这一有力工具及时将有关信息发送给有关的媒体,因为信息时代昨天的"新闻"即旧闻;另一方面,则是指组织的有关信息必须及时更新。随时把自己的最新动态挂到主页上或有关网站上是企业进行网络公共关系最起码的要求。但不少组织在制作好主页后即认为万事大吉,不再注意更新,这易给人造成一种印象,即该企业重形式轻内容、做事拖泥带水、管理者没有责任心等。

3. 创新

建立自身的主页是企业利用网络开展公共关系的起点,而建立长期有效的网络公共关系则要采用多种多样的方式,要注意创新。譬如,组织可以在网上一个知名公共论坛上邀请该领域的著名专家与网友进行交流。其话题不一定专门围绕该企业产品,但在交流中有些言谈,会为企业亲近受众搭建平台。

4. 安全

为了保证网络安全,要谨防受到攻击。这主要源于三个方面:一是来自于竞争对手在网上暗中的恶意中伤;二是来自于一些顾客的指责;三是来自于黑客的攻击。如果说前两种情况的实施主体是有意识的,那么来自于黑客的攻击往往是无意识的。黑客通常只是出于好玩或是露一手的目的,而在组织的主页上随意进行涂改。其中既有让人哭笑不得的恶作剧,如在主页上画一只小乌龟;也有让人措手不及的恶性攻击,如使企业的服务器瘫痪等。要解决网上受到攻击的风险问题,一方面组织要加强管理、提高技术水平;另一方面政府要加强立法执法,使网络公共关系保持在稳定发展的轨道之中。

三、网络公共关系的活动方式

1. 建设公关型的企业网站

企业网站是帮助企业树立形象的最佳工具之一。网站上的企业背景资料、商标、广告语、经营理念、企业视觉形象识别系统等公关信息元素可以源源不断地向公众进行传播。公众也可以通过网站提供的联络方提出自己的疑问、咨询及投诉,并快速地得到企业的答复。以上的过程使公关活动的本质即组织和相关公众之间的双向信息传播和沟通得到最好的诠释,这也要求企业在设计网站时充分考虑网站的公关功能,不仅把网站作为一个销售平台、服务平台、采购平台、广告平台,也要把其作为企业公关活动的平台,使网站融入企业的文化、精神和理念。在利用网站公关的过程中,企业公关人员必须明确两个问题。首先,网络公关的对象包括客户、供应商、经销商、投资者、企业内部员工、媒体、金融机构、政府机关、社会团体等,这些公众对企业的经营管理活动都会产生直接或间接的影响,需要受到企业的重视。其次,网站需要根据这些公众的特点为其提供各种信息服务。企业的背景资料、组织结构、管理技术水平、新闻是向上述全体公众提供的,此外企业也应该注意提供针对特定公众的特定信息服务。

2. 借助网络媒体发布新闻稿

以新闻传播为重要任务的网络媒体发展速度惊人。新浪、搜狐、网易等站点在新闻传播方面的影响力已经丝毫不亚于一些传统的电视、报纸、杂志媒体。通过这些网络媒体来发布关于企业的新闻,无疑是行之有效的公关方法。不仅如此,如果企业网站有足够的访问量,网站本身就可以在一定程度上代替传统媒体的新闻发布功能。企业还可以通过公共论坛、与企业业务相关的新闻组来发布这些新闻,同样也可以达到较好的效果。网上新闻稿的制作应注意以下几点。

(1) 注意稿件的链接问题

网上新闻稿的制作不同于现实生活中的新闻稿。在现实世界中,新闻稿通常不超过两页,因为有这个限制,所以许多信息只好删去。在网络上则没有这个限制,并且还可将新闻链接到其他相关信息上,使得公众在搜寻信息时可以从中寻找更为有用的信息,既方便了公众又大大增加了组织的信息发布量。因此,在进行网上新闻稿的制作时要特别注意稿件的超链接问题,应创建新闻稿与各种相关信息的链接,如创建新闻稿与站点中过去的新闻稿及相关信息的链接,使公众能获知事件发展过程的概貌及更多的信息;创建新闻与其他站点中相关信息的链接;创建新闻稿与有关图片的链接,使公众有可能获得相关的图片资料。

(2) 注意稿件的形式问题

为了提高公众对组织网上新闻稿的浏览率,新闻稿的形式应力求生动、活泼,富有新意,能抓住网上公众挑剔的眼睛。形式千篇一律、语言枯燥乏味的新闻稿在任何时候都是无人问津的,在强调"注意力经济"的网络时代尤其如此。因此,为吸引公众对组织新闻的注意,组织在设计网上新闻稿时,公共关系人员可运用 Flash 动画、音乐等多媒体技术,增强新闻发布形式的趣味性,从而加深公众对新闻的印象。

(3) 加强新闻稿的互动性

网络区别于传统媒体的一大特征是它的互动性,在制作新闻稿时也应充分增强它的互动性,从而使组织及时得到公众的反馈信息,为组织的下一轮决策提供依据。首先,应该在新闻稿页面的顶部或底部添加联系信息,使公众一旦有疑问,能和公司的公关人员取得快速的联系,实现公众与组织公关部门的即时互动;其次,应在新闻稿后设立专门的评论区或设立常规性的电子论坛,使公众可以自由发表自己的读后感,参与讨论。

3. 通过电子邮件发布个性化信息

面对不同的信息需求者,企业可以通过电子邮件为他们提供各种类型的信息服务,使他们及时了解企业的各种新闻、产品、销售政策,而相应公众也可以通过电子邮件将对企业的要求、建议传回企业,维护企业与传统大众媒体的关系。传统大众媒体和新兴网络媒体绝对不是简单的对立关系,而是相互渗透,相互融合的。企业公关人员可以进入相应的公共新闻组和论坛,或者进入媒体的论坛和聊天室与记者、编辑交流,也可以利用电子邮件向他们发送新闻稿,提供新闻线索,这都将帮助企业公关人员建立与媒体人员的良好沟通,促进企业公关活动目的的实现。

4. 刊登网络公关广告

公关广告是企业推销自身形象的一种特殊手段,是一种特殊形态的广告,又是一种特别的公关活动方式,而网络广告所具有的超时空、低成本、内容可扩展等优势,无疑使它成为一种理想的公关工具。在网络上做的形象广告、公益广告、观念广告,都能有效加强公众对企业的理解,融洽企业与公众的关系。

5. 赞助公益事业

在网上赞助有益的公益事业,可以在推动公益事业发展的同时为企业赢得良好的声誉,是一种有效的网络公关手段。

6. 开展网上社会服务活动

在网上举办各种专项社会服务活动,无偿地为相关的公众提供服务,以活动和实惠吸引公众的兴趣,获得公众对企业的好感,也是一种较好的网络公关活动方式。举办网上公众代表座谈会。企业在做出影响相关公众利益的政策决定之前,需要了解相关公众对此项政策的详细意见或企业在相关政策实施一段时间以后,想收集公众对此项政策的态度和反应,都可以通过网上公众座谈会的方式来进行。在操作过程中可以通过各种途径,如电子邮件、企业网站、电话等发布邀请函,其中应注明座谈会的时间、网址、参会人员、讨论主题等重要信息。

7. 召开网上新闻发布会

在传统公关活动中,新闻发布会是组织和公众沟通的例行方式。它是一种两级传播方式,先将消息告诉记者,再通过记者所在的媒体告知公众。企业将这种方式放到网站上,通过聊天系统或视频会议系统进行,将大大降低新闻发布会的成本,提高其效益。

8. 网上软件搭载发布

通过网上 OICQ、Foxmail、Netants 等绿色软件的搭载形式完成对新闻稿的发布。绿色软件的下载率非常高,因此,组织可与这些软件的生产商联系,以搭载的形式发布新闻稿,从而扩大组织的最新动态、产品资料等信息的受众面。在发布工作完成以后,组织还有一系列相应的善后工作需要做,如给有关记者打电话告知新闻稿的发布情况、认真回复公众或记者读完新闻稿后的疑问等。

9. 开展博客公共关系

博客的出现,打破了原有传播体系中媒体导向占主导地位、用户反馈和参与占从属地位的局面。而当受众真正参与到企业传播体系中后,企业传播方式也开始了全新的构建。

所谓博客公关(PR with Web log),就是利用博客的"口口"传播功能,将公关消息病毒式传播出去,并且利用博客宣传公司的观点,降低公关成本,提高信息的传递效果,从而达到公关的目的。

博客公关应用的最根本的依据是博客的聚合效应,也就是我们所说的"圈子"概念,即具有相同的爱好、相近的职业领域或相似的生活背景的人所形成的一个人际关系联结的群体。相对这个群体而言,写作者是一个意见领袖、一个意见发布的核心,他们对于特定商品、服务乃至特定企业的看法对于这个小群体而言具有相当的辐射与渗透作用。博客圈子的蓬勃发展使口碑效应愈发加速和放大。

博客公关的主要目的有两类:第一类是利用博客传播的特点,迅速建立和组织当事人的博客,快速将企业动态及相关事件的内容传播给受众,以消除猜疑和负面消息,建立起正面引导;第二类是通过建立切实可行的博客作者检测机制,对博文和博客进行有重点、有目的的检测,以避免负面、误解的信息在网民和博客中扩散,从而达到维护企业形象的目的。

博客公关随博客的发展和众多企业博客的开设,其威力和价值也逐渐体现出来,并得到了国内外公司的关注和重视。自 2005 年 6 月开始,一名叫 Jeff 的戴尔笔记本用户在其博客上讲述了自己使用戴尔笔记本的遭遇,并对戴尔售后服务不断地发布不满的评价,戴尔公司对博客传播威力的忽视而采取不作为的举措则最终被证明为该年度商业公司最大的公关失误之一。相较而言,互联网业界的先锋 Google 则显得很有远见。在澄清关于李开复与微软之间案件的失实报道事件中,Google 使用了"Google 与李开复博士"这一博客作为唯一信息发布平台和公关媒体,成功地避免了一场诚信危机,同时也扩大了 Google 在中国的影响力,造就了国内第一个具有广泛影响力的博客公关案例。

博客公关的基本形式包括以下四个方面。

一是官方博客。官方博客是公司的信息与评论官方发布平台,可以雇用专门的(咨询、公关)人员为其写作和管理,或者由企业公关部门的员工来运作,其目的是及时透明地反映公司情况,避免外界有负面、误解信息。这是企业掌握话语主动权的第一步。

二是高管博客。根据最近的一项调查表明,CEO的个人声誉占整个企业形象和信誉的48%。CEO开设博客本身就是一种很有效的公关行为,可以利用自身的个人魅力起到宣传作用,还可以拉近与员工、消费者的距离,塑造CEO更具亲和力的形象,为公司带来更多的公关话题,从而树立企业的形象。CEO可以通过博客把企业的文化、价值观和经营宗旨等需要向外界表达时,相比一个实体,个人更容易表达和吸引注意力。

除此之外。CEO开设博客也是组织内部公关的有效手段,除了拉近与员工的距离,员工也可以通过博客留言给上级提供建议或投诉,这也从根本上改变了以往上传下达的企业内部沟通方式,对于组织内部管理和组织决策提供可靠依据。

三是员工博客。IT行业比较多见的企业员工博客,例如Google的很多员工,一直都是积极的博客作者。一方面,他们是这一项新技术的开发者和试验者,对于技术和产品的讨论一直是这类型博客的主要话题;另一方面,除了技术性的文章,也有个人生活和情绪的释放。企业员工通过建立个人博客增进同事间的交流与理解,也达到协调工作和外部沟通的作用。

四是草根博客。大多数影响公众的博客既不是企业官方博客,也不是企业员工或高管博客,而是非本企业成员因对相关行业有深入研究,从而逐步成为专业的草根博客。这一类博客作者基本上是有着丰富经验和学识的专业人员,对于本行业或者领域有着浓厚的兴趣,且写作水平高,博客更新频繁,内容可靠。这一类的博客,由于是组织之外的成员,能够更加客观公正地对于企业做出评价,其认知和意见代表了大多数网络民众,且能令网民信服。他们凭借专业学识和诚恳交流成了博客圈子里的意见领袖。

10. 开展微博公共关系

微博具有使用简单、投入成本少、传播速度快、关注人群多、时效性强等优势。微博给网民尤其是手机网民提供了一个信息快速发布、传递的渠道,同时也为组织制造新闻事件、快速吸引公众关注提供了最佳平台。微博是口碑传播的重要途径,每一个微博后面,都是一个用户的真实体验,可以帮助组织更大限度地传播品牌,扩散美誉度,培养忠实的用户。因此,微博日益成了网络公关重要的沟通方式。组织善用微博就能有效地提高知名度和推广品牌。正确使用微博应注意以下问题①。

第一,组织的微博必须做到人性化的沟通,互动化的交流,组织内的成员有疑问时要及时回应。有关调查显示32%的网民如果没有得到及时回应,就会产生负面的情绪,导致负面信息快速地传播。一个组织需要开设几个微博来分担不同的功能。例如,中国电信官方微博大概有5000多粉丝,主要面对的是媒体和一般日常意见领袖的沟通,中国电信最大的微博是中国电信客服微博,要解决大量网络上的客服问题,这个客服微博需有20多万粉丝。

第二,在微博上,应根据网民的喜好推广组织或产品。信诺传播顾问集团总裁兼CEO曹秀华谈到有一家著名企业在微博上一天内发布100多条广告消息,招致许多非议。不应

---

① 方莉玫,熊畅. 公共关系实务[M]. 北京:机械工业出版社,2013.

该在微博上片面使用广告进行强制性的信息灌输,而应通过与网友分享有价值的信息来推广组织或产品。

第三,组织在微博管理方面,应充分挖掘品牌故事并制造容易引起关注的话题。所发布的信息要既专业又有趣,既要与组织相关,又要符合公众需要。例如,某保险公司在微博上画了一个奥巴马座驾汽车分析,提供一些与汽车保险相关的信息,以此推广业务。同时,还要有意见领袖参与,以此吸引关注。

第四,应该为公关活动设立专门的官方微博。所设计的活动互动性强,微博互动与现场互动相结合;活动周期要短;在活动的各个阶段均设置奖品,刺激网友不断参与,并不断公布获奖信息,树立公信力;活动要有意见领袖参与;在活动中整合各种营销手段,如秒杀、团购等;安排专人及时解答网友疑问。

第五,企业领袖开设微博需要制订策略。由于企业领袖的身份特殊,其与企业品牌的天然链接,注定其微博与企业品牌深度关联。如果企业领袖的微博取得良好的社会影响,不但对个人品牌的打造起到事半功倍的效果,而且对企业声誉的提升也会大有裨益。反之,则会使企业领袖个人和企业品牌双重受损,事关企业和个人的双重声誉,应慎重对待。企业领袖开通微博后,专业而严谨的管理就成为重中之重。没有管理的微博,注定不会是优秀的微博,甚至还会成为摧毁企业声誉和个人声誉的杀器。

四、网络危机应对

在 21 世纪的今天,网络作为一种大众媒体,其重要性日益得到重视,企业通过网络可以更好地宣传自身及产品,甚至利用网络完成企业经营中的一些重要职能,例如采购、支付及售后服务等,而公众通过网络可以更便捷地了解企业和产品,满足自己的消费需求。但是,正是网络传播的种种特点,为网络危机的产生提供了条件,使得网络成为企业经营的一把"双刃剑",据统计全球约有高达 20% 的企业曾因为网络攻击而产生企业危机。为此,如何防范和化解网络危机是每个企业都必须重视的新课题。

1. 网络危机概述

(1) 网络危机的定义

网络危机是指由网络产生、传播或扩散升级的具有严重威胁及不确定性的情境。网络危机及其后果可能会对企业及其员工、产品、服务、资产(股价)和声誉造成巨大的损害。例如巨能钙事件、雀巢奶粉事件、肯德基苏丹红事件、网易社区被黑事件、康师傅的"水源门"事件、王石"捐款门"事件等都是网络危机的典型。

(2) 网络危机的表现形式

① 网络谣言。网络谣言是网络上十分常见的对企业具有很强杀伤力的网络危机。造谣者出于娱乐、发泄或者因商业竞争或政治斗争的需要散布网络谣言。例如,肯德基就曾经深受网络谣言之苦,该谣言声称肯德基是用转基因工程培育的快速成长的无头鸡来进行生产的,此谣言在世界各地传送,对肯德基的名誉打击不小。

② 病毒及黑客攻击。这是使企业网站及相关经营职能陷入停滞的常见原因。例如,黑客攻击索尼官方网站,导致首页出现许多辱骂言论,索尼只得更换域名指向才能挽回局面。

③ 一般性事件的升级。一般性事件是指企业生产和经营中发生的个别产品质量问题或者服务的纠纷。一般性事件经由网络扩大升级，是一种常常被企业忽视或反应缓慢的网络危机。例如，康师傅的"水源门"事件，在第一篇网络帖子出来后，康师傅明显对其随之引发的舆论批判狂潮预料不足，所以回应态度与控制策略明显做得不尽如人意。于是"水源门"议题在多种因素的作用下，被催变为一场网络的话题狂欢宴。人们不仅针对水源问题，康师傅作为方便面企业，作为饮料企业，它过去被消费者所忽视的一个又一个问题再次被重新提出来，使得康师傅"水源门"事件大规模爆发。

(3) 网络危机的特点

网络危机的特点可以结合网络时代传播的特点理解如下。

① 传播的即时性。也就是传播速度特别快，一则信息可以在很多时间内迅速被全球多个不同网络传播平台予以发布，一分钟前被新浪刊出，一分钟后就可能被搜狐、网易等转载，再过一分钟就有可能在诸如天涯、凯迪、猫扑等社区引发讨论，再过几分钟就有可能在网上被传得铺天盖地，可能几十分钟后，就传遍了世界。

② 传播内容的不可控性。也就是传播内容难以控制。互联网传播不同于传统传播模式，过去少数传统媒体才有传播机会，一条信息要经过各个不同编辑层层审核才会发布，而现在互联网上面有大量论坛、博客、各种类型的网站，这些地方都可以发布信息，互联网上还有各种聊天室、即时通信工具等，也可以瞬间把信息传播出去，这些情况下出现什么样的信息，完全是无法控制的。

③ 话语权相对平等性。互联网不同于传统传播模式的还有一个非常重要的地方就是话语权平等，当然，这个平等是相对而言的。在传统媒体环境下，只有媒体才有信息发言权，而在互联网环境下，谁都可以说，各种信息同时被展现在网民面前，而不是传统模式下的只有筛选后的信息才能传播。这样，一个默默无名之人可以在网上批评一个著名企业，而他的批评言论还有很大机会被广泛传播，这在传统传播模式下是不可想象的。

④ 信息的长期残留性。在互联网上即使问题得到了解决，负面信息也会遗留在互联网上，而且很容易让网民找出来，这样就会一直影响企业的形象。传统媒体，广播电视是过后就消失了，报纸杂志一般人也不会经常去找以前的资料。而网络不同，随着搜索引擎的出现和技术的提高，很久以前的信息都很容易被网民找到。

由于互联网是一个新生事物，它具有很多与传统传播模式不同的特点，同时由于互联网出现时间比较短，导致很多企业在应对经验和策略上都出现了很大不足。为此，在互联网时代，保持企业形象和危机管理变得越来越重要。

2. 网络危机的产生原因

网络危机是在网络环境下产生的，所以网络危机产生的原因是和网络传播的特点相对应的。一般来说，网络危机产生的原因有以下几种。

(1) 网络作为媒体的自由度更高

传统媒体由于法律法规的限制以及传播范围上的约束，发布的信息一般来源于官方，故可信度较高，可以有效限制谣言及一般性事件的升级和扩大。而网络媒体由于论坛（BBS）、博客（Blog）和网络社区的存在以及网络发言的匿名性，信息的来源复杂，审查也较传统媒体宽松，因此网络毁谤和传递谣言比以前更加容易。对网络谣言的受害企业而言，与传统谣言和毁谤相比,网络谣言的威力和影响力都更大。

(2) 网络的传播速度更快

在网络资源中,大量的中小网站没有自己的采编队伍,因而大量采用转贴、复制或者直接引用的方式传播信息,使得同一信息在短时间内充斥各个网站和社区。这种信息传播方式的速度比传统媒体那种采访、撰写、审查、刊登或者获得授权转载、引用的典型方式要迅速得多,成本也低得多,从而导致企业面对网络危机的反应时间大大缩短。一些小事件可以演变为难以控制的危机,一些原本站不住脚的谣言经过"三人成虎"似的复述以及添油加醋般的改编影响广大受众的判断。

(3) 网络的互动性

有人曾经说过:"网络让每一个人都有机会成为发言人。"这话虽然有一些夸张,但是网络的广泛参与性可见一斑。互联网的出现极大地刺激了广大公众参与社会事务的积极性。这样,通过网络讨论,一些普通事件和纠纷会升级到对整个品牌和企业的攻击;一些孤立的经济事件容易上升到政治和民族感情的高度,产生超越产品和服务本身的危机。例如,美国耐克公司和日本立邦公司的广告风波经过各大论坛的讨论和渲染,被上升到中美、中日关系的层面,大大超出了厂商的控制范围。

(4) 网络的脆弱性

整个互联网是由一个个相对独立又紧密连接的节点和终端组成的。网络的开放性和无界性造成了网络这一"脆弱"的特点。任何一个终端通过一定的路径都可以访问到另一个终端,甚至可以更改、替换该终端的内容。据媒体报道,40岁的英国黑客格里·麦克金诺利用完全从网络上获取的技术,从家中的计算机上先后袭击了包括美国航天局(NASA)、五角大楼及美国海军基地在内的200多台计算机,造成了70多万美元的财产损失及其他无法估量的后果,被称为"历史上最具破坏性的军网黑客"。层层设防的美国军网尚且如此,普通企业的网站及网上经营的安全性就更值得担忧了,很多网站几乎是毫无防备地暴露在危险之中。

3. 网络危机的预防与处理

(1) 网络危机的预防

面对网络环境下传播模式的巨大变革,企业应对危机的传统公共关系策略遇到了空前的挑战甚至颠覆。如何有效地建立并完善应对网络危机的公共关系策略成了摆在企业面前的重要课题。在企业日常运营中,应加入防范网络危机的工作,使得防范网络危机日常化、制度化,力求从机制上减少或者快速发现危机的发生。为此,企业应该从以下几个方面入手。

① 设立网络安全专员。鉴于网络危机的破坏性以及预防和化解危机所需要的专门知识,企业有必要在公共关系部门或者网络部门下设网络安全专员,统筹企业日常的危机防范工作以及危机发生时的企业公共关系策略安排和资源配置。由于网络危机发生的根源可能存在于企业生产经营的各个过程而且可能牵扯多个部门,危机发生时很有可能出现职责不清的情况,这个时候,训练有素的网络安全专员就可以统筹规划,以标准的程序处理危机,而不会出现部门间扯皮的现象。

② 建立网络危机监测体系。化解网络危机最好的办法就是早期发现,这就需要企业建立完善的网络危机监测体系,把网络危机监测纳入到正常的经营活动中去,防微杜渐,最

大可能在危机没有扩散的时候就消灭它。监测工作包括定期浏览三大门户网站(163、新浪、搜狐),各大传统媒体的网络版(人民日报网络版、新华网等)和主流的有较大影响的网络论坛和社区(天涯和猫扑等)查找和企业相关的信息,识别和分辨出可能出现的网络危机苗头;定期利用主要搜索引擎(谷歌、百度和雅虎等)以企业名以及企业的主要产品和服务名为关键字进行搜索,查看相关的新闻和评论,发现问题及时上报解决,杜绝不良信息上升为网络危机的可能;定期检查企业网络设备和防火墙系统的安全性和稳定性,及时更新和升级杀毒软件和防黑客攻击软件,使得企业网络更加安全。

③ 建立健全的网络危机应急预案。网络的特点注定了网络危机的不可预测性,企业不可能知道网络危机在何时、何地,以何种形式、何种规模发生。所以必须在专门人员的指导下,于危机来临前就建立和健全网络危机处理应急预案,充分考虑网络危机发生时可能出现的状况,提前制订危机发生时企业将要采取的措施、步骤和人员安排。这样可以规范网络危机发生时的应急管理和应急响应程序,明确各部门的职责,可以有效提高企业抵御网络危机的能力。

④ 加强全员网络安全培训。网络危机涉及企业的方方面面,和企业的每一个人都息息相关,不只是网络安全专员、网络部门或者是公关部门的事情。企业定期进行全员的网络安全培训可以增强员工的网络危机防范意识,使员工熟悉网络危机应急的步骤和任务,在危机发生时可以更好地配合网络安全专员的工作,形成解决危机的"合力"。

(2) 网络危机的处理

当企业确定网络危机发生时,企业应该迅速反应。有公关专家认为,网络危机中如果因信息传播延迟或失误而形成信息的"真空",会很快被颠倒黑白、毫无根据的谣言所占据,"无可奉告"类的外交辞令尤其会产生此类问题。网络危机的来临犹如野火燎原,蔓延迅速,所以企业在面临网络危机的时候务必迅速反应,以积极务实的态度面对问题,主动抢占媒体先机。为此,企业可以采取的措施有以下几个方面。

① 成立以企业高层领导为组长,以网络安全专员牵头的网络技术部门、生产部门、公关部门、客服部门和法律部门等各方组成的网络危机处理小组。由于网络危机形式的多样性和复杂性,危机处理小组必须由各个相关部门的同事组成,这样可以确保处理危机时需要的各项资源和专门知识。危机处理小组必须由企业高层挂帅,确保处理小组的工作畅通无阻。

② 发表企业声明或者道歉。在网络危机袭来之时,企业必须发表官方的声明以正视听,这样起到拨乱反正、澄清事实的效果。在产品和服务出现缺陷的时候,应该公开道歉。企业发表官方声明和道歉的形式有:召开新闻发布会;在官方网站提供声明网页,并以首页链接或者自动弹出的方式出现;向主流报纸、电视台、专业杂志以及主流网络媒体发送声明新闻稿,并且利用与媒体的关系使声明在相关媒体的显著位置出现;在主流讨论区和论坛发表官方声明帖,使之置顶显示。官方声明和道歉必须显示出足够的诚意和耐心,必须正视问题而不能试图掩盖或者狡辩,那样做只能增加危机扩大的可能。例如亨氏公司在爆发苏丹红事件之后表示"工商部门检测表明,每瓶问题产品只含0.6‰的'苏丹红',只相当于抽半支烟"。这一好似狡辩的官方声明丝毫无助于问题的解决,舆论一片哗然。当亨氏随即把责任全部推给供货商之后,这一品牌在消费者心目中的地位已经不可挽回;而肯德基在苏丹红事件后的诚恳道歉迅速赢得了消费者的尊重和理解,圆满地化解了危机。正反

两个事例说明了企业在网络危机处理中态度的重要性。

③ 采取实际行动解决问题。只有实实在在地处理危机的行动才可能化解危机,赢得信任。对于网络病毒以及黑客攻击可以采取的行动有:迅速组织技术力量进行维修,力求尽快恢复网站和服务;承诺加强网络维护的人员、技术和设备,给消费者和网民以信心;配合公安机关追查攻击来源,必要时运用法律武器维护自己的权益。

对于网络谣言,企业可以:说明事实真相,必要时可以提供权威部门的质量检测报告等;指出谣言的不实之处及谬误,揭露谣言的险恶用心,这样可以赢得公众的信任和同情;表示欢迎消费者和舆论监督,可以邀请消费者和媒体代表参观企业及其供货商的生产过程,让公众眼见为实。

对于企业发生的一般性的质量问题和纠纷,企业应该:保证退换或者召回相关产品;封存并销毁有问题的产品,可以邀请公众监督;对受到伤害的消费者进行及时赔偿;更换出现问题的原料的供货商;让权威部门出具整改后的检测报告。企业面对网络危机的时候只有采取这样一系列的行动,才有可能从源头上解决危机。

④ 强化危机后传播工作。在网络危机解决后,企业要通过各种网络媒体让这些信息分散在互联网上,这样可以在将来网民借助搜索引擎进行搜索相关信息时,不至于搜索到的仅仅是一堆负面信息。同时,我们要记住事后反思是必须要做的事情,只有效的反思才能总结经验,不管这次应对处理效果如何,要争取下次不犯同样的错误。

课后训练

1. 通过上网收集和归纳网络公共关系的表现形式,指出各自的利弊。
2. 把全班同学分为若干个小组,每组设计一个虚拟的组织网站,策划网上公共关系活动。
3. 登录中国博客网、博客网、赛我网、全球企业博客网、中国企业博客网,了解一下企业借助这些第三方博客网络平台开展了哪些富有特色的公共关系活动。
4. 请登录 SOHO 中国的潘石屹、万科董事长王石的博客,并谈谈他们为什么能够获得巨大的声誉和网络影响力?
5. 请为自己建立一个博客,并与同学分享一下作为博客一族的体会。
6. 如何利用微博强化企业公共关系传播?
7. 举例说明,组织应该如何应对网络危机。
8. 网络上的危机事件常常起源于论坛,爆发于搜索引擎,这种负面信息在互联网上可能以几何级数迅速增长,形成负面影响,并且会持续相当长的时间,如何清除这些负面信息是必须面对的问题。请你以某企业在互联网上的负面信息为例,进行具体分析。
9. 案例分析

宾利微博营销获 560 多万元订单

2012 年 2 月底,厦门一家宾利(Bentley)销售部的销售经理通过微博 140 字的媒介销售出了一辆价值 560 多万元的宾刺幕尚。厦门这家宾利销售部的销售经理姓黄,经常在其个人微博上发布宾利的相关活动资讯以及产品信息,在厦门地区具有一定的知名度。据黄经理透露,2011年10月底,在一次宾利的大型活动期间有位客户通过微博主动私信了他,咨询活动及车型的相关信息。因为一直有微博营销的计划,黄经理通过私信告知客户车型的相关信息,并邀请客户到店看车,通过一段时间的交流,最终获得了这份560万元的订单。

世界著名的豪华汽车制造商宾利在新浪微博仅拥有8万多粉丝,粉丝数量并不算大,但由于宾利善于在微博上制造话题并发起微活动,与粉丝形成积极的互动,取得非常良好的效果。宾利先后在微博发起"来自克鲁的问候""缤纷时刻""乐享宾利""宾临天下""宾利传承""宾利视觉盛宴""悠久手工艺""奥运时间"等多个话题,极具吸引眼球度和贴近性,其知识性和文化性都属行业最优。而且,宾利还在微博坚持发起"宾利GTV8驾控体验"等话题的微活动,充分调动粉丝参与互动的热情。

微博因其注重价值的传递、内容的互动、系统的布局、准确的定位等特性,目前已被众多商家采纳作为重要的营销平台。而且微博用户群是中国互联网使用的高端人群,也是购买力最高的人群。奢侈品企业完全有理由将微博营销纳入产品的营销策略中,顶级奢侈品牌宾利通过微博实现订单即是最好的佐证。

(资料来源:佚名.十大奢侈品公关事件[EB/OL].[2019-08-30].https://www.jinchutou.com/p-97081703.html.)

思考讨论题:

(1) 新媒体公关如何做到形式和内容的创新?

(2) 本案例对你有何启示?

百度被黑事件

2010年1月12日7:00左右,全球最大中文搜索引擎百度突然出现无法访问故障,域名无法正常解析。至9:30,太原、天津、郑州、烟台、长沙、成都、沈阳等地均出现百度无法正常访问的现象。10:45,百度官方表示:由于baidu.com实务域名在美国域名注册商处被非法篡改,导致百度不能被正常访问,公司有关部门正积极处理,以使www.baidu.com能够正常访问。自11:00起,各地网络开始恢复对百度的正常访问。12:51,对于百度被黑事件,CEO李彦宏在百度贴吧上,以"史无前例"表达了自己对于事件的震惊。当日18:00,百度发表正式声明,称目前已解决大部分登录问题。对于部分中国网友基于义愤报复性攻击其他外国网站的做法,百度称"我们并不鼓励这样做,请大家保持冷静"。作为国内最大的网络搜索平台,百度的突然被黑显然在网友中引起轩然大波。从应对网络危机的角度看,百度方面的做法近乎完美:在第一时间对事件做出回应;快速运用技术手段对问题进行技术处理;CEO李彦宏借助于网络发表自己对于事件的看法,消除广大网友的猜疑和疑虑;而对于广大网友克制性的提醒,显示了百度的大度与应对事件的全局观。如此系统的危机应对策略,保障了问题的顺利解决,得到了广大网友的好评。

(资料来源:郝树人,刘菊.公共关系学[M].大连:东北财经大学出版社,2011.)

思考讨论题:

(1) 百度如何从根本上避免类似危机的发生?

(2) 互联网企业应怎样应对网络危机?

项目 3　专题公共关系

一旦问题被确认并且提出解决的方案之后,则下面的问题就是行动和传播。

——[美]斯各特·卡特利普

专题公共关系即公共关系专题活动,是指组织为了实现公共关系目标而开展的各类专题会议、庆典活动、展览活动、参观活动等专题活动。

课程思政要求

- 进行社会主义核心价值观教育;
- 进行爱国主义教育;
- 开展诚信教育、法律意识教育和道德意识教育;
- 塑造职业形象,提高职业素养;
- 促进学生全面发展。

任务 9　专题会议的组织

学习目标

- 能够悉心进行会议活动的筹备工作；
- 能够做好各项会议活动的安排；
- 能够做好会议准备阶段、召开阶段和筹备阶段的各项工作。

情境导入

供应商大会

某超级市场有限公司因迅速扩张造成资金链高度紧张，导致供应商货款不能及时支付，供应商为了不承担更多的压力，纷纷开始停止供货，导致超市各大卖场出现断货现象。为了扭转这种恶性循环状况，该企业决定召开一次大规模的供应商大会，让更多的供应商对企业的发展坚定信念，告知企业的现状只是暂时的，让供应商和企业一起发展成长。

会议的细节成了塑造新形象的关键，有鉴于此，该企业公关部制订了细致周密的会议组织方案，并取得了圆满的成功。

供应商大会后，大量货物又源源不断地陈列在这家企业的各大卖场。

任务设计

会议是指三人以上参加、聚集在一起讨论和解决问题的一种社会活动形式。人们通过会议交流信息、集思广益、研究问题、决定对策、协调关系、传达知识、布置工作、表彰先进、鼓舞士气等。随着社会的发展，人们已经难以想象"没有任何会议"的情形。有一项调查表明，大多数商务人士有 1/3 的工作时间用于开会，有 1/3 的时间用于商务旅行。正如深圳万科公司的老总王石曾经说过的一句非常形象的话："我如果不是在开会，就是在去往下一个会议的路上。"因此，虽然会议可能会带来资源、人力、物力的巨大耗费，但是谁都不得不承认，会议是一种非常有效的商务沟通方式和手段，因为面对面的交流可以传递更多更及时的信息，尤其是需要各方面协作的工作更应通过会议这个纽带来进行协调、安排与推进。

出席会议与组织会议是完全不同的两件事，会议开得是否成功，不仅取决于与会人员的态度与智慧，更取决于会议组织工作。会议组织得法，可以使组织与内外公众很好地沟通，并在与公众接触中树立良好的组织形象。

通过会议组织的学习,使学生能够掌握会议组织的程序及注意事项,并且能够积极配合其他组织者,共同搞好会议组织工作;能对会议实施有效的指挥和控制,提高会议服务的能力。

这里我们通过模拟情境中超级市场有限公司组织一次供应商大会活动的方式来完成本任务的学习,具体操作要求如下。

(1) 将全班学生分为三组。

(2) 一组学生负责确定大会议题、大会通知拟写、与会人员座次的安排工作。

(3) 一组学生负责供应商大会会场布置工作(要求：根据活动内容主题布置会场,会标、台幕、标语、桌签、座签和席台的布置,要符合会场布置的要求)。

(4) 一组做会议流程制定及相关物品准备工作。

(5) 各组对本次实训进行总结。

(6) 指导教师进行点评。

知识链接

一、会议活动的筹备

筹办、主持或者参加一次有效的会议对于公共关系人员来说是十分重要的。在筹办会议时,各方面都要考虑周全。主持会议要体现出会议主持人员对整个会议的良好控制能力;出席会议时,仪态、精神都要与会议的内容、主题相吻合。一个重要会议的举行往往是公共关系人员显现才华的机会,又是其礼仪修养和礼仪业务水平的表演舞台,所以应特别留心注意。

筹备一次会议活动,必须对会议的礼节要求、仪式过程了如指掌,如邀请哪些人员参会,会议通知如何措辞,会议的标题、口号、会徽怎么设计,仪式顺序怎么安排,会场怎么布置,礼品奖品怎么颁发,照相时怎么安排位置,怎样调节会议节奏,怎样对外宣传会议,怎样做好会后扫尾工作等。只有了解这些会议礼仪工作的基本内容,才能在每次会议召开之前,有条不紊地做好充分准备。会议活动筹备有以下几个基本要求。

1. 周全考虑

在酝酿会议时,对会议活动过程中的各个环节、各个细节都要作全面的考虑,以防差错和闪失。大型的会议活动的通知一旦发出后,所有准备工作都进入倒计时状态,倘若没有事先的周全考虑,就无法应付可能发生的紧张忙乱的局面。

周全考虑不仅指对会议的各项议程的考虑,还包括对一切可能影响会议顺利举行的因素作充分的考虑,如天气状况就是一个重要因素。天的阴晴、气温的高低,对在室外举行的会议的影响非常大。雨水可能将事先准备的会标、鲜花、旗帜淋坏;与会者也会因天气原因而产生人数、纪律等方面的混乱;雨中的节目表演难以进行;雨中的扩音设备易出故障等。如果室外气温过高,会议参加者可能会出现中暑昏倒,会场秩序也许会因此引起骚动混乱。即便是在室内举行的会议,天气也是影响其正常进行的重要因素,太冷、太热、太闷都不利于会议顺利召开。天气因素还可能影响交通顺畅,与会者可能因此无法准时到会。所以,根据天气情况,充分考虑会议期间可能发生的天气变化,是会议礼仪所要考虑的一个重要方面。充分考虑各种可能发生的情况,才能对会议期间的复杂忙乱状况做到应付自如。

会议的场所定在哪里,也是应重点考虑的一个方面。选择的场所要适于开会、不受干扰、便于集中。虽然目的地选得不错,但如果忽略了交通的便利,也是考虑不周的表现。

在会议出席者的安排上更要考虑周全。有些会议往往是对与会者一种资格、权利和待遇的体现。如股东大会、理事会等,倘若考虑不周邀请了不该邀请的人员,或者把重要的人员遗忘了,虽然可能是偶然的疏忽,却会引起很大的麻烦,甚至导致会议进程受阻或者决策无法及时做出。

因此,在安排会议工作时,一定要从客观条件、主观因素等诸多方面来考虑会议的礼仪工作,以确保会议圆满成功。

2. 周密安排

在周全考虑的前提下做出细致安排,努力使会议开得顺利。首先体现在会期和会议内容的安排上,既要张弛结合,又要紧凑高效。与会者参加会议,总是放下手头的日常工作而来的,如果不考虑会议的主题,在会议过程中安排过多的游览、宴请等活动,是不科学、不合理的,是违背会议宗旨的;但一个报告连着一个报告,一个讨论连着一个讨论,又会使与会者感觉疲劳,从而影响会议效果。如果会期太长,与会者可能会因疲劳退场;会期太短,则又来不及反映有关情况,以至于信息得不到充分的交流与反馈。所有这些都说明,只有周密安排会议才能确保会议目标的实现。

周密安排还体现在会议准备工作是否做得充分。与会者到来,筹备者却发现未给与会者准备足够的文件袋;会议临开场,发现代表证未配好别针,没法佩戴;表决投票之后,计票结果迟迟未能公布,让场内与会者空等;会议开始,才发现文件袋内少了一份昨晚刚赶出来的文件,与会者必定会心生埋怨……一切安排的不周,都会影响会议的气氛和与会者的情绪。怎样安排与会者的入场和退场、怎样接送与会者、怎样安排与会者就座,这些都须事先周密安排。怎么休息,也是应该周密安排的方面。会场布置中安全通道的位置、工作人员工作区和记者席的位置,都要便于其工作的展开。一些庄重的仪式性会议,其仪式所需要的各种用品、设备,事先都应做充分检查,以防发生故障。会议中需要使用的多媒体幻灯片、录音、录像等,都应在正式使用之前试放一下。对于特别重大的活动,应在事先做一下演练。

3. 周到服务

保证会议圆满完成各项议程,保证每个与会者精神振奋、情绪饱满地参加会议,保证与会者的安全,是会议服务工作的出发点和最终目的。

会议的服务对象主要有与会领导和贵宾、普通与会者、采访会议的新闻工作者等。进行会议服务时,注意针对不同的服务对象要有不同的服务内容,使会议的主题不仅在会内得到体现,而且在会外得到适当的延伸。

领导是会议的灵魂。会议服务首先要为领导提供服务。应根据会议的主题、目的,为领导准备好相关材料,提供可靠翔实的数据,引证真实充分的事实。在会议进行期间,秘书人员要妥善安排领导的其他工作,或由别人代理、或延期改期、或取消。当然,这一切安排都必须在领导同意批准之后才能实施。干扰领导出席会议的事情要尽量少做。在会议进程中发生的各种情况应及时报告给领导,使领导始终能够从统领全局的高度参与会议,而不是和普通与会者一样,被会议既定议程牵着走。

与会贵宾的身份特殊,他们的到来往往是一种会议礼仪的需要。他们不一定有正式与会者的全部权利,然而却享有比正式与会者更高的待遇。他们可能是上级、前辈、功臣、协作方。会议过程中为贵宾服务,要本着敬重、照顾的原则,使他们也能够被会议的气氛所感染,从而在精神上融入会议,真正为会议锦上添花。

对普通与会者应提供实实在在的服务。从发会议通知开始,直到将与会者送离,按时下发会议纪要,让与会者对会议的精神、目的了然于心;解决会议期间所有工作和生活的不便,从而使与会者安心开会、行使权力、有所收获。

商务会议经常需要邀请新闻媒体的相关人员参加,以扩大会议影响。因此,会议开始之前,会议组织人员就要与领导商量对会议报道到什么程度,以便统一口径对外发稿,以免与新闻宣传方面发生矛盾,以致影响会议形象、破坏会议气氛。

二、会务活动的安排

1. 会场选择

大型会议的会场选择与会议主题的深化有密切关系,对与会者参会的情绪也有很大影响。举办会议首先要选准会场会址。要选取交通便利、设施齐全、环境安静、停车方便、大小适中、费用合理的会址,使与会者能够方便地到会,安心地开会。

2. 会场布置

对于一般的小型会议,会议室只要清洁、明亮,有足够的桌椅让与会者方便地看文件、做记录、讨论发言即可。而大型会议的会场准备则比较复杂,需要体现会议的主题,应注意会场内座位的布局、主席台的布置以及其他可以为渲染和烘托气氛所做的装饰等,一定要讲究科学性、合理性和艺术性。

(1) 会标

会标即会议全称的标题化。应将会议全称用大字书写后挂在主席台的正上方,一般用红底白字,也可以用红底金字。这是会议礼仪十分重要的一点。它能增强会议的庄重性,揭示会议的主题与性质,使与会者一进会场就被会标引导,容易进入会议状态。

(2) 会徽

会徽是体现或象征会议精神的图案性标志。要选择具有强烈感染和激励作用的图案,重大会议的会徽可向社会征集,也可在单位组织内部征集。会徽图案要简练、易懂、寓意丰富。

(3) 标语

标语是会议主题的体现,会场上的气氛往往是被恰到好处的标语、旗帜等渲染起来的。标语在准备会议文件时就应拟就、并报请领导批准。会议标语要集中体现会议精神,使其简洁、上口、易记,具有宣传性和号召力。

（4）旗帜

会议的旗帜包括主席台上悬挂的旗帜和会场内外悬挂的旗帜。主席台上的旗帜应围挂在会徽两边，显得庄严隆重；主席台的两侧插上对应的红旗或彩旗，又可增添喜庆气氛。会场门口和与会者入场的路旁插上红旗或彩旗，使会议的热烈气氛洋溢在会场内外，以衬托会议的隆重。

（5）花卉

花卉是礼仪不可缺少的重要道具，在会场上，花卉还能起到解除与会者疲劳的作用。选用花卉应突出中华民族的文化特色，以梅花、牡丹、菊花、兰花、月季、杜鹃、山茶、荷花、桂花、水仙等十大名花为代表的中国原产花卉，早已被赋予浓重的文化色彩，以这些花为主构成的花卉艺术品如插花、盆景等都能以无声的语言向人们传播中华民族的文化，表现民族精神。因此，越是重大的会议，越应选取有代表性的中国原产花卉作为摆放的主体花卉，并将中国传统艺术花卉的插放造型作为会议花卉的礼仪形式。

（6）灯光

会议场所的灯光应该明亮、柔和，既给人适宜的照明，又可减缓因会议时间过长而带来身体或精神上的疲劳。大型会议的会场灯光应设计几套，以便会议颁奖、照相、演出等多种需要。

（7）座位

会场内座位的布局要根据会议的不同规模、主题，选择合适的摆放形式。"而"字形的布局格式比较正规，有一个绝对的中心，因此容易形成严肃的会议气氛，参见图9-1。一些小型的、日常的办公会议以及座谈会等通常在会议室、会议厅进行，可以根据需要将座位摆放成椭圆形、圆形、回字形、T字形、马蹄形和长方形等，这些形式可以使参加会议的人坐得比较紧凑，彼此面对面，容易消除拘束感，参见图9-2。座谈会、小型茶话会、联谊会等多选择六角形、八角形或者半圆形等布局形式。①

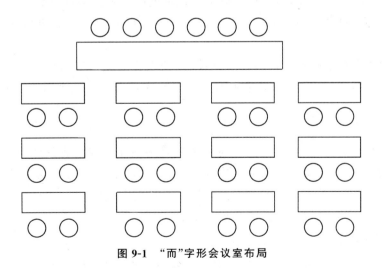

图 9-1　"而"字形会议室布局

---

① 杨海清. 现代商务礼仪[M]. 北京：北京科学出版社，2006.

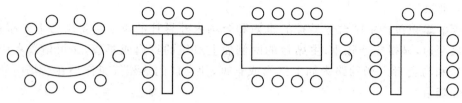

图 9-2　椭圆形、T 字形、回字形、马蹄形会议室布局

3. 主席台布置

主席台是会议的中心,也是会场礼仪的主要表现位置。主席台布置应与整个会场布置相协调,并作强调突出。

(1) 座位

主席台座位要满座安排,不可空缺。倘若原定出席的人因故不能来,要撤掉座位,而不能在台上留空。主席台座位若有多排,则以第一排为尊贵。第一排的座位以中间为贵,依我国传统一般由中间按左高右低顺序往两边排开,即第二领导坐在最高领导左侧,第三领导坐在最高领导右侧,以此类推。如果人数正好成双,则最高领导在中间左侧,第二领导在中间右侧,依此类推。但目前国际上流行右高左低,因此安排涉外会议时,也要灵活依据有关规矩。一般处理方式为:开会以左为尊,宴请以右为尊。每个座位的桌前左侧要安放好姓名牌,既方便入座,也便于台下与会者和新闻采访人员辨认熟悉有关人士。主席台座位不要排得太挤,桌上也不要摆放鲜花之类,以免阻碍视线,要便于主席团成员打开文件、做记录、翻阅讲话稿,并放置笔、茶水、眼镜等物品。

(2) 讲台

主席台的讲台应设于主席台前排右侧台口,讲台不能放在台中央,使主席团成员视线受阻碍。讲台上主要放话筒,也可适当放上一盆平铺的花卉。讲台桌面要便于发言者打开讲话稿或摆放相关材料。整个主席台的台口可围放一圈花卉,但要选低矮些的绿色品种。

(3) 话筒

发言席和主席台前排座位都应设有话筒,以便发言者演讲和会议主持人或领导讲话。一般发言者和主持人话筒专用,其他主席台前排就座者合用两三个话筒,并且一般置放于主要领导面前。

(4) 后台

一般在主席台的台侧与后台,应设为主席台就座领导和与会者的休息室,以便安排他们候会,并尽可能在后台排好上台入座次序,以免造成混乱。有时会议也许会发生一些小意外,后台还可以供有关人员作商量对策、排除困难之用。主席团成员开会也可利用后台休息室。所以,秘书人员切不可忽视后台的作用。

4. 会议其他用品

为方便会议进行,秘书人员应为会议准备各种工作文具用品,如纸、笔、投影仪、指示棒、黑白板、复印机、计算机数据库以及投票箱等。不同会议有各种不同的需求,满足与会者的需求是有关人员在安排会议、布置会场时必须考虑的。

三、会务活动中的服务

1. 会议准备阶段

(1) 时间选择。开会时间选择要合适。大型会议尽可能避开公众节假日。同时注意会期不能安排太长,否则会影响与会者的日常工作。当某些紧急事件发生时,可以取消或延期举行的会议。

(2) 邀请对象。对出席会议对象的选择要考虑各种因素,与会者既要有与会资格,又要有足够的参与能力和水平修养。如果被邀与会者不能完成会议的有关任务,会感到痛苦或尴尬,使与会成为一次不愉快的经历,这也是会议组织者考虑不周的表现。

(3) 详尽通知。会议通知的发送要做到:发得早——既便于与会者安排手头工作,又便于与会者为会议内容做准备;内容细——会议名称、届次、主要议题议程、出席范围、与会者应递交什么材料或做哪些准备、会期、会址等都应明白告知,便于与会者有备而来,从而提高会议效率;交代明了——食宿如何安排、费用多少、交通线路怎样,都要交代清楚,以免造成麻烦。对特邀贵宾的通知,应派专人登门呈送,以示郑重。

2. 会议召开阶段

(1) 接站。一般会议都规定了报到日期。在报到日期应安排好接站。在车站、码头、机场等主要交通站点,用醒目的牌子标明"××会议接站",使与会者一下交通工具就能看见接站牌而安心。对所接到的与会者要表示欢迎,并慰问其旅途劳顿。

(2) 登记。对到达报到地点的与会者,首先要做好签到、登记、收费、预订返程票、发放会议资料、发放会议身份证件等工作。这一过程应尽量在登记处一并解决,并应迅速办理,让与会者早些到客房休息。登记时,对与会者合理要求应尽量予以满足。大型会议的东道主应在会议召开前一天晚上,到会议各住宿地看望与会者,尤其是特邀贵宾和与会领导。

(3) 联络。会议进行期间要注意与各小组联络,不要使任何一位与会者有被冷落的感觉。会议简报要对各小组相对均衡报道,不要只将视点聚焦于有大人物、有热点的小组,使其他小组产生不愉快的情绪。

(4) 安全。要确保每一个与会者的安全,包括其人身安全、财物安全以及食品卫生。涉密会议还必须强调文件安全。秘书人员要尊重每一个与会者,但涉及机密时,必须按章程办事。

(5) 娱乐。若会期较长,在会议期间可安排一些影视放映和文艺演出,以调剂精神。也应鼓励与会者主动参与文体活动,可组织一些自娱自乐的卡拉OK演唱或球类、棋牌活动等,活跃会议气氛,调节与会者情绪。还可适当组织与会者参观游览,使会议节奏张弛得当。

3. 会议结束阶段

(1) 照相。如果会议有照相这一项应早作安排,以免个别与会者提前离开而不能参与。早安排也可使与会者在离会前拿到照片。

(2) 材料。发给与会者的材料要有口袋,便于集中携带。如需收回的材料要提前告知,发现有人未交,应尽早查问。不一致的意见不要写到会议的决议或纪要中去。要乐于为与会者提供复印材料、邮寄材料或其他物品等有关服务。

（3）送客。将与会者所订票交给其本人时，要仔细核对车次、航班或船期，并仔细向与会者交代。若有不对或不周处，应主动承担责任。如果有人需要照顾而影响了其他人，应向其他人解释，以争取大家谅解。在每一个与会者离开时，都要热情相送，对集中离开的与会者，要尽可能准备车辆送他们去车站、机场或码头，对贵宾则必须送至机场登机处。

课后训练

1. 小王是某集团公司的办公室主任，公司董事会决定在北京举行年度股东大会，小王负责会议筹备和接待的服务工作。请问小王应从哪些方面着手组织这次会议呢？

2. 某职业技术学院为了推荐毕业生就业，专门邀请了 10 家企业的领导人进行座谈。请问应如何开好这次座谈会？

3. 案例分析

焦头烂额的小李

某公司的新产品发布会即将开始，总经理秘书小李正站在会议大厅入口处，她一边做着最后的检查，一边等着嘉宾的到来。她检查主席台上放置的名签时，发现一个问题，一位嘉宾因故不能前来，名签却没有撤掉，而另一位嘉宾刚才来电话说要来参加新产品发布会，名签却没有准备。这时她的手机又响了，原来是接电视台记者的汽车在路上抛锚了，重新派车已经来不及了。同时会议秘书组的人员来报，宣传材料不够，此时嘉宾已陆续到来。

（资料来源：佚名.秘书工作案例[EB/OL].[2015-01-29]. http://www.docin.com/p-1045468489.html.）

思考讨论题：

（1）如果你是秘书小李，你将如何处理上述工作问题？

（2）根据以上案例，分析如何才能有条不紊地做好会中各项工作。

任务 10　庆典活动的组织

学习目标

- 能够进行庆典活动的策划；
- 能够细致地做好庆典活动的各项准备工作；
- 能够保证庆典活动顺利实施。

情境导入

AIG 公司"丝绸之路"

1919 年康那利斯·斯达在上海创立了一家小型保险公司，进军人寿保险市场。在这之前根本没有其他西方公司做过这门生意。康那利斯·斯达其后将业务扩展至西方，令 AIG 成为全球知名的机构。于是在 AIG"丝绸之路"的发源地，AIG 决定举行一次规模空前的庆典活动，来庆祝公司悠久的历史以及所创造的辉煌成就。此次为期 3 天的庆典活动在 2005 年 6 月初举办，参加人数近 400 人。

追本溯源，AIG 在中国这片土地诞生，在西方成长，"丝绸之路"这一主题恰如其分地表达了 AIG 与中国的关联。

经过反复斟酌场地，最后确定在距长城只有 10 分钟车程的"长城脚下的公社"，此地赋予现场布置以极大的发挥空间。在辽阔深远的夜空下，以雄伟的长城做大背景，运用光影勾勒历史的轮廓并彰显现代的华丽。此时此刻，欣赏一组大气而纯粹的中国风演出，已成为所有来宾的期待。东西方神采的表现形式是庆典的点睛之笔。公关公司经历了一个艰苦的提案、推翻、再提案的过程。为了保证表演的质量，AIG 公司的工作人员在一年半的时间中，与数个知名的文艺团体进行接触和协商，最后确定了少林武僧表演，由于近年来少林武僧作为中国文化交流的使者经常出访欧美国家，他们已经在国外树立起很高的知名度和美誉度。与刚强又勇猛的少林武术反差极大的是女子十二乐坊的柔美和玲珑。

组织者意识到只有注意细节，耐得住麻烦才能避免于千头万绪中出现慌乱。活动进行的每一个步骤，组织方与活动方的协调、来宾的安置、来宾与活动的相互融合等，都需要确保万无一失。尽管 AIG 丝绸之路庆典只在北京举行了为期 3 天的活动，但实际上，AIG 公司为了准备实施这个案子准备了整整 3 年的筹备工作。富有创意且周详安排，加上完美的执行细节，使组织者看到了最后的成功。2005 年 6 月 7 日，一场盛大的充满中国特色的晚宴给活动画上了圆满的句号。3 天的活动，客户得到了满意的答卷，组织者获得了宝贵的经验财富。

AIG 公司"丝绸之路"实际上属于企业内部的公共关系活动,它对企业公共关系的发展有着极其重要的现实意义。那么假如你是 AIG 公司的公关人员,你将如何组织这次庆典活动?从策划到实施怎么样才能确保专题活动成功?

(资料来源:佚名.公共关系专题活动[EB/OL].[2015-03-17]. https://www.doc88.com/p-0621417182671.html.)

任务设计

庆典活动是某组织为庆祝某一重大事件而举行的一种公共关系专题活动。举办庆典活动可以向社会宣传组织的存在与发展,为组织创造良好的形象,因此庆典活动是组织中比较重要的公共关系专题活动。

通过组织引导学生模拟庆典活动,使学生掌握庆典活动的筹备方式,议程安排及庆典的规范服务,了解庆典活动的类型,理解庆典活动的整体策划、组织,并能熟练应用与庆典活动相关的技能。

这里我们通过为 AIG 公司模拟组织一次庆典活动的方式来完成本任务的学习,具体操作要求如下。

(1) 将全班同学分为三组,每组进行不同分工。

(2) 假设其中一组是情境中 AIG 公司的公关人员,请拟出参与庆典活动的重要领导和来宾名单。

(3) 另一组则编写一份庆典活动的仪式程序。

(4) 第三组同学模拟演示庆典仪式的大会场景,要求学生分别扮演接待人员、重要领导、来宾,要求各司其职。

(5) 各组对本次实训进行总结。

(6) 指导教师进行点评。

知识链接

一、庆典活动的策划

组织庆典活动是所有公共关系活动中"表演"色彩最为浓厚的活动。要把庆典活动开展得有声有色,引起社会公众的广泛注意,公关人员应做好以下策划工作。

1. 明确庆典活动的主题

首先,庆典活动要明确主题,应围绕主题来安排活动内容。确定庆典活动的主题,也是选择活动内容和形式的一个基本依据。其次,从公关角度看,每个庆典活动本身的名称只是标明形式上的主题,比如说它传递的是某一组织的精神、实力、业绩等。作为公关人员应该努力挖掘与本组织事业发展有本质联系的东西,这样才会把活动的表现形式与内涵主题有机地融合起来。

2. 确定形式规模

组织的性质、特点、经济实力和公共关系目标等因素,是确定举办庆典活动的形式和规模的重要依据。一般而言,与公众日常生活密切相关的服务性企业的庆典活动,最好是选择能使社区公众最大范围地知晓该组织的庆典形式。如果业务性质是具有广泛影响的社会组织,策划最好是采取具有轰动效应的庆典活动形式。规模的大小,可以根据组织的经济实力、场所的条件和实际需要来决定。

3. 确定举办时间

在现实生活中,实际没有一年、一月、一周、一天是没有特殊的事件可供纪念的。任何事件都有一周年、五周年、十周年……都是可以庆贺的。但是举办时间的选择,一定要结合组织特点,如军队的立功、授勋仪式通常可以选择在"八一"建军节;经营妇女儿童用品的商场,开业典礼时间可以选择在"三八"妇女节、"六一"儿童节;模范教师的表彰可以选择在教师节;以名人姓名命名的基金会,庆典活动宜选择在名人的诞辰纪念日等。

4. 确定举办地点

根据庆典活动的形式、规模、出席人数和一些附加活动等因素选好庆典活动的场所。

5. 明确职责分工

要拟定庆典活动的程序,落实有关任务,明确职责分工。庆典活动一般都比较盛大,工作任务繁重,需要组织内部有关人员密切配合,共同完成。要做到有条不紊,忙而不乱,就要确定庆典活动的程序,并按照典礼规格确定主持人,按照有关活动内容将任务具体落实到人。尤其是后勤工作和组织工作,一定要有专人负责才行。

二、庆典活动的准备工作

虽然庆典活动形式并不复杂,所需要的时间也不长,但庆典活动是一项系统工程。俗话说:"台上几分钟,台下十年功。"因此,要把庆典活动搞好,准备到位、精心筹备是关键。

1. 发放请柬邀请来宾

庆典影响的大小,往往取决于来宾身份的高低与其数量的多少。在力所能及的情况下,要力争多邀请一些来宾参加典礼。地方领导、上级主管部门与地方职能管理部门的领导、合作单位与同行单位的领导,社会团体的负责人、社会贤达人士、媒体人员,都是邀请时应予优先考虑的对象。为慎重起见,应认真书写请柬,并应辅之以精美的信封,由专人提前送达对方手中。发放请柬的时间一般至少要提前一周,便于被邀请者及早安排准备。活动前3天再电话核实,看有无变动,对于贵宾在活动前一天还需要再核实一次。

2. 确定主持人

庆典活动主持人可以是相关政府部门领导,也可以是本组织领导,还可以是有一定影响的电视台主持人。一般主持人应仪表大方、口才良好、反应敏捷等。

3. 布置会场

应以隆重、热烈、大方、得体为原则来布置会场。主席台及主宾位置应放在会场前方突出显眼的部位,并根据庆典活动的需要放置桌椅、台布、摆置鲜花和茶具、并在场地四周悬挂横竖条幅、标语、气球、彩带，或张贴主题词、宣传画等。此外，还应该在醒目之处摆放来宾赠送的花篮、牌匾。来宾的签到簿、本单位的宣传材料、待客的饮料等，必须提前准备好。对于音响、照明设备，以及典礼举行时所需要使用的其他用具、设备，必须事先认真进行检查、调试，以防在使用时出现差错。

4. 宣传工作

要由专门公关人员负责活动的对内和对外宣传，设计制作组织标识、宣传品、招贴画、广告词、主题词、条幅等，营造良好的氛围。落实摄影摄像、摄像印制、美工制作、广告设计、乐队调音、国歌光盘、烘托喜庆气氛的唱片、录音带、新闻报道资料的准备和与记者联络等。

5. 文稿、材料编写

文稿主要是指邀请信、演讲、致辞、报告和讲话稿等，撰写这些文稿应言简意赅，符合庆典活动的要求。材料是指宣传材料和新闻通信材料，如向来宾提供反映庆典主题、活动内容等的相关材料。对来采访庆典活动的记者，除了提供这些材料之外，还要提供较详细的背景资料等，以方便记者撰写新闻稿件，对庆典活动进行大力宣传报道。

6. 安排接待

对所有来宾，都应热情接待，耐心服务；对重要来宾，要由组织领导亲自接待；他们的签到、留言、食、宿均应由专人负责。此外还包括参观、游览、考察、娱乐的安排。

7. 其他物品的准备和礼仪小姐的安排

如剪彩用的彩带、剪刀、托盘等，表彰用的奖品、奖金、荣誉证书，奠基、植树用的铁锹，收受礼品用的登记簿，赠送客人的纪念品，供公众提意见、建议用的留言台（簿）等。礼仪小姐的妆容以及佩戴具有开业或庆典的各种标志等。

8. 设计庆典程序

组织庆典活动安排程序应当事先印制好，宾客人手一份，以便了解掌握活动安排。正式庆典活动程序一般是：①主持人宣布活动开始，介绍重要来宾或者宣布来宾名单；②宣读重要单位的贺信、贺电，或者贺信、贺电单位名单；③致辞，组织领导人或重要来宾分别致辞；④剪彩（或者揭牌、揭幕、颁奖等）；⑤宣布庆典活动结束，安排其他活动，如参观、座谈会、观看表演和宴请招待等。程序的安排要求紧凑、连贯而细致周密，程序的安排关系到整个活动的成败。

三、庆典活动的实施

宾客来到后，应有接待人员请他们签到，签到簿以红色封面、内部纸张以装饰美观的宣纸为宜，并将相关的组织宣传材料和本次庆典活动的相关材料分发给来宾，以扩大组织的知名度。此外，还可以准备两个小盒子，一个放单位领导或公关部经理的名片，另一个放来宾的名片，这样便于今后联系或制作通讯录。

宾客签名后，礼仪小姐为其佩戴胸花，由接待人员引到备有茶水、饮料的接待室，让他们稍事休息并相互认识。本组织人员应在此陪同宾客进行交流，可以谈一些本组织的事情，或者说些对宾客到来表示感谢的话语。

如果是大型工程破土动工奠基仪式、工程竣工仪式、公司成立、商场开业等庆典活动，一般要进行剪彩。这时，礼仪小姐手托托盘，将用彩带扎成的花朵相互连着放在托盘上，可以放置红色方口布，口布上面放花朵及剪刀，同时配以热烈的音乐。当主持人出场时，音乐停止，主持人进行简单致辞，宣读到会来宾，并表示谢意。

剪彩仪式正式开始后，首先，由主持人宣布剪彩人员的单位、职务、姓名。主席台上的人员一般要位于剪彩者身后1~2米外。其次，待剪彩完毕后，由主客双方领导或代表致辞。无论是开幕词、贺词、答谢词，均应言简意赅，热烈庄重，切忌长篇大论。

典礼完毕，宜安排些气氛热烈的节目，如敲锣打鼓、舞狮子、放飞信鸽、放气球、合唱歌曲、放喜庆音乐等。在允许燃放鞭炮的地区，还可燃放鞭炮、礼炮等，制造喜庆气氛。此外，还可以请军乐队演奏，当然配套节目可以灵活地穿插在各环节中。

主持人宣布仪式结束，即可引导客人参观工程、组织、公司或商店。可以介绍主要设施或特色商品，以融洽与同行之间的关系，也可以举行短时间的座谈或请来宾在留言簿上签字。通过座谈、留言形式，广泛征求意见，并综合整理、总结经验，还可以安排舞会、宴会答谢来宾。如果是企业、公司或商场"××周年"庆祝活动，可以准备纪念品赠送自己的员工和来宾，使员工感到主人翁的优越意识，使来宾们有受到尊重的感觉，以此来达到情感的交流；还可以进行职工文艺表演，以示庆祝；也可以举行大型促销活动；还可邀请来宾题词，以作纪念。

四、庆典活动的注意事项

1. 准备要充分

庆典是一种规模较大、十分正规的活动。因此，在举办前，尽量做到设想周到，事事落实。只有准备充分，才能有备无患，应付自如。

2. 形成轰动效应

要选择好时机（时间与机会），制造新闻，造成轰动效应。上海一家商厦试营业时，一位顾客不慎摔碎了大型导购灯箱。据说，修复灯箱需要6000元费用，可是，这家商厦的经理却提出只需要这位顾客赔偿一元人民币，其余部分由商厦承担。这种做法不但使顾客深为感动，而且造成了强烈的社会反响和轰动效应，引得报界、电台等新闻机构纷纷报道和采访。这是一个极好的例子。

3. 组织有序

庆典活动参加人员众多，场面热闹，如果组织不好就容易乱套。所以，组织者事先必须要对整个庆典活动进行整体构思、策划、领导、协调，并适时地检查各部门和各环节工作的落实情况。要点：在活动前，一定要建立有效的联络系统，从上到下，保持通畅的联络。

庆典是一种传播活动，要想收到好的效果，必须创造一种和谐热烈的气氛，使参加者情绪受到感染，在不知不觉中接受传播者的宣传。为达到此目的，鼓动是最好的方法。组织者应具有敏锐的观察力，调动大众情绪，不断地把气氛推向高潮。

五、其他庆典活动

1. 周年纪念

组织的周年纪念也是每年一次开展公共关系的极好时机。因为组织的类型、特点、性质不同,所处的具体环境、所具备的条件以及主观追求的目标不同,因此,同开业庆典一样,组织的周年纪念活动形式也是多种多样的。广州中国大酒店在开业一周年纪念活动中以照一张全酒店2000名员工参加的"中"字照,作为公共关系活动主题,并以这张照片为主线制成明信片寄往世界各地曾经住过酒店的宾客和赠予社会各界知名人士,以此来联络感情、扩大影响、吸引公众。组织周年纪念的形式丰富多彩,但是无论何种形式,都必须注意以下几点。

（1）主题明确

周年纪念活动必须有明确的主题。如中国大酒店开业一周年的庆祝活动公共关系人员设计的主题是:"中外通商之途,殷勤款客之道"。这就突出了酒店特别为来华经商者提供先进、完善服务的特色。

（2）介绍成就

周年纪念活动对内可以增强凝聚力,对外也是宣传自己的极好机会。因此,要注意宣传、介绍本组织的成就、生产经营特色、产品质量、经营方针和宗旨以及所取得的经济效益和社会效益。美国通用汽车公司就是通过具有特色的周年纪念活动向公众宣传该公司对汽车发展所做的贡献。

（3）感谢各界

组织的发展离不开各界人士的广泛支持,组织可以利用周年纪念的机会,有的放矢地提出感谢的具体单位及单位的主要领导,以此联络感情。

（4）未来规划

要注意说明本组织存在的社会价值以及今后对社会发展的贡献,提出组织未来的发展规划,并表示今后要继续求得社会各界朋友的支持和爱戴。

2. 节日庆典

世界各国、各民族、各地区及组织都有自己的节日,有的是传统节日,有的是具有纪念意义的节日。可以说,所有的节日都值得庆贺,都具有纪念意义,同时,也是开展公共关系活动的大好时机。随着改革开放,我国各地相继举办了一些具有地方特色的节日,如青岛的啤酒节,上海的电影节,潍坊的风筝节和大连的服装节等。这些节日对于塑造地方形象,扩大影响都起着十分重要的作用。举办节日庆典要注意以下问题。

（1）确定举办时间、地点

节庆的时间应相对固定,不宜朝令夕改。地点的选择应适合节庆的主题。如"桃花节""樱花节"一定要选有桃花和樱花盛开的地方。

（2）设计宣传口号和节徽

为了使每年的节庆活动有新意,有些节庆的口号可以一年一换,也可采取社会征集的办法,引起更多人的关注。

(3) 周密策划

力求使每一次节庆活动内容和形式都丰富多彩,独具特色。活动方案的形成既可由专家设计,也可采取参加单位提出自己的活动方案后,由总负责部门协调。

(4) 有序实施

具体活动实施要错落有序,宽松结合。节庆活动要在最吸引人的地点、时间举行,同时,要注意交通秩序,保证安全。

(5) 强化报道

要和新闻机构加强联系,准备好宣传、报道方面的材料,加强宣传的力度,使整个活动取得良好的社会效益和理想的经济效益。

课后训练

1. 假如你是某公共关系公司人员,某一学术刊物恰逢创刊30周年纪念,你将如何操作此次公共关系活动？

2. 某酒店开业前,酒店公关部对于如何进行开业庆祝活动进行了热烈的讨论。大家议论纷纷,出了不少点子,归纳起来有五种方案。

第一种方案,主张开业那天要把气氛搞得越热闹越好：鸣放礼炮,进行大型军乐演奏,请名演员登台献艺,大造声势,吸引各方民众。

第二种方案,主张除搞些演出活动外,关键还要请来省市领导,搞好剪彩仪式,请主要领导讲话,给予高度评价,产生轰动效应。

第三种方案,主张进行开业大酬宾,通过抽签选出幸运观众,进行500人的宴请品尝活动。这样既增强吸引力,扩大影响面,又使品尝者得到实惠,使之赞不绝口,将此次活动传为美谈。

第四种方案,主张举行隆重的开业典礼,播放喜庆音乐,请劳动模范剪彩,然后召开顾客与酒店领导座谈会,为酒店出谋划策,中午便餐招待。

第五种方案,主张召开简单的开业典礼,把省下的资金捐献给希望工程,请记者参加采访,形成材料,通过媒体传播产生广泛影响。

对以上策划方案,请你品评一下,你认为哪一种比较好并提出意见。也可以利用或创造条件,提出更好的方案。

3. 案例分析

"上帝"剪彩与同庆生日

青岛星火家具大世界开业之际,举行了一场别开生面的开业仪式。开业仪式上,既听不到震耳欲聋的鞭炮轰鸣,也看不到成群结队的领导光临,伴随阵阵悠扬悦耳的军乐声,商店工作人员向在场的第一批顾客散发了20束鲜花,然后由得到号码8、18的两位顾客当众为公司剪彩。

此时此刻,此情此景,人们感到"顾客就是上帝"已不再仅仅是商店里装点门面的标语条幅。长沙友谊华侨公司于1990年11月中旬开始进行店堂装修,营业面积扩大400多平方米,商品品种增加二百余种,准备在1991年元旦重新开业。他们邀请广州乐华电子联合有限公司为联办单位,赶制了一批精巧的生日纪念卡和小礼品,接着在报纸和电视上打出广告,邀请市内历年元旦出生的人趁"友华"重新开张之际,来店同庆节日之喜。

  一位81岁高龄的老人闻讯后,高兴地说:"我活了81岁,从来没有看到过商店为顾客过生日的,今天看到了。"他特地打发60岁的儿子到店里代他受喜。进店时,这位花甲老人替父亲领了生日纪念品后,又被琳琅满目的商品所吸引,边看边买,出店时,大包小盒提了一大串。下午两点钟,一名男子手持医院证明来到店里,说他女儿当天上午10点钟才降生。经理代表公司向他表示祝贺,并向他女儿赠送礼品,他激动地说:"你们给顾客带来了生日的乐趣,把'友华'的美好情意送到了顾客心里。"到下午5点钟,共发出生日礼品千余份,而商店的客流量已超过20万人次,销售额达100万元,相当于过去日平均数的十几倍,创该店历史上的最高纪录,并为以后扩大销售奠定了良好基础。

  (资料来源:佚名.公共关系策划[EB/OL].[2020-04-27]. https://wenku.baidu.com/view/7c442b8b32687e21af45b307e87101f69e31fb89.html.)

思考讨论题:
(1) 分析案例中两家企业开业庆典活动的成功之处在哪里。
(2) 两企业庆典形式对社会形象有何影响?

任务 11　展览活动的组织

学习目标

- 能够策划展览会,并制订出相关方案;
- 能够成功地组织展览会;
- 能够进行展览会效果检测。

情境导入

乐高国际大展

如今在香港,乐高国际大展已经成为每年举办的大型玩具展览活动。这一展览活动在每年的复活节与儿童节举行,每次都能吸引成千上万的小朋友和他们的父母们前来参观。然而,在 1982 年,乐高玩具积木的总代理在香港举办第一次展览活动时,还有些信心不足。

当时,乐高玩具虽然已是家喻户晓,但举办展览活动的场地——香港展览中心,地理位置偏僻,交通不便,主办者认为,要吸引人前来参观,首先就要解决好这两个难题:一是使不便陪同孩子前来的父母,能放心地让他们前来;二是带着孩子前来的父母,则不用为寻找场地或交通上的不便而操心。

乐高玩具积木的总代理将此事全权委托给了公关顾问公司。公关顾问公司除了把这次公关活动的目标对象定位于父母及子女外,更是照顾到了各种机构的参与者,尤其是学校、慈善团体、儿童活动中心及青少年活动中心等。因为这些机构要经常为服务对象策划活动,特别是在儿童节前,让他们参观玩具展览无疑是最佳的活动之一。

为了帮助想参观的人能找到展览中心的正确位置及交通情况,公关顾问公司特别设计印制了一张简单的地图,以供参观者备查。所有请柬都附有这张地图,无论是驾车还是乘坐公交车前来,都有明确的指示。公关顾问公司建议租用大轿车向参观者提供免费接待服务,虽然载客量和行驶路线未能满足所有参观者的需要,但至少解决了一部分参观者的困难,而且也表现出了主办者的诚意。

一切方便参观者的措施落实之后,展览现场的宣传活动就变得极为关键。为了搞好展览现场的气氛,提高参观者的兴趣,公司根据公关顾问公司的建议,展览现场主要搞了四项公关活动。一是除了以乐高玩具为主题的展览外,增设与乐高玩具有关的有奖竞赛活动;二是设每日抽奖、拼模型比赛;三是免费接待社会福利机构的儿童;四是开幕典礼前两个小时特设"新闻界预展"。

以上所有这些措施都实行得非常顺利,加上天公作美,展览期间风和日丽,使这次展览获得了空前的成功。开幕式的当天下午,参观者就超过了1万人,在5天的展期内,参观者超过12万人次,平均每天有2.4万多人次,这在当时的香港展览中心是一个空前的记录。参与现场活动的人也很多,组织者收到的参加竞猜的表格有数万份,可参加抽奖的有效表格2万多份。各大报刊或在展前或在展后都有报道,事后汇集有剪报计有60多份。有两家电视台先后派出摄影队采访,安排在他们的儿童节目中播出,大大提高了乐高的知名度,增加了大众对乐高新产品优良品质与安全性的认识。

(资料来源:佚名.公关策划[EB/OL].[2011-05-04]. https://www.doc88.com/p-38634530950.html.)

任务设计

展览会是指组织通过集中的实物展示和示范表演,配之以多种传播媒介的复合传播形式,来宣传产品和组织形象的专门性公共关系活动。展览会有多种类型:按展览性质可分为贸易展览会和宣传展览会,按展览的内容范围可分为综合性质展览会和专题性展览会,按展览举办场地分为室内展览会和露天展览会,按展览规模可分为大型展览会、小型展览会及微型展览,按展览的时间可分为长期固定展览、定期更换内容展览和一次展览。展览会作为一项较为重要的公共关系专题活动,以极强的直观性和真实感,给观者以极强的心理刺激,不仅会加深参观者的印象,而且会大大提高组织和产品在参观者心目中的可信度。同时,展览会还可以吸引众多新闻媒介的关注,由记者将展览会的盛况传向社会,取得更大的宣传效果。

通过组织引导学生模拟展览会的学习,使学生能够增强感性认识,熟练掌握展览会组织的注意事项,提高动手能力和组织能力。

这里我们通过为乐高玩具积木的总代理商模拟组织一次展览会的方式来完成本任务的学习,具体操作要求如下。

(1)将全班同学分为三组,每组进行不同分工。
(2)将其中一组假设是情境中公关顾问公司的公关人员,为该次展览会进行主题策划。
(3)另一组则拟写展览会的具体组织实施方案。
(4)一组同学模拟参观者,并总结参观过程需要注意的问题。
(5)各组对本次实训进行总结。
(6)指导教师进行点评。

知识链接

一、展览会的策划

展览活动是一种综合性的活动,要耗费大量的人力、物力和财力。因此举办展览活动是一件比较复杂的工作,需要公关人员用自己的聪明才智对其进行策划和实施。为保证展览活动的成功举办,公关人员需要做好以下几项工作。

1. 分析参展的必要性和可行性

展览会是大型的综合性公关专题活动,需投入较多人力、物力、财力,如不对其必要性和可行性进行科学的分析,就有可能造成两个不良后果:一是费用开支过大而得不偿失,二是盲目举办而起不到应有的作用。所以应对展览会的投入与产出进行详细计算,然后决定是否举办展览会。

2. 明确展览会的目的和主题

举办任何一个展览,都必须首先明确这一展览的主题和目的,并在此指导下精心确定内容,制作展览的实物、图表、照片、文字等,使之更有针对性。主题要围绕展览的目的而定,并写出展览计划,成为以后评价展览效果的依据。

3. 确定参展单位

大型展览会,主办单位或承办单位可以通过广告、新闻发布或者邀请等形式联系可能的参展单位,并将参展时间、地点、项目、类型、收费标准要求和举办条件等情况告知联系的单位。一方面通过采取各种公关技能吸引参展单位;另一方面为可能的参展单位提供决策所需的资料。

4. 预计参观者的类型和数量

展览会在策划阶段必须考虑所针对的公众,参观者的类型将决定信息的传播手段的复杂性和多样性。如果参观者对展出项目有较深的了解和研究,就需要展览会的讲解人员也是这方面的专家,介绍的资料要较为专业、详细、深入;如果参观者只是一般消费者,则应采用通俗易懂的语言进行直观的普及性宣传。参观者的数量将直接影响展览地点的选择,展览地点的面积。

5. 选择展览的时间和地点

展览会时间的选择一般按组织需要而定,有些展览则要顾及季节性,如花卉展览等。在地点的选择上,第一,要考虑的是方便参观者的因素,如交通等;第二,要考虑场地的大小、质量、设备等;第三,展览会的地点周围环境是否与展览主题相得益彰;第四,要考虑辅助设施是否容易配备和安置等。

6. 成立专门新闻发布机构

展览会中会产生很多具有新闻价值的信息,需要展览会公关人员挖掘,写成新闻稿发表,扩大展览会的影响范围和效果。专门机构要负责新闻发布的计划和组织实施计划,并负责与新闻界进行联系等一切事务。

7. 准备资料、制定预算

准备资料是指准备宣传资料,如设计与制作展览会的会徽、会标及纪念品、说明书、宣传小册子,幻灯片、录像带等音像资料,包括展览会的背景资料、前言及结束语、参展品目录、参展单位目录以及展览会平面图等资料的撰写与制作。举办展览会要花费一定的资金,如场地和设备租金、运输费、设计布置费、材料费、传播媒介费、劳务费、宣传资料制作费、通信费等。在做这些经费预算时,一般应留出 5%～10%作准备金,以进行调剂之用。

二、展览会的组织

一般的展览会,既可以由参展单位自行组织,也可以由社会上的专门机构负责。不论组织者谁来担任,都必须认真做好各项具体工作,力求使展览会取得完美的效果。根据惯例,展览会的组织者需要重点进行的具体工作如下。

1. 参展单位的确定

一旦决定举办展览会,邀请什么样的单位来参加,通常是非常重要的。在具体考虑参展单位的时候,必须两相情愿,不要勉强。按照商务礼仪的要求,主办单位事先应以适当的方式,发出正式的邀请或召集。

邀请或召集参展单位的主要方式为:刊登广告,寄发邀请函,召开新闻发布会等。无论采用何种方式,均须同时将展览会的宗旨、展出的主题、参展单位的范围与条件、举办展览会的时间与地点、报名参展的具体时间与地点、咨询问题的方法、主办单位拟提供的辅助服务项目、参展单位所应负担的基本费用等,一并如实地告诉参展单位,以便对方做出决定。对于报名参展的单位,主办单位应根据展览会的主题与具体条件进行必要的审核,切忌良莠不齐。当参展单位的正式名单确定以后,主办单位应及时地以专函进行通知,令被批准的参展单位尽早有所准备。

2. 展览内容的宣传

为了引起社会各界对展览会的重视,并且尽量地扩大其影响,主办单位有必要对其进行大力宣传。宣传的重点,应当是展览的内容,即展览会的展示陈列之物。对展览会尤其是对展览内容所进行的宣传,主要有以下方式。

举办新闻发布会;邀请新闻界人士到现场进行参观、采访;发表有关展览会的新闻稿;公开刊发广告;张贴有关展览会的宣传画;在展览会现场散发宣传性材料和纪念品;在举办地悬挂彩旗、彩带或横幅;利用升空的彩色气球和飞艇进行宣传。以上方式可以只择其一,也可多种同时使用。在具体进行选择时,一定要量力行事,并且要遵守有关规定,注意安全。

为了搞好宣传工作,在举办大型展览会时,主办单位应专门成立负责对外宣传的组织机构。其正式名称可以叫新闻组,也可称为宣传办公室。

3. 展示位置的分配

对于展览会的组织者,展览现场的规划与布置,通常是其重要职责之一。在布置展会现场时,基本的要求是:展示陈列的各种展品要围绕既定的主题,进行互为衬托的合理组合与搭配;要在整体上井然有序、浑然一体。

展品在展览会上进行展示、陈列的具体位置,称之为展位。所有参展单位都希望自己能够在展览会上拥有理想的位置。但凡是理想的展位,一般都处于展览会较为醒目之处,除了收费合理之外,应当场地面积合适,客流较大,设施齐备,采光、水电的供给良好。

在一般情况下,展览会的组织者要想尽一切办法充分满足参展单位关于展位的合理要求。假如参展单位较多,并且对于较为理想的展位竞争较为激烈,则展览会的组织者可依据展览会的惯例,采用下列方法之一对展位进行合理的分配。

一是对展位进行竞拍。由组织者根据展位的不同而制定不同的收费标准,然后组织一场拍卖会,由参展者在会上自由进行角逐,由出价高者拥有位置好的展位。

二是对展位进行投标。由参展单位依照组织者所公告的招标标准和具体条件,自行报价,并据此填具标单,然后由组织者按照"就高不就低"的行规,将展位分配给报价高者。

三是对展位进行抽签。组织者将展位编号分别写在纸上,由参展单位的代表在公证人员的监督下进行抽签,以此来确定其各自的具体展位。

四是按"先来后到"的惯例进行分配。所谓"先来后到"就是以参展单位提交正式报告的时间先后为序,谁先报名,谁便有权优先选择自己所看中的展位。不管采用哪种方法,组织者均须事先广而告之,以便参展单位早做准备,尽量选到称心如意的展位。

4. 展厅的布置

根据展览会的主题与内容,构思展览会场的整体结构,画出总体设计图,列出设计要点,必要时可以事先制作展区的展品、展板布置小样,然后根据设计图制作与布置参展的图表、实物或模型。要注意统筹美术、摄影、装修、灯光装饰技术。实物展品进场后要有必要的装修,并加强安全保卫工作。在展厅入口设置咨询服务台和签到处,并贴出展览会平面图,作为参观指南。展览会布置应考虑角度、方向、背景和光线等综合因素,要使展品展出后整齐、美观、富有艺术色彩,给人以美感。

5. 展览会的工作人员培训

展览活动既是组织产品、服务的展示,也是组织员工精神面貌的综合素质的展示。展览活动工作人员的素质和工作技能对整个展览的效果影响很大,特别是一些专业性较强的展览,如果没有一定的专业知识,展览的组织、洽谈、解说、咨询等工作就会受到影响。此外,工作人员的公关素质、接待礼仪、讲解技巧都影响着展览活动的成败。因此就应在举办展览活动之前,精心挑选所有工作人员并对其进行必要的专业知识和公关技能培训。培训内容包括:各项目、内容的专业基础知识;各自的职责及对各种可能发生的突发事件的处理原则和方法;公关知识、接待礼仪方面的训练。

6. 展览会辅助服务项目

主办单位作为展览会的组织者,有义务为参展单位提供一切有必要的辅助服务项目。否则,不单会影响自己的声誉,还会授人以柄。由展览会的组织者为参展单位提供的各项辅助性服务项目,最好能事先告知参展单位,并且对有关费用的支付进行详细说明。

由展览会的组织者为参展单位所提供的辅助性服务项目,通常包括下述各项:展品的运输与安装;车、船、机票的订购;与海关、商检、防疫部门的协调;跨国参展时有关证件、证明的办理;电话、传真、计算机、复印机等现代化的通信设备;举行洽谈会、发布会等商务会议或休息时所用的适当场所;餐饮以及展览时使用的零配件的提供;供参展单位选用的礼仪、讲解、推销人员。

三、展览会的效果检测

展览会后,要对展览会的效果进行检测,了解公众对产品的反映,以及对组织形象的认识和对整个展览会兴办形式的看法等,检测是否达到展览的预期效果。展览会的效果检测方法主要有以下几种。

1. 举办有奖测验活动

公关人员可根据展览内容,有重点、有选择地确定试题,答题方式以填空、选择、判断为主,当场解答,当场发奖。参观者踊跃应试,不仅能增强、活跃展览会气氛,而且能为测定展览效果提供统计依据。

2. 设置公众留言簿

公关人员在展览厅出口处可设置公众留言簿,主动征求公众的意见,将其作为日后测定效果的依据。

3. 召开公众座谈

公关人员还可以召开公众座谈会,随机地找一些公众进行座谈,了解他们对展览会的观后感,讨论一些主要问题,并提出自己的看法。

4. 借助记者采访

在展览会期间,组织公关人员可邀请一些新闻记者参加,让他们对公众进行采访,并做好录音或记录,以备组织测定效果之用。

5. 开展问卷调查

展览会结束之后,公关人员可根据签到簿上掌握的公众名单邮寄出问卷调查表,或登门访问使其填写问卷调查表,以了解展览的实际效果。

课后训练

1. 某车展开幕,本次车展来了许多知名宾客进行参观,你作为本次车展的解说员,将为知名的宾客进行解说,你将如何开展工作?
2. 请发动同学收集一些不同产品的商标,组织一次商标展览会。
3. 四海电器股份有限公司为了推广自己的新产品,与一家超市达成协议,拟定在超市门前广场举办电器新产品展览会。在活动方案拟订后,由公司的公关部承担本次活动实施的筹备工作。请问,应该从哪些方面入手?
4. 案例分析

潘婷中国百年回顾展

创始于1837年的宝洁公司是世界最大的日用消费品公司之一。自1988年宝洁公司在广州成立其在中国的第一家合资企业——广州宝洁有限公司起,宝洁在中国已有十多年的投资历程。多年来宝洁旗下的一些著名品牌可谓家喻户晓,如潘婷、飘柔、玉兰油、佳洁士、碧浪等。1999年5月,宝洁旗下的著名洗发水品牌潘婷打算于1999年8月在上海及浙江市场全面推出其最新的护发产品——潘婷润发精华素,从而带动一种全新的护发理念,即从简单护发—深层润发的重大改变。为配合该产品的发布需要策划一系列既新颖又有力度的公关活动。

在策划活动之前，宣伟公关公司进行了详尽的市场调查。由于潘婷润发精华素产品是美发领域的一项新突破，且其上市的时间1999年，又正是新旧世纪交替的特殊年份，同时又欣逢新中国成立五十周年。考虑到这一特殊年份正是对文化、历史等领域进行回顾展望的好时机，而此类活动又比较容易引起媒介及大众的兴趣，宣伟公司最后决定举办"潘婷：爱上你的秀发——中国美发百年回顾展"活动。该活动将是中国首次举办的有关美发技术及美发历史的回顾展，在吸引大众关注的同时，也能缔造潘婷品牌在美发界的先驱地位。为此，宣伟公司将此次活动的目标确定为：在上海及浙江地区的媒体中提高潘婷润发精华素的知名度，并通过回顾展，树立潘婷护发先驱的形象。宣伟公司将潘婷形象传播关键信息定义为：潘婷润发精华素倡导护发新习惯；潘婷润发精华素由内而外彻底改善发质，使用一次就有明显效果；潘婷润发精华素是新一代护发产品。

整个项目分三大部分完成：前期宣传、活动本身和后期工作。前期宣传将侧重于争取各领域权威人士的支持并为产品发布活动作好铺垫工作。宣伟将潘婷润发精华素产品礼盒及使用反馈表发给上海及浙江地区的媒体及美发界、演艺界等领域的社会知名人士，首先争取他们对产品的认同和支持。在他们对产品有了一定认识的基础上，再邀请各主要媒体召开一次媒介研讨会，为将来的正式活动打下伏笔。为了扩大传播的覆盖面及影响力，并直接影响到产品的目标消费群18～35岁女性，宣伟公司特别选择与在华东地区非常热销的生活类杂志——《上海时装报》及拥有一大批年轻听众的上海东方广播电台合作进行一系列宣传活动。活动部分的重点将是展览会的组织，其中展览会开幕式活动又是重头戏，内容包括潘婷润发精华素产品上市记者招待会、纪录片播映、不同时代发型表演及有奖问答等。后期工作将集中在与媒体的联络、文章剪报的落实及整个活动的评估总结报告。

展览会于1999年8月25日在上海图书馆一楼展厅举行。展览会的开幕式暨"潘婷润发素上市会"非常隆重。在展厅外悬挂了巨大的宣传横幅以提高影响力和吸引力。上海地区的各大主流媒体以及商业/消费类、生活/美容、美发等不同类型媒体的代表出席了开幕式，此外还有江浙两省及其城市的主要媒体，盛况空前。展览会内容相当丰富，重头戏是向参观者展示从明末清初开始中国社会的发型变化及美发技术变迁的纪录片。该片是中国首部全面展示近代美发史的片子，具有极高的观赏性和教育性。为了增加展览会的生动感，展览会主现场还布置三四十年代的旧上海美发厅场景，吸引了成千上万的观众驻足观赏。

为期3天的展览会共吸引了近3万人次的观众到场参观，数据惊人。据统计，在活动期间，全国范围内共发表了相关报道64篇，其中包括4家电台及8家电视台。中央电视台2套的生活栏目还特别选用了展览会的素材，特别制作了一档长达15分钟的有关美发、护发的专题节目。所有这些报道折合广告价格高达230多万元。在活动结束后3个月，潘婷润发精华素荣登上海最大的连锁店——华联集团的护发产品销售额榜首。展览会在造成一定社会影响的同时也提升了产品的销售表现，提高了潘婷的知名度。

（资料来源：佚名.潘婷中国百年回顾展[EB/OL].[2019-03-15]. http://ishare.iask.sina.com.cn/f/32iMwGJaGBA.html.）

思考讨论题：
（1）潘婷中国百年回顾展为什么能取得成功？
（2）本案例对你有何启示？

任务 12　参观活动的组织

学习目标

- 明确开放参观活动的类型；
- 能够制订开放参观活动方案；
- 能够成功地组织开放参观活动。

情境导入

消费者参观活动

20世界90年代，海南养生堂的"中华鳖精"营养液正在国内热销之际，社会上突起留言："'养生堂'有那么多鳖吗？"公司对此没有辩解，而是通过在消费者中抽取代表的办法，分批组织代表们到生产总部参观，并让媒体配合进行正面报道，面对事实，流言不攻自破。

问题：请思考开放参观活动有何作用？怎样才使组织的开放参观活动更具效果？

任务设计

开放参观，顾名思义就是社会组织为了让公众更好地了解自己，将组织内部有关场所和工作流程对外开放，组织相关的公众到组织所在地参观和考察，以事实说服公众，赢得公众理解和支持的公共关系活动。开放参观是现代社会组织为了扩大自己的知名度而经常采用的一种公关手段，它是指社会组织利用某个契机，定期或不定期向组织内外公众进行开放，以增强内部凝聚力、扩大组织知名度、塑造组织形象，从而不断提高该组织美誉度的一种公共关系活动。其主要作用是加深公众对组织的了解，引起公众对组织的兴趣，解除公众对组织的误解或者扭转公众对组织的不良印象。

这里我们通过为你所在的学校模拟组织一次"校园开放参观日"活动的方式来完成本任务的学习，具体操作要求如下。

(1) 将全班同学分为三组，第一组制订"校园开放日活动"方案，方案应包括参观主题、内容、时间、地点、宣传、接待等内容。

(2) 第二组请拟出"校园开放日活动"活动的接待细节。

(3) 第三组同学扮演来访考生、家长以及接待人员，模拟参观现场。

(4) 各组对本次实训进行总结。

(5) 指导教师进行点评。

知识链接

一、开放参观的类型

1. 专题性参观和常规性参观

专题性参观是有特定的目的、围绕一个专门确定的主题而进行的参观。常规性参观一般没有特定的主题,是组织常规工作的一项内容。

2. 特殊参观和一般参观

特殊参观就是对特定公众对象开放的参观,如上级部门领导人的视察,组织学生来单位参观等。一般参观就是对公众对象不加限制的参观。这种参观应事先通过"安居民告示"或其他传播手段广泛宣传开放参观的目的、时间及参观须知,争取尽可能多的参观者来组织进行参观。

二、开放参观活动的组织实施

开放组织不仅是提高组织知名度、美誉度以及争取社会各界理解与合作的重要手段,而且是激发本组织成员的自豪感与凝聚力的有效措施。因此,许多组织将成功地开展这类活动作为组织进行公关策划经常选择的方式。要使开放参观活动取得良好效果,需把握以下环节。

1. 确定主题

开放参观活动是一项细致而复杂的工作,涉及组织内部和外部的各种因素,一定要明确开放参观的目的是什么,解决组织什么问题,达到什么样的目标和效果。只有在此基础上,才有可能进一步策划和组织好参观活动,使整个活动有的放矢地进行。

开放参观的主题主要有以下四个方面:①扩大组织的知名度,提高美誉度;②促进组织的业务拓展;③和谐组织与社区的关系;④增强员工或家属的自豪感。

2. 安排参观内容

要根据主题来安排开放参观的内容。参观的内容一般包括:①情况介绍:事先准备好简明生动、印刷精良的宣传小册子。②现场观摩:让参观者参观现场。如:生产经营设备和工艺流程、厂区环境或营业大厅、员工的教育和培训设施、组织的科技开发(实验)中心、组织服务、娱乐、福利、卫生等设施。③实物展览:参观组织的成果展览室;可以陈列资料、模型、样品等实物。此外,参观活动内容的确定还要考虑到参观者的需要和兴趣。

3. 选择参观时间

开放参观活动时间,主要是针对公众开放参观的时间,应尽可能安排在一些具体有特殊意义的日子,如周年纪念日、开业庆典活动等,使参观者有充足的时间和兴趣来参观,同时要避开一些重大政治事件、新闻事件和节假日。此外还要考虑季节和气候因素,太热或太冷都不宜安排开放参观。要尽可能为开放参观活动留有足够的时间做准备工作,较大规模的开放参观活动一般需3~6个月的准备时间,更大规模的或极为特殊的开放参观活动则需要更多时间。另外,由于工作需要,一些部门负责人、党政要员、专家学者、社会名流、外商等的开放参观可以没有时间限制,可根据他们的需要,随时组织参观。

4. 安排参观路线

开放参观的路线由参观的内容来确定,组织是全局开放还是局部开放,由组织的决策部门审定。在此基础上再确定开放参观的路线,并在开放参观路线的拐角处设置路标,有利于参观者按照路线有顺序地进行参观,开放参观活动不是一种自由随便的活动,不能任由参观者随意参观,要提前拟好开放参观的路线,制作向导图及标志,标明办公室、餐厅、休息室、医务室、卫生间等有关方位。如有保密和安全需要,应注意防止参观者越过所限范围,以免发生意外的伤亡事故影响正常的工作程序。

5. 落实参观者

组织应根据参观活动的目的和主题选择相应公众。对参观公众的邀请,可以通过广告发布信息,还可以向有关公众发出邀请信(函)。邀请既要重视目标公众,又要充分考虑一般社会公众,尽可能的邀请一些党政要员、社会名流、明星来参观,以制造新闻点。同时还要考虑组织的接待能力,邀请参观的时间不要太集中,应分期分批安排。要编制来宾名册,对参观者进行签到、留言,以便为事后统计做依据。

6. 培训工作人员

开放参观活动要有一些具有一定素质的接待人员和导游从事接待组织工作。要组织专门的接待人员和导游接受培训,使他们不但充分了解组织的情况,具有一定的专业知识,还应具有一定的公关素质,特别是演讲口才、接待礼仪等,这样才能把开放参观活动开展得生动、活泼,有声有色,给参观者留下深刻的印象,为组织树立良好的形象。

7. 准备辅助设施和纪念品

辅助设施有停车场、休息场所、会议室等。参观场所应设路标,对特殊参观者还应根据参观对象进行特别的准备,如用餐、用车等。另外还要准备好象征组织的产品,代表组织形象的小型纪念品。如果是外宾,应多选择一些有地方或民族特色的产品作为礼物。

8. 做好宣传工作

为了配合开放参观活动的有效进行,要积极做好传播宣传工作,尽可能邀请新闻记者参加,为他们的采访报道提供便利条件。此外,还应准备各种有关的宣传材料,如广告、关于组织和产品的说明书、画册、纪念册,配备有关的视听材料供参观者播放。

为了使开放参观活动起到应有的效果,说明书或宣传材料应简单、通俗易懂。在开放参观之前,可以先放录像片或幻灯片进行介绍,帮助参观者了解组织的主要概况。然后再由向导陪同参观沿开放参观线路作进一步解释和说明。一般最好将参观者分成十人以内为一个小组,这样既便于组织,又能让参观者听清讲解。公关人员的解说词要写得简明扼要,主要配在图表、数字、模型、样品下方,标语一般写在前面或后面,还可用照片来增加展览的形象性,为小组参观者留下好印象。

9. 搞好接待工作

开放参观接待工作是针对接待任务进行总体安排并予以执行实施的过程,一般包含了以下几项内容。

(1) 为开放参观活动所做的安排、协调、引领、衔接工作

具体工作包括：①制订总体接待方案；②联系协调相关部门，下达和分配具体接待任务；③按照方案调度车辆，搞好宣传讲解，确保开放参观活动高效、有序运转。

(2) 礼仪工作

礼仪工作包括：①迎送；②陪同；③会见；④纪念性礼品赠送，通过礼仪表达尊重和友好。

(3) 生活安排及其他有关服务

具体工作包括：①住宿与餐饮的安排；②返程票务订购；③物品托运等。通过生活服务，方便参观者活动，进一步体现对参观者的关心和友爱。

10. 参观后工作安排

参观活动结束以后，还需要进行一系列的公关活动，比方说，致函向来宾道谢、登报向各界鸣谢、召开参观者代表座谈会等。这样做的目的是听取各方的意见和建议，以便改进日后管理工作。

11. 组织和策划开放参观的注意事项

组织对外开放参观活动虽然是件很繁杂的工作，但又是一项很好的公关活动。为了使开放参观活动收到应有的公关效果，在组织开放参观活动时，必须注意以下事项：要结合参观者的要求和组织的自身情况，组织公众参观活动，既要有针对性，又要适合参观者的兴趣爱好；要恰如其分地介绍组织情况，在不泄露机密的前提下，使参观者对组织有较为深入的了解；要妥善安排参观活动的每一个细节，防止出现不必要的失误；要虚心征求参观者意见和建议，积累经验，使开放参观活动产生更加积极的效果。在开放参观过程中，如果参观者提出特殊要求，工作人员要注意先与有关管理人员或负责人商讨后再作答复，以免妨碍正常工作或发生意外问题；搞好食宿交通等后勤保障工作；如果开放参观活动的时间较长，注意中间要安排适当的休息时间。

课后训练

1. 上海大众集团将对力帆集团进行为期四天的参观考察，假如你是力帆集团的公关人员，请拟订参观接待方案。

2. 小杨是某企业的公关部经理助理，一批客人要来公司参观，他将承担接待工作，请问，他至少应做好哪些准备工作？

3. 兄弟院校的领导和老师要来参观你所在职业技术学院的实训室，如果你来接待客人参观，你将如何做好这项工作？

4. 案例分析

丰田汽车展楼

日本丰田公司以参观活动作为树立公司形象、推销产品的重要手段。它不仅欢迎顾客参观公司，而且想办法招揽参观者。为此，公司专门盖了一栋楼房。一楼陈列公司的各种

资料、零件和成品；二楼、三楼有冷暖设备，是放电影的大礼堂；四楼、五楼则为套房，给最近10年内买过公司汽车的参观者免费住宿。这样一来，丰田公司顾客盈门，那些想买丰田汽车的人不辞劳苦，前来公司参观，了解各种型号汽车的性能、优缺点，以便做出最佳选择。

（资料来源：佚名.参观企业活动方案［EB/OL］.［2016-11-26］. https://www.docin.com/p-1795207149.html.）

思考讨论题：
（1）日本丰田汽车公司此做法对其产品的促销有何意义？
（2）试用所学相关公关专题分析此案例。

项目 4　商务人员礼仪

凡人之所以为人者,礼义也。礼义之始,在于正容体、齐颜色、顺辞令、容体正、颜色齐、辞令顺,而后礼义备。

——《礼记·冠义》

商务人员、公关人员是组织的现实代表,其一举一动直接影响着组织的形象,因此一定要注意自身的形象。商务人员、公关人员的形象包括仪容、服饰和仪态 3 个方面。

课程思政要求

- 进行社会主义核心价值观教育;
- 进行爱国主义教育;
- 开展诚信教育、法律意识教育和道德意识教育;
- 塑造职业形象,提高职业素养;
- 促进学生全面发展。

任务 13 仪　　　容

学习目标

- 明确仪容的基本要求；
- 能够正确地进行手部护理；
- 能够正确地进行头发修饰；
- 能够结合自己的脸部特征进行化妆。

情境导入

总统竞选拼形象

1960年9月，尼克松和肯尼迪在全美的电视观众面前，举行了他们竞选总统的第一次辩论。当时，这两个人的名望和才能大体上是相当的，但大多数评论员预料，素以经验丰富的"电视演员"著称的尼克松，可以击败比他缺乏电视演讲经验的肯尼迪。但事实并非如此。为什么呢？因为肯尼迪事先进行了练习和彩排，还专门跑到海滩晒太阳，养精蓄锐。结果，当他在屏幕上出现时，精神焕发，满面红光，挥洒自如。而尼克松因为没听从电视导演的规劝，加之那一阵十分劳累，更失策的是面部化妆用了深色的粉，因而在屏幕上显得精神疲惫，表情痛苦，声嘶力竭。正如一位历史学家所形容："他让全世界看来，好像是一个不爱刮胡子和出汗过多的人带着忧郁感等待着电视广告告诉他怎么不要失礼。"正是仪容仪表上的差异和对比，帮助肯尼迪取胜，使竞选的结果出人意料。

（资料来源：佚名.仪容礼仪[EB/OL].[2020-03-24]. https://www.doc88.com/p-07639781611140.html.）

问题：在总统竞选中尼克松因何败北？请谈谈你的看法。如果你是一位刚毕业的大学生，被一家商社录取，担任企业办公室秘书。你需要进行怎样的仪容修饰，才能展现出自身良好的职业形象？

任务设计

仪容通常是指人的外貌，是一个人的精神面貌和内在气质的外在体现。具体而言，仪容由一个人的面容、发式及身体所有未被服饰遮掩的肌肤所构成。在社会交往中要维护良好的自我形象，就必须讲究仪容仪表。良好的仪容仪表不仅能给人以端庄、大方、舒适的印象，还能体现个人的自尊自爱，以及对他人的尊重和礼貌。

为完成本项学习任务，建议在班上举行一次"仪容形象设计展示"会，具体操作如下。

（1）准备化妆盒、棉球、粉底霜、胭脂、眼影、眉笔、唇彩、香水等化妆用品。

（2）将全班学生分组，两两一组，要求其根据所学仪容礼仪知识，扬长避短，展现出最美丽的妆容。

（3）在课堂上分组进行形象展示，最好用数码相机进行拍摄，由学生互评，要求从面部妆容、发型设计方面进行重点评价。

（4）由教师进行总结评价，重点评价各组存在的共性问题。

（5）由全班评出"最佳表现"妆容。

知识链接

一、仪容的基本要求

1. 整洁

整洁是仪容的基本要求，要做到仪容整洁，最重要的是长年累月坚持不懈，不厌其烦地进行以下仪容细节的修饰工作。

（1）坚持洗澡、洗脸

洗澡可以除去身上的尘土、油垢和汗味，使人精神焕发。尽可能地常洗澡，至少也要坚持每星期洗一次。在参加重大礼仪活动之前还要加洗一次。若脸上常有灰尘、污垢、泪痕或汤渍，难免会让人觉得此人又懒又脏。所以除了早上起床后、晚上睡觉前洗脸之外，只要有必要、有可能，随时随地都要抽出一点时间洗脸净面。

（2）保持手部卫生

在每个人的身上，手是与外界进行直接接触最多的一个部位，它最容易沾染脏东西，所以必须勤洗手。除饭前、便后外，还要在一切有必要讲究卫生的时候勤洗手。要常剪手指甲，绝不要留长指甲，因为它不符合礼仪人员的身份，还会藏污纳垢，给人不讲卫生的印象，所以要经常修剪它，手指甲的长度以不长过手指指尖为宜。

（3）注意口腔卫生

口腔是表现清洁感的另一个重点。与人说话的时候如果露出的牙齿上嵌有、沾有食物残渣，这是很让人厌恶的，它会让人产生窝囊或作风马马虎虎的印象，所以我们应该注意口腔卫生。还应当特别注意口中的异味，尽量不要吃葱、韭菜、大蒜、萝卜等刺激性食物。在与人交往、工作之前，如果碰巧吃了这一类食物，可在口中嚼一点茶叶、红枣或花生，它们有助于清除异味。必要时可以使用口香糖减少口腔异味，但应该指出的是，在参加比较正式的交际活动时，在他人面前大嚼口香糖是不礼貌的。

（4）保持脚部清洁

脚是支撑人体的重要部位，每天都要进行运动。脚分泌出的大量汗液，会恶化脚底环境，为真菌繁衍提供温床，如不及时改善，会导致各种脚部疾病，如脱皮、脚癣、脚部溃烂等。所以，平时要注意清洗脚部，让其通气，擦些护脚霜，还要加以适当保健按摩，美化脚部肌肤。

（5）保持衣裳整洁

要勤换内衣,外衣也要定期清洗、消毒。要勤换鞋袜,保持鞋袜舒适干净,不要在集会或看演出的地方等公众场合脱鞋。

2. 美观

漂亮、美丽、端庄的外观仪容是形成优美良好的商务形象的基本要素之一。人们都希望自己在商务场合中变得更美丽,有些人认为把发胶、摩丝喷在头上,把各种色彩涂抹在脸的相应部位就美了,所以我们经常可以看到"横眉冷目""血盆大口""油头粉面"的样子,但事实上这不是美,而是丑了。要使仪容达到美观的效果,首先必须了解自己的脸形及脸的各部位特点,孰优孰劣要心中有数;其次要清楚怎样化妆、美发和矫正才能扬长避短,使容貌更迷人。这些原则要在把握脸部个性特征和正确的审美观的指导下进行。

3. 自然

自然是美化仪容的最高境界,它使人看起来真实而生动,而不是一张呆板生硬的面具。失去自然的效果,那就是假,假的东西就没有生命力和美感。有位化妆师说过："最高明的化妆术,是经过非常考究的化妆之后,让人家看起来好像没有化过妆一样,并且化出来的妆与主人的身份匹配,能自然地表现个人的个性与气质。次级的化妆是把人凸显出来,让他醒目,引起众人的注意。拙劣的化妆是一站出来别人就发现他化了很浓的妆,而这层妆是为了掩盖他自己的缺点或年龄。最坏的一种化妆,是化妆后扭曲了自己的个性,又失去了五官的协调性,例如,小眼睛的人竟化了浓眉,大脸蛋的人竟化了白脸,阔嘴的人竟化了红唇……"可见化妆的最高境界是无妆,是自然。因此,美好的仪容,要依赖正确的技巧、合适的化妆品;要一丝不苟、井井有条;要讲究过渡、体现层次;要点面到位、浓淡相宜。这样才能使人感到自然、真实的美。

4. 协调

美化仪容的协调包括以下几个方面。

（1）妆面协调

妆面协调是指化妆部位的色彩搭配、浓淡协调,所化的妆容针对脸部个性特点,整体设计协调。

（2）全身协调

全身协调是指脸部妆容、发型与服饰协调,力求取得完美的整体效果。

（3）角色协调

角色协调是指针对自己在社交生活中扮演的不同角色,而采用不同的化妆手法和化妆品。如作为职业人员,要注意化妆后应体现端庄稳重的气质。

（4）场合协调

场合协调是指化妆、发型要与所去的场合气氛要求一致,如日常办公,略施淡妆;出入舞会、宴会,可浓妆扮之;参加追悼会,则素衣淡妆。

二、手部的护理

社交活动中要经常与人握手,要做各种手势,因此健康美丽的双手及手上的指甲都是不可忽视的一部分,所以一定要讲究手部的护理。

1. 滋润双手

拥有一双美丽的纤纤玉手对女性来说是非常重要的。在招待客人,端茶给对方时,在签字仪式上众目注视时,如果我们的手非常漂亮,不但可表现出自己的魅力,同时也会让他人觉得非常舒服。因此,平时就要多注意手部的保养。

手部肌肤的油脂腺较少,较身体的其他部分更易变得干燥,但又经常需要暴露于空气中,因此呵护双手要注意:每晚用滋润的润手霜按摩双手;经常除去手上的死皮;做家务或粗活时戴上手套;经常运动,使之保持柔软;偶尔可敷上一些现成或自制的护手膜。

2. 护理指甲

和保持身体其他部分的健康一样,指甲也必须从护理和营养着手才可保持其健康。指甲是身体最先表露紧张、疾病和不良饮食习惯症状的部分,如果它们的健康被忽视,便会出现干燥、起薄片和脆裂的现象,因此必须注意其日常的营养和定期的护理。定期修剪指甲,将其修剪成椭圆形不仅可使其变得美观,而且可保持它们的健康。手指简单的按摩运动可促进指尖的血液循环,有利于将营养和氧气输至指甲。

三、头发的修饰

商务人员的头发修饰方面也应遵循一定的礼仪规范,如表 13-1 所示。

表 13-1 商务人员头发的修饰

内容	礼仪规范
修饰	在正式场合,可剪发、吹发、烫发,但不能染成自然色以外的颜色,也不要过多地使用喷彩或啫喱水
长度	男士不留长发,不留鬓角。女士剪短发,发长不应过肩,刘海儿不宜过低,不要遮住眼睛;如果留有长发,在正式场合和重要场合应梳髻盘头或系扎,不披头散发
发饰	在正式场合头发最好不要滥加装饰。女士若有必要使用发卡、发绳、发带或发箍时,应选黑色、蓝色、棕色,才显得朴实、大方。不要插戴色彩艳丽或图案夸张的发饰
发型	发型应高雅、干练、大方,与脸型和身材相适应。比如,身材高而瘦的女性适合留长发,并可适当地增加一些装饰;身材矮小的女性,适宜留短发或盘发,露出脖子可使身材显高;较胖的女性适合梳淡雅舒展、轻盈俏丽的发型

(资料来源:李国辉. 生客卖礼貌,熟客卖热情:一本书学会销售礼仪[M]. 北京:机械工业出版社,2012.)

四、化妆的技巧

1. 做好妆前准备

(1) 束发

用宽发带、毛巾等将头发束起或包起,这样会使脸部轮廓更加清晰明净,以便有针对性地化妆。最好再在肩上披块围巾,防止化妆时弄脏头发和衣服,也可避免散乱的头发妨碍化妆。

(2) 洁肤

用清洁霜、洗面奶或洗面皂清洁面部的污垢及油脂,有条件的还可用洁肤水清除枯死的细胞皮屑,然后结合按摩并涂上有营养的化妆水。

(3) 护肤

选择膏霜类,如将日霜、晚霜、润肤霜、乳液等涂在脸上,不仅令肌肤柔滑,还可防止化妆品与皮肤直接接触,起到保护皮肤的作用。

(4) 修眉

用眉钳、小剪修整眉形并拔除多余的眉毛,使之看起来更加清秀。

2. 化妆的步骤过程

化妆的步骤过程与要求如表13-2所示。

表13-2 化妆的步骤过程与要求

步 骤	目 的	操 作 要 点	注 意 事 项
1. 打粉底	调整面部肤色,使之柔和美丽	① 选择粉底霜; ② 用海绵取适量粉底,涂抹细致均匀	① 粉底霜与肤色反差不宜过大; ② 切记在脖颈部打粉底,以免面部与颈部"泾渭分明"
2. 画眼线	使眼神生动有神,且更富有光泽	① 笔法先粗后细,由浓而淡; ② 上眼线从内眼角向外眼角画; ③ 下眼线从外眼角向内眼角画	① 一气呵成,生动而不呆板; ② 上下眼线不可在外眼角处交会
3. 施眼影	强化面部立体感,使双眼明亮传神	① 选择与个人肤色适合的眼影; ② 由浅而深,施出眼影的层次感	① 眼影色彩不宜过分鲜艳; ② 工作妆应选用浅咖啡色眼影
4. 描眉形	突出或改善个人眉形以烘托容貌	① 修眉,拔除杂毛无序的眉毛; ② 具体描眉形	① 使眉形具有立体感; ② 注意两头淡、中间浓,上边浅、下边深
5. 上腮红	使面颊更加红润,轮廓更加优美,显示健康活力	① 选择适宜的腮红; ② 延展晕染腮红; ③ 扑粉定妆	① 注意腮红与唇膏或眼影属于同一色系; ② 注意腮红与面部肤色过渡自然
6. 涂唇彩	改变不理想的唇形,使双唇更加娇媚	① 以唇线笔描好唇线; ② 涂好唇膏; ③ 用纸巾吸去多余的唇膏	① 先描上唇,后描下唇,从左右两侧沿唇部轮廓向中间画; ② 描完后检查一下牙齿上有无唇膏的痕迹
7. 喷香水	掩盖不雅体味,使之清香怡人	① 选择适宜的香水类型; ② 喷涂于腕部、耳后、颌下、膝后等适当之处	① 香水切勿使用过量; ② 香水气味应淡雅清新

3. 做好妆后检查

按照以上步骤化妆后,不要忘记进行妆后检查,主要包括:第一,检查左右是否对称,眼、眉、腮、唇、鼻侧等两边形状、长短、大小、弧度是否对称,色彩浓淡是否一致;第二,检查过渡是否自然,脸与脖子、鼻梁与鼻侧、腮红与脸色、眼影、阴影层次等过渡是否自然;第三,检查整体与局部是否协调,各局部是否缺漏、破坏,是否符合整体要求,浓淡是否达到了应有效果,整个妆面是否协调统一;第四,检查整体是否完美。化妆切忌把镜子贴近脸部检查,虽然这样会看清细小的部分,但一般人只会在1米之外的距离面谈或打招呼。所以要在镜前50厘米处审视自己,才能对脸部整体的平衡做出正确的判断。

4. 适当进行补妆

化妆的妆面很容易被外界的环境破坏,因此,随时补妆对保持妆面的完整性是非常必要的。及时补妆要注意以下几个方面:第一,随身携带吸面油纸,方便迅速去除面部分泌的面油;第二,喷射少许矿泉水在面上,再用面纸吸干,可代替爽肤水;第三,要使妆面保持得更长久,可用润肤膏搽在干燥处,油脂分泌特别多的部位应搽爽肤粉;第四,搽唇膏要想省时且效果好,可先用自然色唇膏,然后用同色唇笔描出唇形,最后才搽上配衬衣颜色的唇膏;第五,在眼部上妆前,可先在眼下扑一层粉,这样即使眼部妆面的粉屑掉到眼下,只要用刷子一扫,便不会弄污眼部及所有妆面了。

5. 化妆的禁忌

化妆的禁忌主要包括以下方面:切忌在公共场合化妆;女士不能在男士面前化妆;不能非议他人的妆容;不要借用别人的化妆品;男士使用的化妆品不宜过多;女士不要忽视颈部皮肤的护理,女士如果能把自己的颈部护理得与自己的脸一样年轻,就更加完美了。

6. 男士的"化妆"

以上化妆主要针对女士而言,其实男士也应注意面容之美。除了具有宗教信仰与风俗习惯者之外,男性一般不宜蓄须,因为在交际场合,"美髯公"不但并不美,反而会显得不清洁,还对交往对象不尊重,因此男性最好每天坚持剃一次胡须,绝对不可以胡子拉碴地上班或会面。如果有必要蓄须,也要考虑工作是否允许,并且要经常修剪,保持卫生,不管是留络腮胡还是小胡子,整洁大方最重要。

此外,男士还要注意经常检查和修剪"鼻毛"。在人际交往中,偶尔有一两根鼻毛"外出",是很会破坏他人对自己的看法的;吸烟的男子要注意吸烟后嚼口香糖等去除烟味;有"汗脚"的男士应注意保持鞋袜清洁,鞋最好准备两双以上,以便换着穿。

课后训练

1. 假如你是一名即将毕业的大学生,准备去参加招聘面试,为了能更好地展示自己良好的形象,在众多的应聘者中脱颖而出,除了注意服装搭配外,在仪容修饰方面你该如何准备?

2. 案例分析

一道道奇特的风景线

阿美和阿娟是一所美容学校的学生,初学化妆,非常感兴趣,走在大街上,总爱观察别人的妆容,因此发现了一道道奇特风景线。

一位中年妇女没有做其他化妆,只涂了嘴唇,而且是那种很红很艳的唇膏,只突出了一张嘴。一位女士的妆容看起来真的很漂亮,只可惜脸上精彩纷呈,脖子却粗糙得马虎,在脸庞轮廓上有明显的分界线,像戴了面具一样。再看,有的女士用粗的黑色眼线将眼睛轮廓包围起来,像个"大括号",看上去是那么的生硬、不自然。还有一位很漂亮的女士,身穿蓝色调的时装,却涂着橘红色的唇膏……

（资料来源：国英.公共关系与现代礼仪案例[M].北京：机械工业出版社,2004.）

思考讨论题：

（1）请帮助阿美和阿娟分析一下,针对以上几种情形,自己化妆时应注意哪些问题？

（2）本案例对你有何启示？

任务 14 服 饰

学习目标

- 明确服装的类别;
- 掌握着装的基本要求;
- 男士能够正确地穿着西装;
- 女士能够正确地穿着西服套裙;
- 能够得体地穿着商务便装。

情境导入

如 此 着 装

有一家海外知名企业的董事长要来本市访问,有寻求合作伙伴的意向。某商务信息公司的王总经理获悉这一情况后,请有关部门为双方牵线搭桥。让他喜出望外的是,对方也有合作意向,而且希望尽快见面。到了双方会面的那一天,王总特意在公司挑选了几个漂亮的部门女秘书来做接待工作,并特别指示她们穿紧身的上衣、黑色的皮裙。他认为这种时尚、性感的装束一定会让外商觉得自己对他们的到来格外重视,因此,一定会赢得他们的好感和信任。这时,正在做准备工作的办公室秘书小李惊异地看到这几位漂亮姑娘,她皱着眉头,想要说什么又咽了回去,过了一会儿她还是忍不住对王总说:"王总,做接待工作是不适合穿这种服装的。"王总惊讶地问道:"是吗?为什么?"

(资料来源:王芬.秘书礼仪实务[M].北京:电子工业出版社,2009.)

问题:你知道做接待工作应该怎样着装吗?王总的女秘书们着装错在哪里?

任务设计

心理学家曾做过一个实验,把 10 张小姑娘的照片给受试者看,其中 8 人容貌服饰较好,另两位姑娘长相较差,衣服也破旧,心理学家告诉受试者,其中一人是小偷,结果,有 80% 的受试者认为后者是小偷。这说明人们总是喜欢那些看上去令人感觉舒适、有美感的人。美好的长相、匀称挺拔的身材、美观大方的服饰均能增添人的仪表魅力,给人以舒服、美好的感觉。如果说,人的长相来自天生、身材长短难以变更,而服饰却是可以改变的。

整洁美观的服饰是人们能用以改变自己或烘托自己的最好的、使用最频繁的"武器"。早在1972年,世界著名心理学家及演讲大师肯利教授发现,在高中女孩的交往友谊中,穿衣最重要,比例占留给别人印象的67%之多,在多年之后,我们即便回忆不起当年的容貌,却仍然对"当时穿什么"印象特深,其次才是个性,再次是共同的兴趣。因而他发现了着装是一个强烈的、显著的信号,并告诉人们一个原则:服装只要运用得当,就是最有利的沟通工具之一,也是最便捷的人际交往"名片"。并且进一步通过实验证实,着装能让我们受到不同的待遇。比如穿戴得像一个成功的人,就能在各种场合得到应有的尊敬和善待。肯利教授最后指出,在任何事业上,成功的穿着都能够帮助我们取得更大的成功。

本任务"情境导入"中的案例说明:着装是要分场合、讲礼仪的。在正式的商务接待中,接待人员不适宜穿紧身上衣和皮裙。女性穿紧身上衣只适合于休闲或一般的交际场合,而穿皮裙则更不合适,因为在西方传统的观念中,这种打扮是一些社会地位低微、行为举止轻浮的女性的所爱。

这里拟通过组织班级"着装展示会"活动,完成本任务的学习,具体操作建议如下。

(1) 学生分成小组,每组5~6人,每组设计不同场合(可以是正式场合、休闲场合、运动场合、商务酒会场合等)的服饰穿戴与搭配。

(2) 每组学生进行角色扮演,演示各岗位服饰的穿戴与搭配,用数码摄像机记录整个过程,然后投影回放,学生自我评价,找出不合规范之处。

(3) 授课教师总结点评学生存在的个性问题和共性问题。

(4) 最后全班评选出"最佳表现组"。

知识链接

一、服装的类别

1. 正式服装

正式服装用于会客、拜访、社交等场合。这类服装式样一般是根据穿用的目的、时间、地点而定的。现在的正式服装正在简化,但仍保持着它的美感和庄重感。在穿着正式服装时,要注意与自身条件相协调,并慎重选择款式和面料,才能给人以雅致的印象。

(1) 晚礼服

晚礼服用于晚间宴会或外交场合,有正式、略式之分,在款式上不固定,但都有高格调和正统感。欧洲女士晚礼服的特点是露出肩、胸,有无袖的式样,也有紧领、长袖的式样,长至脚边,多选用丝绸、软缎、织锦缎、麻丝等面料加工制作,如果装饰合理,就会显得格外漂亮雅致。晚礼服只能在特定的时间、场合穿。

(2) 午后礼服

午后礼服是指在下午比较正式的拜访、宴会场合穿用的礼服,有正式和非正式之分。正式的用于参加婚礼、宴会等场合,非正式的可用于外出或拜访。裙长一般较长,款式不固定,格调高雅、华贵。典型的午后礼服要搭配帽子、提包,还要佩戴项链。

正式服装中还有晚会服、酒会服、婚礼服等。

2. 便装

便装是指平常穿的服装，使用范围广泛，根据不同的用途和环境，便装又分很多种。街市服比礼服随便得多，如上街购物、看影剧、会见朋友等可以穿着。它在很大程度上受流行趋势影响，是时装的重要组成部分。每个人可根据自己的爱好及自身的客观条件选择各式各样的街市服，但穿着时一定要注意到它是否适合将要去的环境与气氛。面料可用毛、丝绸、化纤等，并可根据季节的变化而变换。

旅游服、运动服等依据具体情况做准备，重要的是舒适、实用、便于行动。

家庭装与家庭的气氛相称。在家里要做家务，还要休息以便养精蓄锐，所以家庭装应随便、舒适，格调应轻松活泼。早晚穿着的有晨衣、睡衣等，但不能穿这类服装会客。

3. 补正装

补正装是指贴身服装，可以起到保温、吸汗、防污垢、保持身体清洁的作用，还能成为外衣的配衬，使外衣显得更美。补正装包括胸衣、围腰、衬裙、马甲等，其主要作用是调整和保护体型，使得外衣的形状更加完美。这种服装应选伸缩性能好、有弹性的面料。法国服装设计大师费里，因有着肥胖厚实、强壮的身躯，一件小马甲背心对于他几乎成了一种规范："我的背部太厚，而且突起呈圆弧状，背后的衣服总容易弄皱，所以加上一件紧身背心，不仅遮住了背后皱巴的衬衫，上衣也有了架子。"一件小小的马甲背心也有很多的讲究。现代生活中更要注意补正装的效果。

4. 职业装

职业装即工作服装，适合各类职业的性质、工作环境，实用又便于活动，给人整齐划一、美观整洁之感，能振奋人心，增强职业自豪感。如果是旅游接待人员的工作服，应便于人体的各部分活动，自然得体大方；而作为教师，其职业服装应显出端庄、严谨并富有亲和力的特征。

二、着装的基本要求

1. 个性协调

所谓穿着的个性协调，是指一个人的穿着要与他的年龄、体形、职业和所处的场合等吻合，表现出一种和谐，这种和谐能给人以美感。

（1）穿着要与年龄相协调

年轻人穿着应鲜艳、活泼、随意一些，这样可以充分体现出年轻人的朝气和蓬勃向上的青春之美；中、老年人的着装则要注意庄重、雅致、整洁，体现出成熟和稳重之感。

（2）穿着要与体形相协调

在现实生活中，并非每个人的体形都十分理想，人们或多或少地存在着形体上的不完美，或高或矮，或胖或瘦。若能根据自己的体形挑选出合适的服装，扬长避短，则能实现服装美和人体美的和谐、统一。

一般来说，身材较高的人，上衣应适当加长，配以低圆领或宽大而蓬松的袖子，宽大的裙子、衬衣能给人以"矮"的感觉，衣服颜色上最好选择深色、单色或柔和的颜色。

身材较矮的人，不宜穿大花图案或宽格条纹的服装，最好选择浅色的套装，上衣应稍短一些,使腿比上身突出,服装款式以简单直线为宜,上下颜色应保持一致。

体型较胖的人应选择小花纹、直条纹的衣料,最好是冷色调,以达到显"瘦"的效果。在款式上,胖人要力求简洁,中腰略收,后背扎一中缝为好,不宜采用关门领,以"V"形领为最佳。

体型较瘦的人应选择色彩鲜明、大花图案及方格、横格的衣料,给人以宽阔、健壮的视觉效果。在款式上,瘦人应当选择尺寸宽大、上下分割花纹、有变化的、较复杂的、质地不太软的衣服,切忌穿紧身衣裤,也不要穿深色的衣服。

另外,肤色较深的人穿浅色服装,会获得健美的色彩效果,肤色较白的人穿深色服装,更能显出皮肤的细洁柔嫩。

(3) 穿着要与职业相协调

穿着除了要和身材、体形协调之外,还要与职业相协调。这一点非常重要,不同的职业有不同的穿着要求。如教师、干部一般要穿得庄重一些,衣着款式也不能过于怪异,这样可以给人留下一个良好的印象;医生的穿着要力求显得稳重和富有经验,一般不宜穿着过于时髦,容易给人以轻浮的感觉,这样不利于对病人进行治疗;青少年学生的穿着要朴实、大方、整洁,不要过于成人化;而演员、艺术家则可以根据他们的职业特点,穿着得时尚一些。

2. 色彩搭配

色彩是服装留给人们记忆最深的印象之一,而且在很大程度上也是服装穿着成败的关键所在。色彩对他人的刺激最快速、最强烈、最深刻,所以被称为"服装之第一可视物"。对一般人而言,在服装的色彩上要想获得成功,最重要的是掌握色彩的特性、色彩的搭配及正装色彩的选择这三个方面。

(1) 色彩的特性

色彩具有冷暖、轻重、缩扩等特性。

① 色彩的冷暖。使人产生温暖、热烈、兴奋之感的色彩为暖色,如红色、黄色;使人有寒冷、抑制、平静之感的色彩叫冷色,如蓝色、黑色、绿色。

② 色彩的轻重。色彩的明暗变化程度被称为明度。不同明度的色彩往往给人以轻重不同的感觉。色彩越浅,明度越强,它使人有上升之感、轻感;色彩越重,明度越弱,它使人有下垂之感、重感。人们平日的着装,通常讲究上浅下深。

③ 色彩的缩扩。色彩的波长不同,给人收缩或扩张的感觉也会有所不同。一般来讲,冷色、深色属收缩色,暖色、浅色则为扩张色。运用到服装上,前者使人显得苗条,后者使人显得丰满,二者皆可使人在形体方面扬长避短,运用不当则会使人在形体上出丑露怯。

(2) 色彩的搭配

色彩的搭配方法主要有以下几种。

① 统一法,即配色时尽量采用同一色系之中各种明度不同的色彩,按照深浅不同的程度搭配,以便创造出和谐感。如穿西服时可按照统一法选择这样搭配,如果采用灰色色系,可以由外向内逐渐变浅,如深灰色西服搭配浅灰底花纹的领带和白色衬衫,这种方法适用于工作场合或庄重的社交场合。

② 对比法,即在配色时运用浅色、深色,明暗两种特性相反的色彩进行组合的方法。它可以使着装在色彩上反差强烈,静中求动,突出个性。但有一点要注意的是,运用对比法

时忌讳上下 1/2 对比，否则给人以拦腰一刀的感觉，要找到黄金分割点即身高的 1/3 点上（即穿衬衣从上往下第四个、第五个扣子之间），这样才有美感。

③ 呼应法，即在配色时，在某些相关部位刻意采用同一色彩，以便使其遥相呼应，产生美感。如在社交场合穿西服的男士讲究"三一律"。所谓"三一律"，就是男士在正式场合应使公文包、腰带、皮鞋的色彩相同，即为此法的运用。

（3）正装色彩的选择

正装色彩的选择：非正式场合所穿的便装，色彩上要求不高，往往可以听任其便，而正式场合穿的服装，其色彩则要多加注意。总体上要求正装的色彩应当以少为宜，最好将其控制在3种色彩之内，这样有助于保持正装保守的总体风格，显得简洁、和谐。正装若超过3种色彩则给人以繁杂、低俗之感。正装的色彩，一般应为单色、深色，并且无图案。最标准的正装色彩是蓝色、灰色、棕色、黑色。衬衣的色彩最好为白色，皮鞋、袜子、公文包的色彩宜为深色（黑色最为常见）。

此外，肤色也关系着着装的色彩。浅黄色皮肤者，也就是我们所说的皮肤白净的人，对颜色的选择性不那么强，穿什么颜色的衣服都合适，尤其是穿不加配色的黑色衣裤时会显得更加动人。暗黄或浅褐色皮肤者，也就是皮肤较黑的人，要尽量避免穿深色服装，特别是深褐色、黑紫色的服装，一般来说，这类肤色的人选择红色、黄色的服装比较合适。肤色呈病黄或苍白的人，最好不要穿紫红色的服装，以免使其脸色呈现出黄绿色，加重病态感。皮肤黑中透红的人，则应避免穿红、浅绿等颜色的服装，而应穿浅黄、白等颜色的服装。

3. 注意场合

所谓穿着要注意场合，是说要根据不同的场合来进行着装。英国女王伊丽莎白二世访问中国时，走出机舱门第一个亮相，穿的是正黄色西服套裙，戴正黄色帽子。这位女王本人喜欢红色和天蓝色，很少穿黄色衣服。但在中国几千年的历史上，黄色是皇帝的专用色。女王来中国访问穿正黄色，既表示尊重中国的传统习俗，又显示了她作为一国君主的高贵身份。

（1）正式场合

正式场合是指商务谈判、重要的商务会议、求职面试等正规、严肃的场合。男士在正式场合通常穿严肃的西服套装（上下装面料相同、颜色相同）。纯黑色西服在西方通常用于婚礼、葬礼及其他极为隆重的场合，而正式的商务场合最常使用的西服套装颜色为深蓝色和深灰色，深蓝色和深灰色西装搭配白衬衫是商务场合男士的必备服装。女士在正式的商务场合中，与男士西装相对应的是女士西服套裙（上衣领子与男士西装领子相似）。

（2）半正式场合

半正式场合是指无重大活动、无重要严肃事务的商务场合，需要注意的是，有些着装要求非常严格的公司只有周末允许穿半职业装。在半正式场合中，男士不用系领带，可以选择不太正式的西服上衣，如亲切感更强的咖啡色西服，以及其他权威感较弱的明快的颜色的西服。面料可以选择更随意、更舒适的粗花呢等。上装和长裤采用不一样的面料和不一样的颜色，看上去会更加轻松。

搭配的时候要注意颜色与面料的平衡感。男士半职业装可以搭配高品质的针织衫及时尚感、休闲感较强的衬衫,衬衫的领型可有较多的变化。长裤的面料和颜色可以更加自然随意。需要注意的是,长裤的款式还是以西裤款式为主,不可出现宽松裤、萝卜裤、牛仔裤等休闲时尚裤型。女士的半职业装款式变化与组合非常丰富,可以将正装的西服套裙与套裤分开来穿,搭配经典款式的连衣裙、针织衫、短裙、衬衫,各个款式的细节处理可以更加富有创意,颜色可以更加明亮丰富,但仍然要保持躯干线条的清晰干练。

（3）休闲场合

所谓休闲,是指停止工作或学习,处于闲暇轻松的状态。在这种休闲状态下,服装应当舒适、轻松、愉快,因此在款式上,男士和女士都可选择宽松的款式,如夹克衫、T恤衫、棉质休闲裤、牛仔装等。服装颜色可以选择鲜艳新奇的色彩。女士连衣裙、短裙或衬衫的款式细节、图案和色彩都可以更大胆、更丰富。

（4）商务酒会场合

西方男士在特殊场合的礼服分为晨礼服、晚礼服等,但近年来有逐渐简化的趋势。在国内一般公司的小型商务酒会、聚会上,男士穿深色西装即可,但是领带的图案和颜色都需要更加华丽一些。女士的服装尽量以小礼服风格的款式为主,但不宜过于暴露肌肤,领、袖、肩既不可过于裸露又不可过于严实,千万不要过于隆重、夸张,裙长在膝盖上下比较妥当。布料可以选用丝缎、纱等,也可用无领无袖单色连衣裙搭配亮丽的首饰、富有质感的毛皮围巾、丝巾等增强闪光点和华丽感。酒会穿的鞋可以选有丝缎面料、露趾的晚装鞋,提包换成小巧一些的晚装包。

（5）晚宴场合

在国际商务场合隆重的晚宴上需要穿晚礼服。晚礼服是20:00以后穿着的正式礼服,是礼服中档次最高、最具特色、最能充分展示个性的礼服样式。女士的晚礼服通常与披肩、外套、斗篷等相搭配,与华美的装饰手套等共同构成整体装束效果。西方传统晚礼服款式强调女性窈窕的腰肢,夸张臀部以下裙子的重量感,肩、胸、臂的充分展露为华丽的首饰留下表现空间。面料通常选用闪光缎、丝光面料,充分展现女士的华丽、高贵感,多配高跟细襻的凉鞋或修饰性强、与礼服相宜的高跟鞋。中国女性的身材和西方女性有所不同,因此可以选用面料华丽、制作精美的旗袍式晚礼服,同样能够产生惊艳的效果。男士参加晚宴的时候可以根据自身的喜好选择正式的晚礼服或黑色西装,但一定注意细节的处理要恰到好处。

（6）运动场合

商务人员会经常参加公司组织的体育比赛或观看体育比赛,参加此类活动时应当穿运动装。运动装与休闲装都具有宽松、舒适的特点,但是运动装比休闲装更加适宜人体运动。不同的体育比赛有不同的运动装款式,参加活动之前应当准备好相应的服装。

（7）家居场合

下班回家之后通常应当换上家居服。家居服也有晨衣、睡衣等诸多款式,但其一致的特点是非常舒适、宽松、随意。因此,需要提醒商务人员注意的是,假如有客人来访,只要不是非常熟悉的人,就一定要换上休闲服或半职业装来会见客人。即使是在家里,穿着睡衣之类的家居服见同事或客户也是非常不礼貌的。有些家居服的款式是会客时穿的,但也只适用于很熟的私人朋友或邻居等。最后要提醒大家的是,家居服绝不可以穿到自家大门以外,哪怕只是去楼下小卖店买瓶酱油,穿着睡衣也是非常失礼的。

三、男士西装的穿着

顾名思义,正装的总体着装要领就是要"正",要正规、讲究,注重细节。最常见的男士正装搭配为:衬衫+西服+领带+皮带+西裤+皮鞋。实际上,在夏天只穿着衬衫和西裤也是正装的体现。

具体而言,男士正装的注意要领有以下几个方面,如表14-1所示。

表14-1 男士正装着装注意要领

注意要领	具体规范
领带颜色、图案讲究	领带的颜色以深于西服为佳,且花型和图案不要太"独特",如几何图形、手描画、田园风光等,就是忌讳使用的花型
袜子颜色、款式要领	尽量选用深色或者黑色的袜子与西服搭配,且不要穿短袜,以防在坐下来时露出腿,这是非常不雅的
口袋不要太鼓囊	西服上衣或是裤子,其口袋里尽量不放或少放物品。口袋鼓鼓囊囊给人以不整洁、不利索的印象,同时,要随时将西服口袋的外翻盖盖好
服装色彩不宜太多	西服套装、领带、衬衣、鞋子、袜子等,以同一色系为宜,不可搭配得太花哨,给人以不正式的感觉
服饰不要假	男士的正装不求多而要求精,在正式场合切忌穿戴假名牌,无论是服装还是饰品,让别人看出来就会掉价不少

(资料来源:李国辉.生客卖礼貌,熟客卖热情:一本书学会销售礼仪[M].北京:机械工业出版社,2012.)

四、女士西装套裙的穿着

女性销售人员更应该注重自己的职业形象,尤其是在正装的穿着方面,必须遵守一些规则,以此来树立一种最能体现自己个性和品位的风格。特别值得一提的是,在正式场合,女士着装一定忌短、忌露、忌透。

除此之外,还要注意以下这些方面,如表14-2所示。

表14-2 女士正装着装注意要领

注意要领	具体规范
裙装的注意要领	首先,不能穿黑皮裙;其次,不能光脚,最好穿着包跟鞋,把易磨的前后脚跟都包住;最后,不能在裙子下加健美裤,不能穿半截的袜子,弄出三截腿(专业术语叫恶意分割)
衬衫的注意要领	衬衫的颜色要与套装的颜色相匹配,如可选择白色、黄白色和米色,材质棉、丝绸等皆可,但要保证洗过并熨烫平整
内衣的注意要领	内衣要合身,确保身体线条曲线流畅,既要穿着合适,又要注意内衣颜色不可外泄

续表

注意要领	具体规范
袜子的注意要领	应选择长筒丝袜或连裤袜,颜色以肉色、黑色最为常用。需要注意的是,女士不能在公众场合整理自己的长筒袜,而且袜口不能露在裙摆外边。不要穿带图案的袜子,因为它们会让人注意到你的腿部。应随身携带一双备用的透明丝袜,以防袜子拉丝或跳丝
鞋子的注意要领	搭配正装的鞋跟不宜太高,以3~4厘米为佳,且正式的场合不要穿凉鞋、后跟用带系住的鞋或露脚趾的鞋。鞋的颜色应与衣服下摆一致或再深一些,如黑色、藏青色、暗红色、灰色或灰褐色

(资料来源:李国辉.生客卖礼貌,熟客卖热情:一本书学会销售礼仪[M].北京:机械工业出版社,2012.)

五、商务便装的穿着要领

在这里先要强调一个概念,商务便装不等于休闲服,其穿着不可过于随意。相对于正装而言,它要随意一些,但其仍然属于正式着装范畴。

通常情况下,商务便装的穿着要遵循以下一些要领,如表14-3所示。

表14-3 商务便装的穿着要领

注意要领	具体规范
时间要领	商务便装一般用于会议、研讨会、公司组织的活动或在办公室"非正式着装日"等普通上班场合,或在星期五和周末穿着,如果在这段时间内有正式活动或需要见客户,还是要穿着正式的服装
款式搭配要领	男性:外套,长短袖衬衫,有领T恤;卡其布、灯芯绒等面料长裤;皮鞋。女性:长短袖衬衫,有领T恤;便装裤,卡其布、灯芯绒等面料过膝长裤及裙;有后带凉鞋
禁忌要领	不可穿过于新潮和暴露的服装。除非要去参加体育活动,一般不要穿运动鞋或凉鞋。无论是否统一着装,必须庄重整齐,它表明了销售人员的责任感和可信程度,也表现了对客户的尊重

(资料来源:李国辉.生客卖礼貌,熟客卖热情:一本书学会销售礼仪[M].北京:机械工业出版社,2012.)

六、服装饰物的佩戴

饰物是人们为了给自己增添亮色所选取的一种装饰之物。饰物的佩戴起着美化自身、搭配衣物、体现个性等作用。

1. 饰物佩戴的原则

(1) 符合身份

俗话说:做什么就要有做什么的样。如果你在做着售货员的工作,却用饰物把自己打扮得珠光宝气,你自己认为合适吗?所以,商务人员在自己的工作岗位上佩戴饰物时,一定要使之符合自己的身份。在工作岗位中,服务的工作性质决定了佩戴饰物需要注意是否与自己相符。商务人员需要有这样的认识:我们服务于人,应该将对方看得高一点,不能凌驾于对方之上。再者,如果你佩戴华丽的首饰,也不像个商务人员。

(2) 搭配得宜

穿着工作装的最好饰物是金银饰物,一般不戴珠宝饰物,而且饰物最好能与服装搭配和谐,从颜色、样式、整体效果上,都应该仔细协调,尽量让其显得浑然天成。另外,男士应该审慎选择饰物,尽量不要赶时髦,比如戴着耳环就不太适合服务这一工作性质。

(3) 以少为好

有些人总是爱显示自己的优越性,好像自己佩戴了什么,就比别人高一等一样,于是将身上能戴上饰物的地方全部武装起来。其实这样是大可不必的。即使你有这样的心态,也不一定要在数量上与他人一决高下,品质不是更能显示出气质吗?何必非要把自己打扮成一个珠宝推销员一样?一般而言,正确的佩戴原则,以两种为限,另外,同样的品种也不能超过两个。

2. 常见饰物的佩戴

饰物的佩戴要注意与个人的风格、服装的质地与整体形象等相一致,具体需要注意以下几个方面。

(1) 帽子与围巾

帽子可以遮阳,可以御寒,同时也可以给人的仪表增添各种不同的情趣美。帽子种类有许多种,法式帽、西班牙式帽、宽檐帽、鸭舌帽、滑雪帽、水手帽、棒球帽等,帽子要注意与发型、脸型及服装的式样、颜色相配,还要注意与围巾相呼应。例如,简单优雅、线条流畅的圆形滚边帽下散落一头长发,最能表现出不造作的个性,而棕色的豹纹丝绒圆帽及围巾,既流行又不失沉稳,表现出酷劲十足的个性。单单一条围巾也可为服装增添色彩,如一条丝巾的随意变化,或围在肩上,或挂在脖子上让其下垂,或在头上改变发型都会起到意想不到的效果。冬季的一条长围巾披在一边的肩膀上,也会有意想不到的美感。

(2) 眼镜

眼镜不仅是实用的日常用品,也可以看成是"眼睛的服饰",眼镜的选择要适合人的脸型。正方形脸可选用稍圆或有弧度的镜片,这样可与方型脸互补,镜框顶端的位置必须凸起,远远高于下巴;长方形脸由于脸型过长,镜框必须尽可能遮住脸部中央以修短脸型,因此适合佩戴镜框较大的眼镜;圆形脸为减弱圆形的感觉,可选择有直线或有角度的镜框,黑色、咖啡色等较深色系也有改变脸型的效果;三角形脸由于前额宽、脸颊较尖,选择有细边和垂直线的镜框以平衡脸的下方,镜框不宜太高,过粗的鼻桥及深色、方形眼镜皆不合适。此外,个性也是考虑的因素之一:较大鼻子要选择较大镜框来平衡;较小鼻子要戴浅色和较高鼻梁的眼镜,这样可使鼻子看起来较长。

(3) 包

无论是男士的公文包还是女士的坤包都应与之所穿服装相协调,要保持包的清洁和美观。如果包中没有分隔夹层,可用几个小带子将皮包分类。如女士的皮包中可放一些化妆品、钱、钥匙、纸巾、笔等用品,可将其分类装入不同的小袋,避免乱翻一通或把东西全倒出来才能找到需要的物品,这样既破坏美感又浪费时间。在正式的社交场合中,皮包最好拿在手上,而不是背在肩上。

(4) 鞋

社交中男士的鞋一般都是皮鞋,穿民族服装或中山装时也可以穿布鞋。男士的皮鞋以黑色最为通用,样子以保守一点为宜。女士的皮鞋一般为敞口鞋或冬季的短靴,布鞋、凉鞋或长筒马靴一般不适用于正式社交场合及办公场所。女士鞋的颜色也以黑色最为通用,也可与服装颜色协调一致。皮鞋要求线条简洁,无过多的装饰和亮物。女士穿高跟鞋的高度一般以3~4厘米为宜,最高不超过6厘米,此外,高跟鞋的鞋跟也不可太细,以免发生危险。

(5) 袜子

社交中,男士的袜子应是深色的,最好是服装与鞋的过渡色。有的人在穿西装时穿白袜子,这样就破坏了着装整体的稳重感,把人的视线吸引到了脚上,一双袜子破坏了精心设计的着装的整体美。女士穿西服套装时的袜子也是同样的道理。穿裙子时最好穿连裤长袜,它比较适合各种款式的裙子,尤其是在穿一步裙、中间或两旁开衩的裙子时,这样可以避免穿半截袜露出大腿,显得不雅。此外即使穿长筒袜,也要用吊袜带,以免袜子松松垮垮或滑下。长袜以肉色系列最为通用。尽量穿有透明感的长袜,除非在冬季穿很厚的衣裙、大衣时才可以厚实一点。

(6) 首饰

对于服饰而言,首饰起着辅助、烘托、陪衬、美化的作用。从审美的角度来看,它与服装、化妆,一道被列为人们用以装饰、美化自身的三大方法之一。较之于服装,它常常发挥着画龙点睛的作用。

在使用首饰时宁肯不用也不要乱用,所以使用首饰时要注意讲究以下规则:在数量上以少为佳,下限是零,上限是三,必要时可以一件首饰也不戴,若有意同时戴多种,在数量上不要超过三种,除耳环、手镯外,同类首饰不要超过一件,否则会给人凌乱之感,因此首饰要力求简单。那种浑身珠光宝气、饰品层见叠出的装扮只会起到相反的效果。

在色彩上要力求同色,若同时佩戴两件或两件以上的首饰,应使其色彩一致,戴镶嵌首饰时应使其与主色调保持一致。千万不要使所戴的几种首饰色彩斑斓,同时还要注意首饰的色彩与服装的色彩相协调。

在身份上要服从本人的身份,与自己的性别、年龄、职业、工作环境保持大体一致,而不宜使其与之相去甚远。如有的行业不让戴首饰,像医务工作者、宾馆服务员、厨师等,这是由于行业特点决定的,该行业的人员应无条件地遵守。

在体形上要使首饰为自己的体形扬长避短。选择首饰时应充分正视自己的形体特点。如脖子长的人适合戴短、粗的项链,脖子短的人适合戴细、长的项链;手掌大、手指粗的人不宜戴过大或过小的戒指,而手指短粗的人适合戴线条流畅的戒指,应避免戴方形戒指或大嵌宝戒;手掌与手指偏小的人不适合戴大戒指,而适合戴小巧玲珑的小型戒指或小钻戒,可令手指秀丽可爱。

在佩戴方法上,女士也应注意:戒指戴在不同的手指上有不同的寓意,戴在食指上表示自己还没有男朋友,戴在中指上表示自己还在热恋,戴在无名指上表示自己已婚,戴在小指上表示自己主观上自愿独身。

项链的粗细应与脖子的粗细成正比,与脖子的长短成反比。从长度上分,项链可分为四种:短项链约40厘米,适合搭配低领上衣;中长项链约50厘米,可广泛使用;长项链约60厘米,适合在社交场合使用;特长项链约70厘米,适合用于隆重的社交场合。

耳环可分为耳环、耳坠、耳链,在一般情况下为女士所用,并且讲究成对使用。戴耳环时应兼顾脸型,不要选择与脸型相似的形状,以防同型相斥,使脸型方面的短处被强调夸大。

胸针要注意别的部位,穿西服应别在左侧领上,穿无领上衣时应别在左侧胸前。发型偏左时胸针应当居右,发型偏右时胸针应当偏左,其高度应在从上往下数第一粒、第二粒纽扣之间。

课后训练

1. 作为男性商务人员请在每天出门前对照以下"男士仪容仪表自我检测"仔细审视自己,看看自己哪些方面需要改进,以养成良好的习惯。

男士仪容仪表自我检测

发型款式大方,不怪异,头发干净整洁,长短适宜。无浓重气味,无头屑,无过多的发胶、发乳。

鬓角及胡须已剃净,鼻毛不外露。

脸部清洁滋润。

衬衣领口整洁,纽扣已扣好。

耳部清洁干净,耳毛不外露。

领带平整、端正。

衣、裤袋口平整伏贴。衬衣袖口清洁,长短适宜。

手部清洁,指甲干净整洁。

衣服上没有脱落的头发和头皮屑。

裤子熨烫平整,裤缝折痕清晰,裤腿长及鞋面,拉链已拉好。

鞋底与鞋面都很干净,鞋跟无破损,鞋面已擦亮。

2. 作为女性商务人员,请在每天出门前对照以下"女士仪容仪表自我检测"仔细审视自己,看看自己哪些方面需要改进,以养成良好的习惯。

女士仪容仪表自我检测

头发保持干净整洁,有自然光泽,不要过多地使用发胶;发型大方、高雅、得体、干练,前发以不遮眼、遮脸为好。

化淡妆,眼亮、粉薄、眉轻、唇浅红。

服饰端庄,不太薄、不太透、不太露。

领口干净,脖子修长,衬衣领口不过于复杂和花哨。

饰品不过于夸张和突出,款式精致、材质优良,耳环小巧、项链精细,走动时安静无声。

公司标志佩戴在要求的位置,私人饰品不与之争夺别人的注意力。

衣袋中只放小而薄的物品,衣装轮廓不走样。

指甲精心修理过,不太长,不太怪,不太艳。

裙子长短、松紧适宜。拉链拉好,裙缝位正。

衣裤或裙子及上衣的表面无明显的内衣轮廓痕迹。

鞋子洁净,款式大方简洁,没有过多的装饰与色彩,鞋跟不太高、不太尖。

衣服上没有脱落的头发和头皮屑。

丝袜无勾丝、无破洞，无修补痕迹，包里有一双备用丝袜。

3. 请根据周围同学的脸型、形体和个性特点，给他（她）在服饰运用上提些合理化的建议。

4. 请根据衣服款式及衬衣颜色搭配合适的领带，并练习领带的不同打法。

5. 有一位著名女企业家，年龄36岁，身高165厘米，体重55千克，请你为这位女企业家提供一些着装建议。

6. 如果你所在的学院将举行首届校园形象礼仪大赛，请你为自己进行个人形象整体设计。

7. 案例分析

面试因何失败

南山宾馆根据收到的求职材料约见小赵作为预选对象。面试时，小赵涂着鲜艳的口红，烫着时髦的发式，穿着低领紧身的吊带衫，首饰华丽而夸张，给人一种轻佻的感觉。所以第一轮面试小赵就落选了。事后一位人事总监对她说："我认为你不可能仅仅由于化了美丽的妆而取得一个职位，但是我可以肯定你因为穿错了衣服就会失去一个职位。"

（资料来源：国英.公共关系与现代礼仪案例［M］.北京：机械工业出版社，2004.）

思考讨论题：

（1）案例中人事总监的话对你有何启示？

（2）结合本案例内容谈谈面试时应该怎样着装。

任务 15　仪　　态

学习目标

- 站、坐、行、蹲符合规范；
- 商务交际中能够得体地运用眼神、微笑和手势；
- 商务交际中能够克服不良的举止。

情境导入

面　试

一次，有位老师带着三位毕业生同时去应聘一家酒店的总台接待职位，面试前老师怕学生面试时紧张，同人事部经理商量让三位同学一起面试。三位同学进入人事部经理的办公室后，经理上前请三位同学入座。当经理回到办公桌前，抬头一看欲言又止，只见两位同学坐在沙发上，一个架起二郎腿并且两腿不停地抖动，另一个身子松懈地斜靠在沙发一角，两手攥握手指咯咯作响，只有一位同学端坐在椅子上等候面试，人事部经理起身非常客气地对两位坐在沙发上的同学说："对不起，你们的面试已经结束了，请退出。"两位同学四目相对，不知何故，面试怎么还没开始就结束了呢？

（资料来源：佚名.礼仪案例[EB/OL].[2018-11-29].https://www.taodocs.com/p-184723185.html.）

任务设计

面试怎么还没开始，就结束了呢？从上述案例中不难看出，问题就出在仪态上。

仪态又称体态，是指人的身体姿态和风度。姿态是身体所表现的样子，风度则是内在气质的外在表现。人的一举手、一投足、一弯腰乃至一颦一笑，都并非是偶然的、随意的，这些行为举止自成体系，像有声语言那样具有一定的规律，并具有传情达意的功能。人们可以通过自己的仪态向他人传递个人的学识与修养，并能够以其交流思想、表达感情。正如艺术家达·芬奇所说："从仪态了解人的内心世界、把握人的本来面目，往往具有相当的准确性和可靠性。"人的内心隐秘不可能每时每刻都隐藏得那么深，总有流露之时，人的体态每时每刻都在传达信息。因此，在社交中用优雅的仪态礼仪表情达意，往往比语言更让人感到真实、生动。所以在社交中必须讲究仪态美。

怎样才能具有优雅的仪态呢？为完成本项学习任务，建议在班上组织"情境模拟"活动，具体操作如下。

(1) 同学分组，每个小组 5～6 人，设计各种情境如求职面试、商务接待、商务拜访等展示基本的仪态礼仪。

(2) 每组同学根据设计的情境进行角色扮演，展示基本的站姿、坐姿、走姿、蹲姿、表情、手势等仪态，用摄像机记录展示的全过程。

(3) 根据录像，找出不规范的地方，同学可进行相互评价。

(4) 最后由授课教师进行总结评价，全班同学评选出"最佳表现组"。

知识链接

仪态比相貌更能表现人的精神。"站如松，坐如钟，走如风，卧如弓"是中国传统礼仪的要求，在当今社会中已被赋予了更丰富的含义。仪态属于人的行为美学范畴，它既依赖于人的内在气质的支撑，同时又取决于个人是否接受过规范和严格的体态训练。英国哲学家培根说："在美的方面，相貌的美，高于色泽的美，而优雅合适的动作又高于相貌的美。"在人际沟通和交往过程中，仪态充当着极为重要、有效的交际工具，它用一种无声的语言向人们展示出一个人的道德品质、礼貌修养、人品学识、文化品位等方面的素质与能力。

一、站姿

站姿是静态的造型动作，是指人的双腿在直立静止状态下所呈现出的姿势，站姿是走姿和坐姿的基础，一个人想要表现出得体雅致的姿态，首先要从规范的站姿开始。所谓"站如松"，就是指人的站立姿势要像松树一样直立挺拔，双腿要均匀地用力。

1. 标准站姿

(1) 头正

两眼平视前方，嘴微闭，脖颈挺直，头顶上悬，下颌微收，表情自然，面带微笑。

(2) 肩平

肩部微微放松，稍向后下沉，自然呼吸。

(3) 臂垂

两肩平整，两臂自然下垂于体侧，虎口向前，手指自然弯曲。

(4) 躯挺

挺胸收腹，臀部由内向上收紧。

(5) 腿并

女性两腿立直、贴紧，脚跟靠拢，脚尖呈 45°～60°夹角；男性可两脚分开，与肩同宽。

2. 不同场合的站姿

在升国旗、奏国歌、接受奖品、接受接见、致悼词等庄严的仪式场合，应采取严格的基本站姿，并且神情要严肃。在发表演说、新闻发言、做报告宣传时，为了减轻身体对腿的压力与由于较长时间站立双腿的疲倦，可以用双手支撑在讲台上，两腿轮流放松。主持文艺活动、联欢会时，可以将双腿并得很拢站立，女士可以站成"丁"字步，让站立姿势更加优美。站"丁"字步时，上体前倾，腰背挺直，臀微翘，双腿叠合，玉立于众人间，富于女性魅力。门迎、侍应人员往往站的时间很长,此种情况下双腿可以平分站立,但双腿分开不宜超过肩。双手可以交叉或前握垂放于腹前;也可以背后交叉,右手放到左手的掌心上,但要注意收腹。礼仪小姐的站立,一般可采取立正或"丁"字步的姿势。如双手端执物品时,上手臂应靠近身体两侧,但不必夹紧,下颌微收,面含微笑,给人以优美亲切的感觉。

3. 不雅的站姿

不雅的站姿主要包括身躯歪斜、弯腰驼背、趴伏倚靠、腿位不雅、脚位欠妥,如"内八字"等。另外还有手位失当,如将手插在衣服的口袋内、双手抱在胸前或脑后、将双手支于某处或托住下巴等,以及站立时全身乱动等。

4. 站姿的训练

(1) 对镜练习

在他人的帮助下,或自己对着镜子进行训练,便于纠正不良姿势,在找准标准站姿的感觉后,再坚持每次 20 分钟左右的训练。

(2) 靠墙站立练习

要求脚后跟、小腿、臀部、双肩、后脑勺都要紧贴墙壁。每次训练控制在 20~30 分钟。

(3) 头顶书练习

要求把书放在头顶中心,为使书不掉下来,头、躯要挺直,自然保持平衡,这种训练方法可以纠正低头、仰脸、晃头及左顾右盼等不良习惯。每次训练控制在 20~30 分钟。

二、坐姿

坐姿是一种基本的静态体位,是指人在就座以后身体所保持的一种姿势。端庄优美的坐姿会给人以文雅、稳重、大方的感觉,给人留下良好的印象。所谓"坐如钟",就是指坐姿要像钟一样端庄沉稳、镇定安详。

1. 标准坐姿

轻轻地走到座位前,缓慢转身,从座位左侧入座,坐在椅子上时,至少应坐满椅子的 1/2~2/3。坐下后,头正颈直,下颌微收,面带微笑,双目平视前方或注视对方。身体要保持正直,挺胸收腹,腰背挺直。双腿并拢,小腿与地面垂直,双膝和双腿脚跟并拢。双肩放松下沉,双臂自然弯曲内收,双手呈握指式,右手在上,手指自然弯曲,放于腹前双腿上。

一般情况下,要求女性的双腿并拢,而男性双腿之间可适度留有间隙。双腿自然弯曲,两脚平落地面,不宜前伸。在日常交往场合中,男性可以跷腿,但不可跷得过高或抖动。女性大腿并拢,小腿交叉,但不宜向前伸直。如果女性着裙装,应养成习惯在就座前从后面抚顺一下再坐下。根据不同的场合和不同的座位,坐的位置可前可后,但上身一定要保持直立。

2. 坐姿的分类

以一个人的脚位为依据,男士、女士的坐姿可以做以下分类。

(1) 垂直式坐姿

垂直式坐姿就是通常说的"正襟危坐",在最正规的场合使用,男士、女士均适用。要领是:上身与大腿、大腿与小腿、小腿与脚部都呈直角,小腿垂直于地面,双膝、双腿完全并拢。

(2) 标准式坐姿

标准式坐姿适用于各种场合。要领是：在垂直式坐姿的基础上，女士两脚保持小"丁字"步，男士两脚自然分开呈 45°。

(3) 曲直式坐姿

曲直式坐姿尤其是坐在稍微低矮一些的椅子上更为适用，这是非常优雅的一种女士坐姿。要领是：大腿与膝盖靠紧，一脚伸向前，另一脚屈回，两脚前脚掌着地并在一条直线上。

(4) 前伸式坐姿

前伸式坐姿适用于各种场合，一般为女性所采用。要领是：双腿与双脚并在一起，向前伸出一脚左右的距离，按方向共有三种——正前伸直、左前伸直和右前伸直，脚的位置可以是双脚完全并拢，也可以是脚踝不交叉，脚尖不可翘起。

(5) 后屈式坐姿

后屈式坐姿适用于各种场合，以女士为主。要点是：两腿和膝盖并紧，两小腿向后屈回，脚尖着地，脚尖不可翘起。

(6) 分膝式坐姿

分膝式坐姿适用于一般场合，为男士坐姿。要领是：两膝左右分开，但不可超过肩宽，小腿与地面垂直，两脚脚尖朝向正前方，两手自然放于大腿上。

3. 不雅的坐姿

不雅的坐姿包括不雅的腿姿和不安分的脚姿。

不雅的腿姿主要有以下几种。

(1) 双腿叉开过大

面对外人时，双腿如果叉开过大，不论是大腿还是小腿，都极其不雅。

(2) 架腿方式欠妥

将一条小腿架在另一条大腿上，在两者之间还留出大大的空隙，成为所谓的"架二郎腿"或架"4"字形腿，甚至将腿搁在桌上，就显得更放肆了。

(3) 双腿过分伸张

坐下后，将双腿直挺挺地伸向前方，这样不仅会妨碍到他人，而且也有碍观瞻。因此，身前若无桌子，双腿尽量不要伸到前面来。

(4) 腿部抖动摇晃

为求放松，坐下后抖动摇晃双腿。

不安分的脚姿主要有：坐下后，脚后跟接触地面，而且将脚尖翘起来指向别人，使鞋底在别人眼前"一览无余"。另外，以脚蹬踏其他物体，以脚自脱鞋袜，都是不文明的。

4. 坐姿的训练

最影响坐姿优美的是腿位和脚位，这是坐姿训练的主要内容。训练时要求上身挺直，腿姿优美。同时，还要注意入座和离座两个环节的训练。入座时，要轻而缓。走到座位前面转身，右脚后退半步，左脚跟上，保持上身的直立和身体重心的平衡，轻轻地坐下。女性入座时,要稍微拢一下裙边;离座时,也要轻而缓。先采用基本的规范站姿,站定之后方可离开。若是起身就走,则会显得过于匆忙,有失稳重。

三、走姿

走姿也称步态,是指一个人在行走过程中的姿势。它以人的站姿为基础,是站姿的延续,且始终处于运动中。走姿体现的是一种动态美,能直接反映出一个人的精神面貌,表现一个人的风度、风采和韵味。有良好走姿的人会更显年轻有活力。所谓"行如风",就是指行走动作连贯,从容稳健。步幅、步速要以出行的目的、环境和身份等因素而定。协调和韵律感是步态的最基本的要求。

1. 标准的走姿

走姿的要领:双眼平视臂放松,以胸领动肩轴摆,提髋提膝小腿迈,跟落掌接趾推送。

标准的走姿应是上身基本保持站立的标准姿势,挺胸收腹,腰背笔直。两臂以身体为中心,前后自然摆动:前摆约35°,后摆约15°,手掌朝向体内。起步时身子稍向前倾,重心落前脚掌,膝盖伸直;脚尖向正前方伸出,行走时双脚踩在一条线上。正确的走姿是,上体的稳定与下肢的频繁规律运动形成对比,与和谐、干净利落、鲜明均匀的脚步形成节奏感。前后、左右行走动作的平衡对称都会呈现出行走时的形式美。男子走路,两步之间的距离要大于自己的一个脚长,女子穿裙装走路时要小于自己的一个脚长。正常的情况下步速要自然舒缓,这样才显得成熟自信,男子行走的速度标准为每分钟108~110步,女子每分钟118~120步为宜。

2. 走姿的种类

(1) 前行式走姿

身体保持直立挺拔,行进中若与人问候,要同时伴随头部和上身的左右转动,微笑点头致意。禁止只转动头部,用眼睛斜视他人的举止。

(2) 后退式走姿

当与他人告别时,扭头就走是不礼貌的。应先后退两三步,再转身离去。退步时不能轻擦地面,不能高抬小腿,后退的步幅要小些,两腿之间距离不能太大,要先转身再转头。

(3) 侧行式走姿

当引导他人前行或在较窄的走廊、楼道与他人相遇时,要采用侧行式走姿。引导时要走在来宾的左侧,身体稍向右转,左肩稍前,右肩稍后,身体朝向来宾,保持两步左右的距离。介绍环境时要辅以手势,这样可以观察来宾的意愿,及时提供令其满意的服务。

3. 不同环境的走姿

(1) 在比较拥挤的环境中,要精神饱满,步态轻盈,行走的步幅、速度要适中,手臂的摆幅不宜过大,路遇来宾要让路,躲闪要灵敏,有礼貌。

(2) 在要求保持安静的地方,要避免发出大的响声,走路要轻盈;在穿皮鞋或高跟鞋在没有地毯的地方行走之时,要把脚后跟提起,尽量用脚掌着地行走,以免发出响声。

(3) 如在楼道、楼梯等环境里,由于过道狭窄,行走时要靠右行,途中如遇来宾,要提早侧身让路,并微笑点头致意,表示尊重。

(4) 进出电梯时,应遵循"先出后进"的原则。进出时,应侧身而行,以免碰撞、踩踏他人,进入电梯后,应尽量靠里边站。

4. 不良的走姿

不良的走姿如表15-1所示。

表15-1 不良的走姿

礼仪禁忌	说　　明
忌在人群中胡乱穿行	行走时专爱拣人多的地方走,在人群之中乱冲乱闯,甚至碰撞到他人的身体,这是极其失礼的
忌抢道先行	行进时不注意方便和照顾他人。正确的做法是,通过人多路窄之处务必讲究"先来后到",对他人"礼让三分"
忌挡路缓行或人多并行	在道路狭窄之处,悠然自得地缓步而行,甚至走走停停,或者多人并排而行,显然都是不妥的
忌走路不稳,连蹦带跳	必须注意保持自己的风度,不宜使自己的情绪过分地表面化,比如,情绪激动起来,走路便会出现上蹿下跳甚至连蹦带跳的失态情况
忌走路声音过大	应有意识地使行走悄然无声。正确的做法是:走路要轻,脚在落地时不要过分用力,走得"咚咚"直响;在安静的办公场所,不要穿戴有金属鞋跟或带有金属鞋掌的鞋子;鞋子一定要合脚,否则行走时会发出"吧嗒吧嗒"的令人厌恶的噪声
忌步态不雅	走"八字步"或"鸭子步",步履蹒跚,腿伸不直,脚伸不直,脚尖首先着地等不雅步态,要么会使行进者显得老态龙钟、有气无力,要么会给人以嚣张放肆、矫揉造作之感

(资料来源:李国辉. 生客卖礼貌,熟客卖热情:一本书学会销售礼仪[M].北京:机械工业出版社,2012.)

5. 走姿的训练

(1) 顶书训练

将书置于头顶,面对镜子。行走时,双肩自然摆动,保持头正、颈直、目不斜视,这样可以纠正走路时摇头晃脑、东张西望的毛病。

(2) 步位、步幅训练

在地上划一条直线,行走时检查自己的步位和步幅是否正确,这样可以纠正"八字步"及脚步过大或过小的毛病。

(3) 步态综合训练

最好在节奏感较强的音乐中训练走姿,行走时各种动作要协调,注意掌握好行走时的速度和节拍。

四、蹲姿

俗话说"蹲要雅",蹲姿是人的身体在低处取物、拾物、整理物品、整理鞋袜时所呈现的姿势,它是人体静态美与动态美的综合。蹲姿要动作美观,姿势优雅。

1. 标准的蹲姿

标准的蹲姿有以下要求:首先要讲究方位,当需要拣拾低处或地面物品的时候,可走到物品的左侧;当面对他人下蹲时,要侧身相向;当需要整理鞋袜或于低处整理物品时可面朝前方，两脚一前一后，一般情况是左脚在前、右脚在后，目视物品，直腰下蹲。直腰下蹲后方可弯腰拣低处或地面的物品，以及整理鞋袜或在低处工作。取物或低处工作完毕后，先直起腰部，使头部、上身、腰部在一条直线上，再稳稳站起。

2. 蹲姿的种类

蹲姿主要有高低式、单膝点地式和交叉式三种。

(1) 高低式

高低式蹲姿是常用的一种蹲姿，基本特征是双膝一高一低。此蹲姿男士、女士均可适用。要领是：下蹲后，左脚在前，右脚在后；左脚完全着地，小腿基本垂直地面；右脚要脚掌着地，脚跟提起；右膝要低于左膝，右膝内侧可靠于左上腿的内侧，形成左膝高右膝低的姿态。臀部向下，基本上以右腿支撑身体。女士应注意紧靠双腿，男士两腿之间可有适当的距离。

(2) 单膝点地式

单膝点地式蹲姿适用于男士，其特征是双腿一蹲一跪。它是一种非正式的蹲姿，多于下蹲时间较长或为了用力方便时采用。下蹲后，右膝点地，臀部坐在脚跟之上，以脚尖着地。另一条腿全脚掌着地，小腿垂直于地面。双膝同时向外，双腿尽力靠拢。

(3) 交叉式

交叉式蹲姿优美典雅，其基本特征是双腿交叉在一起，此蹲姿适用于女士。要领是：下蹲后，左脚在前，右脚在后，左小腿垂直于地面，全脚着地。左腿在上，右腿在下，二者交叉重叠，右膝从后下方伸向左前侧，右脚跟抬起，脚掌着地，两腿前后靠近，全力支撑身体。上身略向前倾，臀部朝下。

3. 蹲姿的注意事项

(1) 不要突然下蹲

下蹲时，速度切勿过快，特别是在行进中下蹲时尤其要注意。

(2) 不要方位失当

在他人身边下蹲时，最好与之侧身相同，面对他人或背对他人下蹲都是极不礼貌的。

(3) 不要毫无遮掩

在大庭广众之下下蹲时，身着裙装的女性一定要注意掩饰。

(4) 不要随意滥用

不要在工作中随意采用蹲姿，也不可蹲在椅子上或蹲在地上休息。

五、眼神

生活中，我们曾被许多眼神所打动。我们不会忘记摄影家解海龙拍摄的照片——《希望工程——大眼睛》中小姑娘苏明娟那渴望读书的眼神。俗话说，"眼睛是心灵的窗户"，它是人体传递信息最有效的器官，而且能表达最细微、最精妙的差异，显示出人类最明显、最准确的交际信号。据研究，在人的视觉、听觉、味觉、嗅觉和触觉感受中，唯独视觉感受最为敏感，人由视觉感受的信息占总信息的83%。人的七情六欲都能通过眼睛这个神秘的器官显现出来。

眼神礼仪的构成，一般涉及时间、角度、部位、方式等几个方面。[①]

---

① 李霞，胡红霞，甘琛. 秘书礼仪实务[M]. 杭州：浙江大学出版社，2012：38-40.

1. 时间

在人际交往中,尤其是与熟人相处时,注视对方时间的长短十分重要。在交谈中,听的一方通常应多注视说的一方。

(1) 表示友好。对对方表示友好,则注视对方的时间应占全部相处时间的 1/3 左右。

(2) 表示重视。对对方表示关注,比如,听报告、请教问题时,注视对方的时间则应占全部相处时间的 2/3 左右。

(3) 表示轻视。如果注视对方的时间不到全部相处时间的 1/3,那么就意味着对其瞧不起或没有兴趣。

(4) 表示敌意。如果带有敌意地注视对方的时间超过了全部相处时间的 2/3,那么往往表示可能对对方抱有敌意,或者是为了寻衅滋事。

(5) 表示兴趣。如果十分友好地注视对方的时间长于全部相处时间的 2/3,即表示对对方本人发生了兴趣。

2. 角度

在注视他人时,目光的角度,即其发出的方向,是事关与交往对象关系亲疏远近的问题的。注视他人的常规角度如下。

(1) 平视,即视线呈水平状态,它也叫正视。一般用于普通场合与身份、地位平等之人进行交往。

(2) 侧视,它是一种平视的特殊情况,即位于交往对象一侧,面向对方,平视着对方。它的关键在于面向对方,否则即为斜视对方,那是很失礼的。

(3) 仰视,即主动居于低处,抬眼向上注视他人。它表示着尊重,敬畏,适用于面对尊长之时。

(4) 俯视,即抬眼向下注视他人,一般用于身居高处之时。它可对晚辈表示宽容、怜爱,也可对他人表示轻慢、歧视。

3. 部位

在人际交往中,目光所及之处就是注视的部位。注视他人的部位不同,不仅说明自己的态度不同,也说明与对方关系有所不同。

在一般情况下,与他人相处时,不宜注视其头顶、大腿、脚部与手部或是"目中无人"。对异性而言,通常不应注视其肩部以下,尤其不应注视其胸部、裆部、腿部。允许注视的常规部位如下。

(1) 双眼。注视对方双眼,表示自己聚精会神,一心一意,重视对方,但时间不宜太久,它也叫关注型注视。

(2) 额头。注视对方额头,表示严肃、认真、公事公办。它叫作公务型注视,适用于极为正规的公务活动场合。

(3) 眼部至唇部。注视这一区域,是社交场合面对交往对象时所用的常规方法,它因此也叫社交型注视。

(4) 眼部至胸部。这一区域表示亲近、友善。多用于关系密切的男女间,故称近亲密型注视。

(5) 眼部至腿部。它适用于注视相距较远的熟人,也表示亲近、友善,故称远亲密型注视,但不适用于关系普通的异性。

(6) 任意部位。对他人身上的某一部位随意一瞥,可表示注意,也可表示敌意。它叫作随意型注视,多用于在公共场合注视陌生人之时,但最好慎用。通常,它也叫瞥视。

4. 方式

注视他人,在社交场合有多种方式可选择。其中,最常见的有以下几种。

(1) 直视,即直接地注视交往对象,它表示认真、尊重,适用于各种情况。若直视他人双眼,即称为对视。对视表示自己大方、坦诚,或者是关注对方。

(2) 凝视,它是直视的一种特殊情况,即全神贯注地进行注视。它多用以表示专注、恭敬。

(3) 盯视,即目不转睛,长时间地凝视某人的某一部位。它表示出神或挑衅,故不宜多用。

(4) 虚视,它是相对于凝视而言的一种直视,其特点是目光不聚集于某处,眼神不集中。它多表示胆怯、疑虑、走神、疲乏或是失意、无聊。

(5) 扫视,即视线移来移去,注视时上下左右反复打量。它表示好奇、吃惊。也不可多用,对异性尤其应禁用。

(6) 睨视,又叫睥视,即斜着眼睛注视。它多表示怀疑、轻视,一般应当忌用。与初识之人交谈时,尤其应当忌用。

(7) 眯视,即眯着眼睛注视。它表示惊奇、看不清楚,眯视时模样不大好看,故也不宜采用。

(8) 环视,即有节奏地注视着不同的人或事物。它表示认真、重视。适用于同时与多人打交道,表示自己"一视同仁"之时。

(9) 他视,即与某人交谈时不注视对方,反而望着别处。它表示胆怯、害羞、心虚、反感、心不在焉,是不宜采用的一种眼神。

(10) 无视,即在人际交往中闭上双眼不看对方。它又叫闭视,表示疲惫、反感、生气、无聊或没有兴趣。它给人的感觉往往是不大友好,甚至会被理解为厌烦、拒绝。

六、微笑

著名画家达·芬奇的杰作《蒙娜丽莎》是欧洲文艺复兴时期最出色的肖像作品之一,画中女士的微笑给人以美的享受,使人们充满对真善美的渴望,至今让人回味无穷。微笑是人际交往中最美丽的语言,是公共关系和商务礼仪中的亮点。保持一个微笑的表情、谦和的面孔,是表达自己真诚、守礼的重要途径。微笑是有自信心的表现,是对自己的魅力和能力抱积极的态度。微笑可以表现出温馨、亲切的表情,能有效地缩短双方的距离,给对方留下美好的心理感受,从而形成融洽的交往氛围。面对不同的场合、不同的情况,如果能用微笑来接纳对方,可以反映出你良好的修养和宽广的胸怀。

微笑能够成就爱的循环。没有亲和力的微笑,无疑是重大的遗憾,甚至会给工作带来不便。那么,身在职场的你通过什么样的训练,才能获得微笑这一有效沟通的法宝和良好人际关系的磁石呢?心理专家告诉你如下步骤①。

(1)放松面部肌肉,然后使嘴角微微向上翘起,让嘴唇略呈弧形。最后,在不牵动鼻子、不发出笑声、不露出牙齿,尤其是不露出牙龈的前提下,轻轻一笑。

(2)闭上眼睛,调动感情,并发挥想象力,回忆美好的过去或展望美好的未来,使微笑源自内心,有感而发。

(3)对着镜子练习,使眉、眼、面部肌肉、口形在笑时和谐统一。

(4)当众练习。按照要求当众练习,使微笑规范、自然、大方,克服羞涩和胆怯的心理,也可以请观众评议后再对不足之处进行纠正。

当公关人员、商务人员掌握了微笑的方法后,还要注意要正确地微笑,具体要做到以下几点。

(1)把握微笑的时机。在与对方交谈中,最好的微笑时机是在与对方目光接触的瞬间展现微笑,这样能够促进双方心灵之间的友好互动。

(2)把握微笑的层次变化。微笑有很多层次,有浅浅一笑,眼中含笑,也有哈哈大笑。在整个交谈过程中,微笑要有收有放,在不同时候使用不同的笑。如果一直保持同一层次的笑,表情会显得僵硬、呆板,也会被对方认为是傻笑。

(3)注意微笑维持的时间长度。微笑的最佳时间长度以不超过3秒为宜,时间过长会给人假笑或不礼貌的感觉,过短则会给人皮笑肉不笑的感觉。

(4)根据场合而定。微笑的表情很有讲究,不同的场合适合不同深度的微笑,不同的笑也可以显示不同的思想态度和感情色彩,从而产生不同的影响。在与别人交谈中,放声大笑或傻笑,都是非常失礼的,工作中要把握好微笑的尺度,才能显示出你的内在修养。

(5)避免"习惯性微笑"带来的伤害。微笑的好处数不胜数,但由于职业性质和职场礼仪的要求,一些职业需要在白天的大多数时间都面带微笑,这使得他们养成了面对外人的一种"习惯性微笑表情"。这种表情并不能消除工作、生活等各方面带给他们的压力、烦恼和忧愁。这些"微笑"的患者,"微笑"过后是更深刻的孤独和寂寞,他们的行为具有表演性质,与他们的情感体验缺乏内在的一致,所以难以表现其"真我"的一面,因为表面的微笑反而会加重他们内心的痛苦。

解决"习惯性微笑"的方法在于及时地释放过大的压力。其方式是多种多样的,如和家人一起外出度假,就可以很好地舒缓长期工作所累积的压力,再者要积极地调节自己的身心状态,比如现在健身场所流行的瑜伽和普拉提健身操就是很好的缓解压力的方式,职场人士可以去试一下,相信效果一定会很好。

(6)微笑要自然。有人指出,中国的礼仪习惯是笑不露齿;也有很多礼仪培训教材里提出,微笑要露出6~8颗牙。其实微笑是一种个性化的表情,不应该以技术化、标准化的形式加以规定,对微笑要求表现得整齐划一是不符合礼仪之美的。职业人士应该进行微笑训练,不是尝试露出几颗牙,嘴角上提到几度的位置,眼睛变化成哪种形状,而是要发现自己最美的一个瞬间,展现出独特的气质,要自信、勇敢、自然、真诚地去微笑。微笑的美在于

---

① 毕文杰.你的职场礼仪价值百万[M].北京:中国画报出版社,2012.

文雅、适度、亲切自然。微笑要诚恳和发自内心,要做到"诚于中而形于外",只有调整好自己的心态才能够展现出表里如一的微笑,切不可故作笑颜,假意奉承。在生活中用善良、包容的心对待他人,用敬业奉献的热情对待工作,微笑就是自然甜美的。

(7) 微笑要协调。笑是人们的眉、眼、鼻、口、齿及面部肌肉所进行的协调行动。发自内心的微笑,会自然地调动人的五官:眼睛略眯起、有神,眉毛上扬并稍弯,鼻翼张开,脸肌收拢,嘴角上翘。做到眼到、眉到、鼻到、肌到、嘴到,才会亲切可人,打动人心。在微笑训练的方法中有一种方法就是将眼睛以下的部分挡住,练习微笑,要求从眼中看出笑的表情。这就是所谓的"眼中含笑"。这种训练方法的目的在于:微笑时要调动多部位器官协调动作,形成微笑的表情。

微笑一般要注意四个结合。

① 口眼结合,要口到、眼到、神色到,笑眼传神,微笑才能扣人心弦。

② 笑与神、情、气质相结合。这里讲的"神",就是要笑得有情入神,笑出自己的神情、神色、神态,做到情绪饱满、神采奕奕;"情",就是要笑出感情,笑得亲切、甜美,反映美好的心灵;"气质"就是要笑出谦逊、稳重、大方、得体的良好气质。

③ 笑与语言相结合。语言和微笑都是传播信息的重要符号,只有注意微笑与美好的语言相结合,声情并茂,相得益彰,微笑方能发挥出它应有的特殊功能。

④ 笑与仪表、举止相结合。以笑助姿、以笑促姿,形成完整、统一、和谐的美。尽管微笑有其独特的魅力和作用,但若不是发自内心的真诚的微笑,那将是对微笑的亵渎。有礼貌的微笑应是自然的、坦诚的,是内心真实情感的表露,而强颜欢笑,假意奉承的"微笑"则可能演变为"皮笑肉不笑""苦笑"。如拉起嘴角一端微笑,会使人感到虚伪;吸着鼻子冷笑,会使人感到阴沉;捂着嘴笑,会给人以不自然之感。这些都是失礼之举。

七、手势

手是人体上最富有灵性的器官,如果说"眼睛是心灵的窗户",那么手就是心灵的触角,是人的第二双眼睛。手势在传递信息、表达意图和情感方面发挥着重要的作用。手的"词汇"量是十分丰富的。据语言专家统计,表示手势的动词有近二百个。如招手致意、挥手告别、握手友好、摆手回绝、合手祈祷、拍手称快、拱手答谢(相让)、抚手示爱、指手示怒、颤手示怕、捧手示敬、举手赞同、垂手听命等。由此可见,丰富的手势语言在人际交往中是不可缺少的。

在商务交往中,手势有着不可低估的作用。生动形象的有声语言再配合准确、精彩的手势动作,必然能使交往更富有感染力、说服力和影响力。商务交往中常见的手势及其礼仪规范见表15-2。

八、克服不良的举止

这里所说的不良举止是常被人称为"小节""冒失"的动作举止,"小节"虽小,但它却是影响人整体形象的主要因素,是构成个人公德的重要内容。不拘小节、行为莽撞、举止失措的"冒失鬼"是不受人欢迎的。在社交中,我们要努力克服以下不良举止。

表 15-2　商务交往中常见的手势及其礼仪规范

常见手势	礼 仪 规 范
横摆式	迎接来宾时做"请进""请"的手势,动作要领是：右手从腹前抬起向右横摆到身体的右前方。腕关节要低于肘关节。站成右丁字步,或双腿并拢,左手自然下垂或背在后面。头部和上身向伸出手的一侧稍微倾斜,目视宾客,面带微笑,表现出对宾客的尊重、欢迎
直臂式	需要给宾客指方向时做"请往前走"的手势,动作要领是：将右手由前抬到与肩同高的位置,前臂伸直,用手指向来宾要去的方向。一般男士使用这个动作较多。指引方向时不可用一个手指指出,显得不礼貌
斜臂式	请来宾入座时做"请坐"的手势,动作要领是：一只手由前抬起,从上向下摆动到与身体呈45°处,手臂向下形成一斜线
曲臂式	一只手拿东西,同时又要做"请"或指示方向时的手势,动作要领是：以右手为例,从身体的右侧前方,由下向上抬起,至上臂离开身体45°的高度时,以肘关节为轴,手臂由体侧向体前的左侧摆动,距离身体20厘米处停住;掌心向上,手指尖指向左方,头部随客人由右转向左方,面带微笑
双臂横摆式	举行重大庆典活动,接待较多来宾时做"诸位请"或指示方向的手势,动作要领是：将双手由前抬起到腹部再向两侧摆到身体的侧前方,指向前进方向一侧的手臂应抬高一些,伸直一些,另一手臂稍低一些,屈一些。这是面向来宾时的动作要领,或是站在来宾的侧面,则两手从体前抬起,同时向一侧摆动,两臂之间保持一定距离。运用手势时还要注意与眼神、步伐、礼节相配合,才能使宾客感觉到这是一种"投入感情"的热诚服务

(资料来源：李国辉.生客卖礼貌,熟客卖热情：一本书学会销售礼仪[M].北京：机械工业出版社,2012.)

1. 冒冒失失的行为

行为冒失的人,往往是"目中无人",以自我为中心,不考虑自己的行为是否会对他人造成影响的人。行为冒失的人的行为特征是手脚太"快",动作太"硬",幅度太"大"。有些人是手脚冒失,比如在庄重肃穆的场合,冒失的人往往会蹿来蹿去,展览会上的展品他会随便去摸,进别人的房间时,往往忘了敲门,由于手脚冒失经常将物品损坏。有些人是语言冒失,他们常常说话不看对象、不分场合、不讲分寸,结果常闹出笑话或得罪人。如初次相识,冒失的人会对对方提出一些不恰当的问题或要求;连别人是否结了婚都没弄清楚,便贸然问人家的孩子是男孩还是女孩;一不小心言语就伤害了别人的自尊心等。有人认为这是性格粗犷、豪爽仗义,其实这些冒冒失失的行为举止,正表现出其在礼仪方面的修养很不成熟。

2. 公共场合大声说话

在公共交通工具上、餐厅里、剧院里、电梯里等地方经常可以看到一些人大声交谈,即使是一些很隐私的问题,他们也能旁若无人地进行大声交流。这必将影响周围人的心情、思绪,有时甚至会让听到者感到难堪。所以,在公共场合应注意控制自己说话的音量,以免干扰别人。如果可以找到一个不影响他人的区域,那就最好到这样的区域去谈话。

3. 随地吐痰,乱扔垃圾

吐痰是最容易直接传播细菌的途径,随地吐痰是非常没有礼貌而且绝对会影响环境、影响我们身体健康的行为。如果要吐痰,应该把痰吐在纸巾上,丢进垃圾箱,或者去洗手间吐痰,但不要忘记清理痰迹和洗手。随手扔垃圾也是应当受到谴责的最不文明的举止之一。

4. 当众搔痒

搔痒的举止很不文雅,但瘙痒的原因很多,出现这些情况时,要按所处的场合来灵活掌握。如果处在极严肃的场合,应稍加忍耐;如果实在是忍无可忍,则只有离席到一个较为隐蔽的地方去挠一下,然后赶紧回来。一般来说,在公共场合不得用手抓挠身体的任何部位,因为不管怎么注意,抓挠的动作都是不雅的。

5. 当众嚼口香糖

有些人习惯当众嚼口香糖以保持口腔卫生,那么这些人应当注意在别人面前的形象,注意咀嚼的时候闭上嘴,不要发出声音,并把嚼过的口香糖用纸包起来,扔到垃圾箱里。

6. 当众挖鼻孔、掏耳朵

有些人习惯用小指当众挖鼻孔或用钥匙、牙签、发夹等当众掏耳朵,这是一个很不好的习惯。尤其是在餐厅或茶坊,当别人正在进餐或饮茶的时候,这种不雅的小动作往往会令旁观者感到非常恶心。

7. 当众挠头皮

有些头皮屑多的人,因为头皮发痒往往会在公共场合忍不住挠起头来,一挠头皮顿时头皮屑四散飞扬,令旁人大感不快。特别是在庄重的场合下,这样是很难得到别人谅解的。

8. 在公共场合抖腿

有些人坐着时会有意无意地抖动双腿,或者让跷起的腿像钟摆似的来回晃动,而且自我感觉良好,自以为无伤大雅,其实这会令人觉得很不舒服。记住,这不是文明的表现,也不是优雅的行为。

9. 当众打哈欠

在交际场合,打哈欠给对方的感觉是对所讲话题不感兴趣,表现出很不耐烦了。因此,如果控制不住要打哈欠,一定要马上用手盖住嘴,同时跟着说"对不起"。

10. 体内发出各种声响

生活经验告诉我们,任何人对发自别人体内的声响都不欢迎,如咳嗽、喷嚏、打嗝、响腹、放屁等。总之,大庭广众之下一定要注意克服以上问题。

11. 公共场合吃零食

公共场合吃零食,既不雅观也不卫生,所以为了维护自身的良好形象,在人来人往的公共场合,最好不要吃零食。

12. 在大庭广众之下行为要稳妥

在大庭广众之下要保持行为举止的稳重大方。如不要趴在或坐在桌子上;不要在他人的面前躺在沙发里;遇到急事时,要沉住气,不要慌张奔跑,表现出急不择路的样子。这些不稳妥的举止都会影响自身的交际形象。

此外,参加正式活动前吃带有刺激性气味的食品、在公共场合对别人品头论足等也是必须克服的不良举止。

课后训练

1. 将全班同学按每组五人进行分组,分组时男生和女生分开。要求同学根据站姿、坐姿、走姿、蹲姿的基本要领进行训练,纠正不正确的姿势,以便养成良好的姿态习惯。

2. 微笑训练

每人准备一面小镜子、音乐播放器材、音乐歌曲CD、磁带、优秀影视剧中的演员和节目主持人微笑的影像资料等物品,在教室进行以下训练。

(1)情绪记忆法,即将自己生活中最高兴的事件情绪储存在记忆里,当需要微笑时,可以想起那件最令你兴奋的事,这样脸上就会流露出笑容。注意练习微笑时,要使双颊肌肉用力向上抬,嘴里念"一"音,用力抬高口角两端,注意下唇不要过分用力。普通话中的"茄子""田七""前"等的发音也可以辅助微笑口型的训练。

(2)对着镜子,练习微笑,调整自己的嘴形,注意与面部、其他部位和眼神的协调,做到最令自己满意的微笑,到离开镜子时也不要改变它。

(3)练习微笑之前要忘掉自我和一切的烦恼,让心中充满爱意。注意,训练时可以配上优美的音乐,放松心情,减轻单调、疲劳之感。

3. 手势训练

准备音乐播放器材、音乐歌曲CD、磁带、投影设备,毛泽东或周恩来等伟人的音像资料等物品。训练时首先观看毛泽东、周恩来等伟人的音像资料,然后在四面墙上都安装了长度及地的镜子的形体训练室开始训练。每两人一组对着镜子练习常用手势并互相纠正。最后教师点评、总结。注意练习时调整体态,保持良好的站姿,并且表情自然。

4. 案例分析

最好的介绍信

一位经理录用了一个没带任何介绍信的年轻人,很多人感到奇怪。经理说:"其实,他带来了不止一封介绍信。他精神抖擞、神态清爽、服饰整洁,他在进门前蹭掉脚上带的泥土,进门后随手轻轻地关上了门,这说明他很懂礼貌,做事很仔细;当看到那位残疾老人时,他立即起身让座,这表明他心地善良,知道体贴别人;那本书是我故意放在地上的,所有的应试者都不屑一顾,只有他俯身捡起,放在桌上;当我和他交谈时,他的谈吐温文尔雅,思维十分敏捷。难道这些不是最好的介绍信吗?"

(资料来源:杨友苏,石达平.品礼:中外礼仪故事选评[M].北京:学林出版社,2008.)

思考讨论题:

(1)本案例对你有哪些启示?

(2)你已经拥有哪些"介绍信"了?

(3)反省自身一天的言谈举止,看看有哪些忽略的细节,并请注意及时改进。

项目 5　商务交际礼仪

所谓以礼待人,即用你喜欢的别人对待你的方式对待别人。

——[英]查理德·菲尔

日常商务交际礼仪即指公关人员、商务人员在日常工作中必须遵守的各类礼仪规范,主要包括:商务会面礼仪、商务拜访礼仪和商务接待礼仪 3 个方面。

课程思政要求

- 进行社会主义核心价值观教育;
- 进行爱国主义教育;
- 开展诚信教育、法律意识教育和道德意识教育;
- 塑造职业形象,提高职业素养;
- 促进学生全面发展。

任务 16　商务会面

学习目标

- 在商务交际中能够得体地称呼对方；
- 得体地进行自我介绍、他人介绍，更好地与人相识；
- 熟练地运用标准的握手、鞠躬等见面礼节；
- 能够设计富有特色的名片；
- 在交际中能够规范地使用和管理名片；
- 能够恰当地选择礼品，互赠礼品；
- 正确地运用鲜花表达情意。

情境导入

如此会面

某企业老总李经理为了采购新的生产线产品，决定前往一个供应商处进行实地考察。李经理在约定的时间到达该公司拜访营销部王经理。到达办公室后，王经理正在收拾杂物。李经理自报家门后，王经理非常热情地伸出沾满灰尘的手与李经理握手，而后伸出右手食指指旁边的沙发，说："请坐。"李经理从公文包里拿出自己的名片，双手递给王经理，说："王经理，这是我的名片，还请多多关照。"王经理右手接过名片，随手放在自己的办公桌上，而后从裤子口袋里拿出自己的名片，单手递给李经理说："这是我的名片。"接着坐在沙发上跷起二郎腿，而且两腿不停地颤抖。20分钟后会谈结束，李经理告辞，并且心里暗下决定，不在这家供应商处采购生产线产品。

（资料来源：何爱华，张学娟. 实用商务礼仪[M]. 北京：人民邮电出版社，2011.）

问题：在商务会面中，王经理的哪些地方做得不符合礼仪规范？

任务设计

在商务工作中，与客户等首次见面时人们往往非常重视"第一印象"，在心理学上也称为"首因效应"。在初次见面的短短几分钟内，一个人的衣着打扮，言行举止等都会给人留下非常深刻的印象。因此，在商务会见中除了整洁的仪容仪表，优雅的仪态，还应该十分重视见面的礼仪规范，因为这不仅体现出一名营销人员的综合素质，而且还是一家企业的管理水平和员工素质的集中体现。在上面的案例中，握手时，满是灰尘的手是对客户的不尊重。单手递接名片、将名片放在裤兜里、单手指引、架起二郎腿、入座时双腿不停地颤抖等都是无礼的表现。作为一名合格的商务人员必须掌握常见的见面礼节,如称呼、介绍、握手、递接名片等礼仪。

为完成本项任务的学习,建议在班上进行"见面场景模拟训练"活动,具体操作如下。

实训目标:熟练、规范地运用见面的各种礼节进行交际。

实训准备:见面场景、名片若干张。

实训方法:3~5人为一个小组,每组设计一个见面场景,将称呼、介绍、握手等见面礼、问候、递接名片等交际礼仪连贯地演示下来,学生对各组的表演进行评价,最后教师总结。表演之前,每组应就设计的场景和成员的角色进行说明。

知识链接

某化工厂营销员到一居民区推销洗洁用品,询问一老者:"老师傅,这里的主要住户是什么职业?""老师傅人老了,什么也不知道啊!"原来这是一个高校区宿舍,听惯了"老师""教授"称呼的人,不习惯被称为"老师傅"。由此可见,商务人员、公关人员要准确使用称呼,一个得体的称呼真可谓是其交际的"敲门砖"啊!

一、称呼

在商务交往中,交际双方见面时,如何称谓对方,这直接关系到双方之间的关系亲疏、了解程度、尊重与否及个人修养等。一个得体的称谓,会令彼此如坐春风,为以后的交往打下良好的基础,而不恰当或错误的称呼,则可能会令对方心里不悦,影响到彼此的关系乃至交际的成功。

1. 称呼的原则

(1) 礼貌原则

合乎礼节的称呼,是向他人表达尊重的一种方式。在人际交往中,称呼对方要用尊称。现在常用的有:您——您好、您慢走;贵——贵姓、贵公司、贵方、贵校;大——尊姓大名、大作(文章、著作);老——王老、李老、您老辛苦了;高——高寿、高见等;芳——芳名、芳龄等。

(2) 尊重原则

一般来说,汉族人有崇大崇老崇高的心态,如对同龄人,一般称呼对方为哥、姐;对既可称"叔叔"又可称"伯伯"的长者,以称"伯伯"为宜;对副校长、副处长、副厂长等,也可在姓后直接以正职相称。

(3) 恰当原则

有的商务人员往往对人喜欢称"师傅",虽然亲热有余,但文雅不足,且普适性较差。对理发师、厨师、司机称"师傅"恰如其分,但对医生、教师、军人、干部、商务工作者称"师傅"就不合适,如把小姑娘称为"师傅"则要挨骂了!所以,要视交际对象、场合、双方关系等选择恰当的称呼。

2. 称呼的方式

称呼的方式如表16-1所示。

表 16-1　称呼的方式

称呼的方式	举　例
名字称呼	李平、张明、大李、老李、小李、俊杰
职务称呼	张总经理或张总、刘市长、王局长、张主任、孙书记
职称称呼	张教授、赵研究员、周工程师（周工）
学位称呼	孙博士、冯博士
职业称呼	马教练或马指导、王医生或王大夫、孙律师、邹会计、吴护士长、董秘书、服务员
亲属称呼	本人的亲属应采用谦称：家父、家叔；舍弟、舍侄；小儿、小女、小婿 对他人的亲属应采用敬称：尊母、尊兄；贤妹、贤侄；令堂、令爱、令郎 仿亲属称呼：大爷、大娘、叔叔、阿姨、大哥、大姐
涉外称呼	夫人、小姐、先生

3．称呼的禁忌

（1）使用错误的称呼

常见的错误称呼有两种：一是误读，一般表现为念错被称呼者的姓名。比如"郇""查""盖"这些姓氏就极易被弄错。要避免犯此错误，就一定要做好前期准备，必要时要不耻下问，虚心请教。二是误会，主要指对被称呼者的年纪、辈分、婚否及与其他人的关系做出了错误判断。比如，将未婚妇女称为"夫人"，就属于误会。

（2）使用不当的行业称呼

学生喜欢互称为"同学"，军人经常互称为"战友"，工人可以称为"师傅"，道士、和尚可以称为"出家人"，这无可厚非。但以此去称呼"界外"人士，就并不表示亲近，没准对方不领情，反而会产生被贬低的感觉。

（3）使用庸俗低级的称呼

在商务交往中，有些称呼切勿使用。例如"兄弟""朋友""哥们儿""姐们儿""死党""铁哥们儿"等一类的称谓，显得庸俗低级，档次不高。它们听起来很肉麻，而且带有明显的黑社会风格。逢人便称"老板"，也显得不伦不类。

（4）使用绰号作为称呼

对于关系一般者，切勿自作主张给对方起绰号，更不能随意地以道听途说来的对方的绰号去称呼对方。至于一些对对方具有侮辱性质的绰号，例如，"北佬""阿乡""鬼子""鬼妹""拐子""秃子""罗锅""四眼""肥肥""傻大个""柴火妞""北极熊""麻秆儿"等，则更应当避而不谈。另外，还要注意不要随便拿别人的姓名乱开玩笑。要尊重一个人，必须首先学会去尊重他的姓名。

4．与客户交往中的称呼技巧

（1）初次见面更要注意称呼

初次与客户见面或谈业务时，要称呼姓加职务，要一字一字地说得特别清楚，比如，"王总经理，你说得真对……"如果对方是个副总经理，可删去那个"副"字；但若对方是总经理，不要为了方便把"总"字去掉，而变为经理。

(2) 称呼对方时不要一带而过

在交谈过程中，称呼对方时，要加重语气，称呼完了停顿一会儿，然后再谈要说的事，这样能引起对方的注意，他会认真地听下去。如果你称呼得很轻又很快，有种一带而过的感觉，对方听着就不会太顺耳，有时也听不清楚，就引不起对方听你说话的兴趣。相比之下，如果太不注意对方的姓名，而过分强调了要谈的事情，那就会适得其反，对方可能不会对你的事情感兴趣了。所以一定要把对方完整的称呼很认真、很清楚、很缓慢地讲出来，以显示对对方的尊重。

(3) 关系越熟越要注意称呼

与对方十分熟悉之后，千万不要因此而忽略了对对方的称呼，一定要坚持称呼对方的姓加职务（职称），尤其是在有其他人在场的情况下。人人都需要被人尊重，越是朋友，越是要彼此尊重，如果熟了就变得随随便便，"老王""老李"甚至用一声"哎""喂"来称呼，这样就显得极不礼貌，是令对方难以接受的。

二、介绍

介绍是商务活动中最常见，也是最重要的礼节之一，它是初次见面时双方开始交往的起点。介绍在人与人之间起桥梁与沟通作用，几句话就可以缩短人与人之间的距离，为进一步交往开个好头。

1. 介绍的基本规则

为他人做介绍时必须遵守"尊者优先了解情况"的规则，在为他人做介绍前，先要确定双方地位的尊卑，然后先介绍位卑者，后介绍位尊者。具体如下。

(1) 先将男士介绍给女士

例如，介绍王先生与李小姐认识，介绍人应当引导王先生到李小姐面前，然后说："李小姐，我来给你介绍一下，这位是王先生。"注意在介绍的过程中，被介绍者的名字总是后提。

(2) 先将年轻者介绍给年长者

把年轻者引见给年长者，以示对前辈、长者的尊敬。如："王教授，让我来介绍一下，这位是我的同学张明。""张阿姨，这是我的表妹王丽。""刘伯伯，我请您认识一下我的表弟李强。"在介绍中应注意有时虽然男士年龄较大，但仍然是将男士介绍给女士。

(3) 先将未婚女子介绍给已婚女子

例如，"张太太，让我来介绍一下，这位是李小姐。"注意当被介绍者无法辨别其是已婚还是未婚时，则不存在先介绍谁的问题，可随意介绍，如："张女士，我可以把我的女朋友李小姐介绍给你吗？"

(4) 先将职位低的介绍给职位高的

在实业界或公司中，在商务场合要先将职位低的介绍给职位高的。如："王总，这位是××公司的总经理助理刘女士。"注意，这里我们先提到的是王总经理，这是因为我们把王总经理的职位看作高于刘女士，所以尽管王总经理是一位男士，但仍不先介绍他。

(5) 先将家庭成员介绍给对方

在向别人介绍自己的家庭成员时，应谦虚地说出对方的名字。这不但是出于礼貌，而且对介绍自己的家庭成员也比较方便。如:"张先生,我想请你认识一下我的女儿晓芳。""张先生,请允许我介绍一下我的妻子。"

(6) 集体介绍时的顺序

在被介绍者双方地位、身份大致相似,或者难以确定时,应当使人数较少的一方礼让人数较多的一方,一个人礼让多数人,先介绍人数较少的一方或个人,后介绍人数较多的一方或多数人。

若被介绍者在地位、身份之间存在明显差异,特别是当这些差异表现在年龄、性别、婚否、师生及职务上时,那么即使地位、身份为尊的一方人数较少,甚至仅为一人,也应被置于尊贵的位置最后加以介绍,而先介绍另一方人员。

若需要介绍的一方人数不止一人,可采取笼统的方法进行介绍,例如,可以说"这是我的家人""他们都是我的同事"等。但最好还是要对其一一进行介绍。进行此种介绍时,可比照他人介绍十位次尊卑顺序进行介绍。

若被介绍双方皆不止一人,则可依照礼规,先介绍位卑的一方,后介绍位尊的一方。在介绍各方人员时,均需由尊到卑,依次进行。

2. 自我介绍

(1) 自我介绍的时机

因业务关系需要相互认识,进行接洽时可自我介绍;当遇到一位你知晓或久仰的人士,他不认识你,你可自我介绍,"×××(称呼),您好!我是××××(单位)的×××(姓名),久仰大名,很荣幸与您相识。"第一次登门造访,事先打电话约见,在电话里应自我介绍;参加一个较多人的聚会,主人不可能一一介绍,与会者可以与同席或身边的人互相自我介绍。自我介绍前应有一句引言,以便对方或身边的人互相自我介绍。自我介绍前应有一句引言,以使对方不感到突然,如:"我们认识一下吧,我叫×××,在×××公司公关部工作。"在出差、旅行途中,与他人不期而遇,并且有必要与之建立临时接触时,可适当地自我介绍;初次前往他人住所、办公室,登门拜访时要自我介绍;应聘求职时需首先做自我介绍,等等。

(2) 自我介绍的要求

自我介绍时,要及时、清楚地报出自己的姓名和身份。大方自然地进行自我介绍,可以先面带微笑,温和地看着对方说声"您好",以引起对方的注意,然后报出自己的姓名、身份,并简要表明结识对方的愿望或缘由。进行自我介绍时一定要力求简洁,尽可能地节省时间,介绍以半分钟为佳。进行自我介绍时所表述的各项内容,一定要实事求是,真实可信。没有必要过分谦虚,或一味贬低自己去讨好别人;但也不可自吹自擂,夸大其词,在自我介绍时掺水分会得不偿失。

根据不同场合、环境的需要,自我介绍的方式有应酬式、公务式、礼仪式、社交式和问答式五种,如表16-2所示。

进行自我介绍,态度务必自然、友善、亲切、随和。要充满信心和勇气,敢于正视对方的双眼,这样才显得胸有成竹。介绍时语气要自然,语速要正常,语音要清晰,这对自我介绍的成功十分有帮助。进行自我介绍时还要注意:

表 16-2 自我介绍的形式

类型	适用场合	使用目的	内容	举例
应酬式	适用于公共场合、一般性的社交场合，如：旅途中、商场里	面对泛泛之交而不想深交的人	只包括本人姓名	"你好,我叫/是张明。"
公务式	适用于工作场合，如：业务洽谈、工作联络	与对方建立工作关系	包括本人姓名、单位、部门或从事的具体工作三要素，缺一不可	"你好,我叫张明,是五湖四海医药公司的营销部经理。"
礼仪式	适用于讲座、报告、演说、庆典、仪式等正规场合	向对象表示友好、敬意	包括本人姓名、单位、职务等内容，还可以适当加一些谦辞、敬语等	"各位来宾,大家好！我叫张明,是五湖四海贸易公司的营销部经理。我代表本公司热烈欢迎大家的光临……"
社交式	适用于各类社交活动，如：私人交往、联谊会、网络交流等	使对方认识自己、了解自己，建立进一步交往的平台	包括本人姓名、职业、籍贯、爱好、自己跟交往对象双方所共同认识的人等	"你好,我叫张明,我是08级营销班的。李军是我的老乡,我们都是北京人……"
问答式	适用于普通交际应酬场合	应聘求职、应试求学、初次交往等	主要根据提问进行介绍,有问必答	问："请问您贵姓？"答："您好！免贵姓张。"

（资料来源：陈秀泉.实用情景口才——口才与沟通训练[M].北京：科学出版社,2007.）

① 引发对方做自我介绍时应避免直话相问，缺乏礼貌，如"你叫什么名字"，而应该尽量客气一些，用词更敬重些，如"请问尊姓大名""您贵姓""不知怎么称呼您""您是……"等。

② 他人作自我介绍时要仔细聆听，记住对方的姓名、职业等。如果没有听清楚，不妨在个别问题上仔细再问一遍，这比他人作过自我介绍，而你还是不明情况要好。

③ 等一个人作了自我介绍后，另一个人也应作相应的回报，作自我介绍，这才是礼貌的。

3．居间介绍

（1）居间介绍的时机

居间介绍即商务交往中的第三者介绍。在居间介绍中，为他人作介绍的人一般为商务活动中的东道主、商务交往场合中的长者、家庭聚会中的女主人、公务交往活动中的公关人员（礼宾人员、文秘人员、接待人员）等。居间介绍的时机包括：在家中接待彼此互不相识的客人；在办公地点，接待彼此互不相识的来访者；与家人外出，路遇家人互不相识的同事或朋友；陪同亲友，前去拜会亲友不相识者；本人的接待对象遇见了其不相识的人士，而对方又跟自己打了招呼；陪同上司、长者、来宾时，遇见了其不相识者，而对方又跟自己打了招呼；打算推介某人加入某一交际圈；受到为他人作介绍的邀请。

（2）居间介绍的注意事项

在为他人作介绍时，介绍者对介绍的内容应当字斟句酌，慎之又慎。在交往中，在为他人作介绍时,由于实际需要的不同,介绍时所采取的方式也会有所不同。居间介绍的方式如表 16-3 所示。

表 16-3 居间介绍的方式

类 型	适用场合	使用目的	内 容	举 例
标准式	适用于正式场合,如业务洽谈、宴会	使双方认识,并建立工作、交换等联系	以双方的姓名、单位、职务等为主	"我给两位引见一下,这位是我们公司营销部的李小姐,这位是五湖四海集团公司的总经理张先生。"
礼仪式	适用于正式场合,是一种最为正规的他人介绍	与标准式略同,只是语气、表达、称呼上都更为礼貌、谦恭	包括双方姓名、单位、职务等项内容,还可以适当加一些谦辞、敬语等	"张小姐,您好!请允许我把我们公司的销售部经理张明先生介绍给您。李先生,这位是五湖四海医药公司总经理张明先生。"
推荐式	适用于比较正规的场合	目的是将被介绍人举荐给另一位被介绍人	通常会对主要被介绍者的优点加以重点介绍	"这位是五湖四海医药公司的张明总经理,这位是我们公司的李军总经理。李总经理是管理方面的专业人士,他还是经济学博士呢。张先生,我想您一定愿意结识他吧。"
强调式	适用于各类社交活动,如、私人交往、联谊会等	使双方认识,并引起对其中一位被介绍者的重视	包括双方的姓名,往往还会刻意强调其中一位与介绍者之间的特殊关系	"这位是张教授的学生,这位是李经理,请李经理多多关照。"
引见式	适用于普通交际应酬场合	将被介绍者双方引到一起即可	不需具体介绍双方,由他们自行认识	"两位认识一下,这位是张经理,请张经理多多关照。"
简介式	适用于一般的社交场合,如,聚会、茶话会、舞会	使双方认识	双方姓名一项,甚至可只提到双方姓氏为止	"我来介绍一下,这位是小李,这位是小周,你们认识一下吧。"

(资料来源:陈秀泉.实用情景口才——口才与沟通训练[M].北京:科学出版社,2007.)

在正式场合,内容以双方的姓名、单位、职务等为主。在一般的社交场合中,其内容往往只有双方姓名一项,甚至可以只提到双方姓氏为止。接下来,则由被介绍者见机行事。在比较正规的场合,如果介绍者是有备而来,有意将某人举荐给某人,那么在内容方面,通常会对前者的优点加以重点介绍。

在进行居间介绍时,介绍者与被介绍者都要注意自己的表达、态度与反应。介绍者为被介绍者介绍之前,不仅要尽量征求一下被介绍双方的意见,更要在开始介绍时再打一下招呼,切勿上去开口即讲,这样会显得突然,让被介绍者措手不及。

介绍时要注意实事求是,掌握分寸,不能胡吹乱捧。介绍姓名时,一定要口齿清楚,发音准确。要把易混的字咬准,如"王"和"黄"、"刘"和"牛"等;遇到同音字、近音字必要时要加以解释,如"邹"和"周"、"张"和"章"、"徐"和"许"等。

(3) 接受介绍时的礼仪

介绍需要讲究必要的礼节,而接受介绍时应采取什么态度和行为来表现自己呢?被介绍者在介绍者询问自己是否有意认识某人时,一般不应扭扭捏捏或加以拒绝,应欣然接受。实在不愿意时,则应说明缘由。当介绍者走上前来,开始为被介绍者进行介绍时,被介绍的双方应起身站立,面含微笑,神态庄重、专注,被介绍人的目光一定要注视着对方的脸部,无论对方是男是女。不要让其他事情分散你的注意力,不要东张西望,以免给对方留下心不在焉、不受重视或不被欢迎的印象。当介绍者介绍完毕后,如果双方均为男性,握手绝对是必要的,这象征着信任和尊敬。握手时要问候对方并复述对方姓名。你可以说:"能认识你很高兴,李先生。""你好,张先生。"此时的常用语还有:"久仰大名""认识你非常荣幸""幸会幸会"等。必要时还可作进一步的自我介绍。如果把男性介绍给女性认识,女性觉得有握手的必要时,可以先伸出手来,表示出热诚。交谈完走时要互相道别。一声"再见"可以给对方留下很好的印象。在接受介绍时,你没有听清楚对方的名字,该怎么办呢?你可以请他再说一遍,千万不要觉得不好意思。你可以说:"对不起,我没听清楚你的名字,可否请你再讲一次?"别人不仅不会生气,甚至会觉得很受用,因为这表示你很在乎他的名字。

三、握手

1. 握手的要求

握手的标准方式,是行礼时行至距握手对象约 1 米处,双腿立正,上身略向前倾,伸出右手,四指并拢,拇指张开与对方相握。握手时应用力适度,上下稍许晃动三四次,随后松开手来,恢复原状。具体地应注意如下几点。

(1) 讲究次序

根据礼仪规范,握手时双方伸手的先后次序,一般应当遵守"尊者先伸手"的原则,应由位尊者首先伸出手来,位卑者只能在此后予以响应,绝不可贸然抢先伸手,不然就是违反了礼仪的举动。其基本规则如下。

① 男女之间握手。男女之间握手,男士要等女士先伸出手后才可伸手。如果女士不伸手或无握手之意,男士向对方点头致意或微微鞠躬致意即可。男女初次见面,女方可以不和男士握手,只需点头致意即可。男女握手时,男士要脱帽和脱右手手套,如果偶遇匆匆忙忙来不及脱,要道歉。女士除非是对长辈之时,一般可不必脱手套。

② 宾客之间握手。宾客之间握手,主人有向客人先伸出手的义务。在宴会、宾馆或机场接待宾客,当客人抵达时,不论对方是男士还是女士,女主人都应该主动先伸出手。男士因是主人,尽管对方是女宾,也可先伸出手,以表示对客人的热情欢迎。而在客人告辞时,则应由客人首先伸出手来与主人相握,在此表示的是"再见"之意。

③ 长幼之间握手。长幼之间握手,年幼的一般要等年长的先伸手,和长辈及年长的人握手之时,不论男女都要起立趋前握手,并要脱下手套,以示尊敬。

④ 上下级之间握手。上下级之间握手,下级要等上级先伸出手。但涉及主宾关系时,可不考虑上下级关系,做主人的应先伸手。

⑤ 一个人与多人握手。若是一个人需要与多人握手,则握手时应讲究先后次序,由尊及卑,即先年长者后年幼者,先长辈后晚辈,先老师后学生,先女士后男士,先已婚者后未婚

者,先上级后下级,先职位身份高者后职位身份低者。

值得注意的是,在公务场合,握手时伸手的先后次序主要取决于职位、身份。而在社交、休闲场合,它则主要取决于年龄、性别、婚否。

(2) 神态专注

与人握手时神态应专注、热情、友好、自然。在通常情况下,与人握手时,应面含微笑,目视对方双眼,并且口道问候。在握手时切勿三心二意,敷衍了事,漫不经心,傲慢冷淡。如果在此时迟迟不握他人早已伸出的手,或者是一边握手,一边东张西望,目中无人,甚至忙于跟其他人打招呼,这些都是极不应该的。

(3) 注意力度与时间

握手时用力应适度,要不轻不重,恰到好处。如果手指轻轻一碰,刚刚触及就离开或是懒懒地、慢慢地相握,缺少应有的力度,会给人以勉强应付、不得已而为之之感。一般来说,手握得紧表示热情,男人之间可以握的较紧,甚至另一只手也加上,包住对方的手大幅度上下摆动,或者在右手相握时,左手又握住对方胳膊肘、小臂甚至肩膀,以表示热情。但是注意既不能握得太使劲,使人感到疼痛,也不能显得过于柔弱,不像个男子汉。对女性或陌生人来说,轻握是很不礼貌的,尤其是男性与女性握手时应热情、大方、用力适度。通常是在握紧后打过招呼即松开。如果是亲密朋友意外相遇,敬慕已久但初次见面,至爱亲朋依依惜别,衷心感谢难以表达等场合,握手时间就长一点,甚至可以紧握不放,话语不休。在公共场合,如列队迎接外宾之时,握手的时间一般较短。握手的时间应根据与对方的亲密程度而定。

2. 握手的禁忌

在商务交往中,握手虽然司空见惯,但是由于它可被用来传递多种信息,因此在行握手礼时应努力做到合乎规范,注意以下禁忌。

不要用左手与他人握手,尤其是在与阿拉伯人、印度人打交道时要牢记此点,因为在他们看来左手是不洁的。

不要在握手时争先恐后,应当遵守秩序,依次而行。特别要记住,与基督教信徒交往时,要避免两人握手时与另外两人相握的手形成交叉状,这类似十字架,在基督教信徒眼中是很不吉利的。

不要戴着手套握手,在社交场合女士的晚礼服手套除外。

不要在握手时戴着墨镜,只有患有眼疾或眼部有缺陷者才能例外。

不要在握手时将另外一只手插在衣袋里。

不要在握手时让另外一只手依旧拿着香烟、报刊、公文包、行李等东西而不肯放下。

不要在握手时面无表情,不置一词,好似根本无视对方的存在,而纯粹是为了应付。

不要在握手时长篇大论,点头哈腰,滥用热情,这样会显得过分客套,让对方不自在,不舒服。

不要在握手时把对方的手拉过来、推过去,或者上下左右抖个没完。

不要在与人握手之后,立即揩拭自己的手掌,好像与对方握一下手就会使自己受到感染似的。

3. 握手与性格

美国著名盲聋女作家海伦·凯勒曾说:"我接触的手,虽然无言,却极有表现力。有的人握手能拒人千里之外……我握着冷冰冰的手指,就像和凛冽的北风握手一样。而也有的人的手充满阳光,他们伸出来与你相握时,你会感到很温暖。"由此可见,握手传递的性格方面的信息是何等丰富。握手方式与性格特点大致可分为七种类型。

(1) 控制式

控制式用掌心向下或向左下的姿势握住对方的手。这种人想表达自己的优势、主动、傲慢或支配地位。这种人一般具有说话干净利落、办事果断、高度自信的特点。凡事一经自己决定,就很难改变观点,作风不大民主。

(2) 谦恭式

谦恭式即用掌心向上或向左上的手势与对方握手。这种人往往性格软弱,处于被动、劣势地位,处世比较谦和、平易近人,不固执,对对方比较尊重、敬仰,甚至有几分畏惧。

(3) 对等式

对等式即握手时两人伸出的手心都不约而同地向着左方握在一起。这种人比较友好,也是很遵守游戏规则的竞争对手。

(4) 双握式

双握式即在右手相握的同时,再用左手加握对方的手背、前臂、上臂或肩部。加握部位越高,其热情友好的程度也就显得越高。这种人热情真挚、诚实可靠、信赖别人。

(5) 捏手指式

捏手指式即只捏住对方的几个手指或手指尖部。女性与男性握手时,为了表示自己的矜持与稳重,常采取这种方式。如果是同性别的人之间这样握手,就显得有几分冷淡和生疏。若换成显贵的人物,则其意在显示自己的"尊贵"。

(6) 拉臂式

拉臂式即将对方的手拉到自己的身边相握。这种人往往过分谦恭,在他人面前唯唯诺诺、轻视自我、缺乏主见与敢作敢为的精神。

(7) 死鱼式

死鱼式即握手时伸出一只无任何力度、质感,不显示任何积极信息的手。这种人的性格不是生性懦弱,就是对人冷漠无情,待人接物消极傲慢。

4. 商务交往中握手的技巧

(1) 主动与每个人握手

在商务场合,如谈判开始之前,双方都要互相介绍认识一下。这时候,你最好表现得积极一些,主动一些,表示你很高兴与他们认识。为了表达你这种善意,你可以主动地与他们每一个人握手,因为你的主动就说明你对对方尊重,只有在你尊重别人时,才会受到别人的尊重。

(2) 有话想让对方出来讲,握手时不要松开

有时你找对方谈一些事,不巧的是里边还有其他人在,你想与对方单独谈,耐心等了很久以后仍没有机会,那你只好想办法让对方出来说了。但你不能直接告诉对方:"我有点

事,咱们到外边说。"这显然是不礼貌的。你得想办法让对方起身相送。在你起身告辞时,对方站起来,你就边与对方交谈,边向外走。如果对方无意起身,你就走近他,很礼貌地与他握手,出于礼貌对方会站起身走出自己的座位,然后你边说边往外走,千万不能断了话。因为当你还有话要说时,对方是很不好意思不送你的。说话时,眼睛也要看着对方,不要只顾着走。走到门口对方要与你告辞,你主动伸手与他握手,握手之后不要马上松开,要多握一会儿,并告诉对方:"你看我还有件事……"你说得缓慢些,对方也就意识到了,他也就主动走出来了。

(3) 握手时赞扬对方

握手时的寒暄是非常重要的,在你与对方握手的时候,可以对对方表示一下关心和问候,或者赞扬对方两句。握手时双方的距离很近,对方的衣着服饰可以尽收眼底,如果你用心观察,肯定会有某一方面值得你赞扬。而每个人又都有自己特别注重修饰的地方,有人特别爱惜自己的发式,每天修理头发,使自己看起来神采奕奕;有人特别注意领带,不惜花高价买一条领带,或用一枚精制的领带夹子点缀一下,使自己容光焕发;有人穿了一件新西装,质地优良、做工讲究;有人穿一件色彩和谐明快的衬衣,使自己显得年轻漂亮。见面握手时不能对这些熟视无睹,要加以赞美。双方会因此而显得亲近,显得你格外大方、热情、细心,因而会给人留下一个好印象。

5. 常见的其他见面礼

(1) 点头礼

点头礼适用于路遇熟人、会场、剧院、歌厅、舞厅等不宜与人交谈的场合,在同一场合碰上已多次见面者,遇上多人又无法一一问候之时,行礼的做法是:头部轻轻向下一点,同时面带笑容,不宜反复点头,点头的幅度也不必过大。

(2) 举手礼

行举手礼的场合与行点头礼的场合大致相似,它最适合向距离较远的熟人打招呼。其做法是右臂向前方伸直,右手掌心向着对方,其他四指并齐、拇指分开,轻轻向左右摆动一两下。不要将手上下摆动,也不要在手摆动时用手背朝向对方。

(3) 脱帽礼

戴着帽子的人,在进入他人居所,路遇熟人,与人交谈、握手或行其他见面礼时,进入娱乐场所,升挂国旗,演奏国歌等一些情况下,应自觉主动地摘下自己的帽子,并将其置于适当之处,这就是所谓的脱帽礼。女士在社交场合可以不脱帽子。

(4) 注目礼

注目礼的具体做法是:起身立正,抬头挺胸,双手自然下垂或贴放于身体两侧,笑容庄重严肃,双目正视于被行礼对象,或者随之缓缓移动。一般在升国旗、游行检阅、剪彩揭幕、开业挂牌等情况下使用注目礼。

(5) 拱手礼

拱手礼是我国民间传统的会面礼,如今在过年时举行团拜活动,向长辈祝寿,向友人恭喜结婚、生子、晋升、乔迁,向亲朋好友表示无比感谢,以及与海外华人初次见面时表示久仰大名。行礼时应起身站立,上身挺直,两臂前伸,双手在胸前高举抱拳,自上而下,或者自内向外有节奏地晃动两三下。

（6）鞠躬礼

鞠躬是人们在生活中用来表示对人的恭敬而普遍使用的一种礼节，既适用于庄严肃穆或欢乐喜庆的仪式，又适用于一般的社交场合。随着社会文明程度的不断提高，鞠躬礼的使用越来越频繁。正确的鞠躬姿势包括以下方面。

① 以站姿为基础，双手在身前搭好，双眼注视对方，面带微笑。

② 鞠躬时，以臀部为轴心，将上身挺直地向前倾斜，目光随着身体的倾斜而自然下垂于脚尖1.5米处。鞠躬完毕，恢复站姿，目光再回到对方脸上。

③ 鞠躬时，应同时伴有问候语。声音要热情、亲切、甜美，且与动作协调。

④ 准确地运用鞠躬礼。鞠躬礼一般分为90°、45°和15°三种，90°鞠躬礼一般用于三鞠躬，属最高礼节。45°鞠躬礼通常为下级向上级，学生向老师，晚辈向长辈，以及营销人员、服务人员对顾客或来宾表示致意时使用。15°鞠躬礼通常运用于一般的应酬，如说"你好"或"谢谢"、介绍、握手、递物、让座、让路等都应伴随15°的鞠躬礼。

⑤ 一般应是站着行鞠躬礼。如果坐着见到客人、领导、长辈，应起立鞠躬致意。如在办公室见到一般的客人，而且手上的工作离不开，也可坐着行15°鞠躬礼。

商务人员必须注意克服和杜绝行鞠躬礼时不礼貌的行为，这主要包括：鞠躬时不脱帽；鞠躬时眼睛不往下看，而是翻起看着对方；鞠躬前后不正视客人；鞠躬时嘴里吃着东西或叼着香烟；鞠躬时扭扭捏捏，装腔作势等。

（7）合十礼

在东南亚、南亚信奉佛教的地区及我国傣族聚居区，合十礼最为普遍。行合十礼时双掌十指在胸前相对合，五个手指并拢向上，掌尖和鼻尖基本持平，手掌向外侧倾斜，双腿立直站立，上身微欠低头，可以口颂祝词或问候对方，也可面带微笑，但不准手舞足蹈，反复点头。一般而言，行此礼时，合十的双手举的越高，越体现出对对方的尊重，但原则上不可高于额头。

（8）拥抱礼

在西方，特别是在欧美国家，拥抱礼是一种十分常见的见面礼与道别礼。在人们表示慰问、祝贺、欣喜时，拥抱礼也十分常用。正规的拥抱礼，讲究两人正面面对站立，各自举起右臂，将右手搭在对方左肩后面；左臂下垂，左手扶住对方右腰后侧。首先各向对方左侧拥抱，然后各向对方右侧拥抱，最后再一次各向对方左侧拥抱，一共拥抱3次。在普通场合行礼，不必如此讲究，次数也不必要求如此严格。

（9）亲吻礼

亲吻礼也是西方国家常用的见面礼。有时它会与拥抱礼同时使用。行礼时，通常忌讳发出亲吻的声音，也不应将唾液弄到对方脸上。在行礼时，双方的关系不同，亲吻的部位也有所不同。长辈吻晚辈，应当吻额头；晚辈吻长辈，应当吻下颌或吻面颊；同辈之间，通常应当贴面颊；异性之间应当吻面颊。贴面颊的时候，先贴一次右边，再贴一次左边。接吻，即吻嘴唇，仅限于夫妻与恋人之间，不宜滥用，更不宜当众进行。

（10）吻手礼

吻手礼主要流行于欧美国家。它的做法是，男士行至已婚妇女面前，首先垂首立正致意，然后以右手或双手捧起女士的右手，俯首以自己微闭的嘴唇，去象征性地轻吻，其实是

"闻"一下其手背或是手指。行吻手礼的地点应在室内为佳。吻手礼的受礼者,只能是已婚妇女。手腕及其以上部分是行吻手礼的禁区。

课后训练

1. 设计几个不同的人物身份和营销场景,模拟训练如何根据交往对象的不同进行称呼以及正确的介绍方法。
2. 请分别用一句话、用一分钟时间、用5分钟时间对全班同学作自我介绍。
3. 如何牢固、快速地记住别人的名字?
4. 在你带客户参观的过程中,正巧碰上总经理迎面走过来,你该如何应对?
5. 在一次商务聚餐活动中,有人向你介绍了一位职位比你低的女士,作为一名男士你认为握手时应该谁先伸出手?
6. 找几个伙伴练习握手的礼仪。
7. 分析以下为他人介绍的事例中存在什么问题。
(1) 这位是×××公司的人力资源部张经理,他可是实权派,路子宽,朋友多,如果需要帮忙可以找他。
(2) 我给各位介绍一下:这小子是我的铁哥们儿,开小车的,我们管他叫"黑蛋"。
8. 案例分析

自我介绍不到位

著名礼仪专家金正昆曾谈到这样一件事:有一次去参加春节联欢会,节目开始前我们几个朋友在嘉宾休息室聊天。我们在那儿聊普京和布什这两位总统,讨论到底哪个人口才比较好,哪个人外形比较好,哪个人个人魅力指数比较高,当然这是大家在那儿说笑话,有的说普京,有的说布什。说着说着来了个小伙子,听清了我们聊的内容后就说:"我看他俩都不行。"然后自顾自地说了普京的不行,布什的不行。大家都误认为他是我们当中某个人的熟人,他走之后,我们就问:这个人是谁的朋友?结果在场的四五个人都不认识他。

(资料来源:金正昆.介绍礼仪[EB/OL].[2018-03-03]. https://max.book118.com/html/2018/0303/155582420.shtm.)

思考讨论题:
(1) 案例中的小伙子的行为存在哪些礼仪错误?
(2) 在交际场合如何避免自我介绍不到位的情况?
(3) 应该怎样进行自我介绍?

任务 17　商 务 拜 访

学习目标

- 做好拜访前的各项准备；
- 能够灵活运用预约的方法,预约拜访的时间和地点；
- 拜访过程符合礼仪规范,给对方留下美好印象。

情境导入

如 此 拜 访

小王和小李是大学同学,大学毕业后各奔东西。如今,小王在 A 公司当业务员,小李在 B 公司当经理。A 公司准备与 B 公司做一笔买卖(第一次),小王得知此事后,便自告奋勇,一来想去探望一下十多年没见的朋友；二来也想提升一下自己在公司的地位。这天下午,小王便去了 B 公司的经理室,结果在门口被秘书拦下。经过一番解释,秘书告诉他李经理不在,并将公司的电话号给他。

隔了几天,小王打电话给 B 公司,预约成功,定于星期三下午 3:30 见面。结果由于堵车,小王晚到了一个小时。到了以后,李经理还在,就推门进去。老朋友相见,十分欢喜。小王马上冒出一句:"小李,这几年过得不错啊!"小李感到有些尴尬。接着两人又寒暄了几句。小王便在沙发上一坐,跷起了二郎腿,掏出一支烟递给小李,小李不抽,小王自己便大口大口地抽起来,不一会儿整个经理室烟雾笼罩。小李实在觉得不舒服,就打开窗户,说:"我这几天咽喉发炎,闻不得烟味儿。请原谅。"小王不情愿地掐灭了香烟。

(资料来源:何爱华,张学娟. 实用商务礼仪[M]. 北京:人民邮电出版社,2011,有改动.)

问题:商务拜访应注意哪些礼仪?

任务设计

拜访是社会活动中一件经常性的工作,是最常见的社交形式,同时也是联络感情、增进友谊的一种有效方法。要使拜访做得更得体、更有效,更好地实现拜访的目的,就要重视和学习拜访的礼仪。

公关活动、商务活动中免不了有各种拜访和约见,特别是登门拜访式的商务赴邀,一定要做好各项准备工作,注意自己的言行举止,做到客随主便。特别是在办公场合,哪怕与对方比较熟悉也应约束一下自己的行为,尽量不给主人添麻烦。案例中小王的种种不符合礼仪规范的行为,都有失一名公关人员、商务人员的素质。

下面我们通过"拜访场景模拟训练"活动,完成本任务的学习,具体操作如下。

实训目标:熟练、规范地运用拜访的各种礼节进行交际。

实训准备:拜访场景、名片若干张。

实训方法:3~5人为一个小组,每组设计一个营销拜访场景,将拜访的相关礼仪连贯地演示下来,学生对各组的表演进行评价,最后教师总结。表演之前,每组应就设计的场景和成员的角色进行说明。

知识链接

根据经验显示,能力相同、业务相似的两位业务员,如果其中一位拜访客户的次数是另一位的两倍,那么这位业务员的成绩也一定是另一位的两倍以上。所以,要成为优秀的公关人员、商务人员,一定要学会把拜访客户列为第一要务,其次是联系客户约定拜访时间,再其次是整理客户的资料。如果能这样做,就一定会取得成功。

一、拜访前的准备

拜访是获得商务交往成功的重要一环,公关人员、商务人员必须重视,并认真做好拜访前的准备工作。

1. 了解客户信息

客户来源有三种:一是以现有客户提供的新客户资料;二是从报刊上的人物报道中收集的资料;三是从职业分类上寻找客户。

拜访客户之前,必须先了解客户的需求及公司财务状况。了解客户的渠道很多,包括和客户沟通时他们自己的介绍、第三方的叙述、媒体的报道等。目前最快捷的方法是通过网络查阅受访公司的相关资讯,可以登录客户方的网站将其资料下载,了解客户公司的组织、经营者的姓名、公司产品及销售网,包括公司的最新发展等。最重要的是要了解客户的商业模式或是赚钱模式,知道客户的原物料上游供应状况及下游的经销体系,甚至对主要客户是谁等都必须了如指掌,将来在面对客户时,才能相当完整、清楚地为客户说明,让客户感受到自己的产品对他们的重要性。

选择客户的标准包括客户的年收入、职业、年龄、生活方式和业余爱好。在拜访客户前,一定要先掌握客户中对订货有决定权或有影响力的人物的姓名、性格、兴趣、爱好与经历等信息。

了解客户,还要了解客户在行业领域内的地位及竞争对手的情况。包括他们的年度或月销售量、他们的理念、最近新闻及营销策略、与自己同类商品的对外报价、他们与客户之间的关系,等等。

2. 做好行程安排

准备充分之后,行程的安排就很重要。若是从事国内销售业务,一般行程在安排上不成问题；但若是在国外，要注意的事项较多，尤其是文化上的不同以及地区时差，行程安排最好以客户的习惯做调整。必须确定行程的目的，例如，接单、客诉、例行拜访等，所需准备的内容各有不同。拜访客户时准备礼物不需太贵重，否则会被怀疑另有企图；另外，对于受访客户国家的历史、国情最好都能有基本认识，尤其是西方国家或较小国家。再者，建议用该国语言牢记客户名字。在国外出差时尽量与客户拍照合影，方便做完整的记录，以便下次其他同事出差时能知道客户的外貌和名字，这些做法会让他们感觉很亲切。

3. 制订拜访客户计划

首先，把一天之中所要拜访的客户都选定在某一区域之内，这样可以减少来回奔波的时间。利用半小时左右的时间做拜访前的电话联系，即可在某一区域内选定足够的客户供一天拜访之用。利用不去拜访客户的日子，从事联系客户，约定拜访时间的工作，同时，也利用这个时候整理客户资料。

4. 做好充分的预演

对于拜访客户的面谈，要事先了解客户是什么态度。是积极主动，还是因为公关人员、商务人员运用了约见技巧后勉强为之？这次访谈客户是什么意图？是想了解价格还是想知道商品性能、特点或是仅是谈谈看？以上这些方面要做好充分的预演，做到胸有成竹，提高面谈成功的概率。

5. 准备有关资料

拜访客户要准备的资料包括：商品说明书、宣传材料、报价单、样品（或模型）、有关认证材料、本单位的资质证明、媒体的正面报道资料、自己的名片，以及基于对客户的了解而做的预案（针对可能出现的情况事先拟订的解决方案）或应对方案及一些小礼品等。客户需要的其他材料也要准备好，这些文件要先经过整理，尽量是打印文件，并分类装订好。

6. 注意仪容仪表

仪容仪表事关拜访者自身的职业形象和所代表的机构形象，也体现着对被拜访者的尊重。所以，拜访前对仪容的修饰和服饰的选择马虎不得。

二、拜访的预约

拜访前应先联络妥当，尽可能事先告知，最好和对方约定一个时间，以免扑空或打乱对方的日程安排，不告而访，做不速之客是非常失礼的行为。

1. 约见时间的安排

约见时间的安排直接关系到商务人员计划的成败。但在约见时间的确定上，商务人员一般没有主动权，客户会根据自己的工作日程，安排适当时间约见商务人员。约见时间的确定会因约见对象、约见事由、约见方式、会见地点等的不同而不同。这就要求商务人员在约定会见时间时还应注意下列4个方面。

（1）根据约见对象的特点来选择最佳拜访时间。只有客户或准客户最空闲的时间，才是最理想的拜访时间。

举例说，一般的商店在7:00—8:00是最理想的拜访时间，因为此种商店的生意早上最清闲。较晚关门的商店大约深夜才兴旺,大多在中午以后才开始营业,所以适当的拜访时间是 14:00 左右。鱼贩与菜贩是一个较特殊的行业,清早出门采购,不仅整个上午忙碌,16:00—18:00 也是生意兴旺时段,所以最适宜的拜访时间是在 14:00 左右。

医生是特殊的行业,一般从上午九点开始,病人就络绎不绝,因此 7:00—8:00 应该是适宜的拜访时间。

拜访公司职员,如果去公司拜访应该在 11:00 点以前;若是住宅拜访适宜在 18:00—20:00。

拜访值班人员应在 19:00—21:00。

以上列举的都是第一次拜访的理想时间。由于第一次拜访时已与准客户建立了亲密的关系,所以第二次拜访可以更改时间。但原则上都应选在 15:00 左右拜访,这时客户一般较清闲,且通常一个人工作了一天,到 15:00 左右,工作大约告一段落,觉得有点疲倦,心情也较松懈,内心正期盼有个聊天的对象,公关人员、商务人员在这一时刻出现不会干扰客户的工作,较容易顺利沟通。

时间就是金钱,作为公关人员、商务人员必须用心安排自己的拜访时间,以免因择时不当而浪费时间。

(2) 根据约见事由选择最佳拜访时间。以正式销售为事由的拜访,应选择有利于达成交易的时间进行约见;以市场调查为事由的拜访,应选择市场行情变化较大或客户对商品有特别要求时进行约见;以提供服务为事由的拜访,应选择客户需要服务的时间约见,以期达到"雪中送炭"的效果;以收取货款为事由的拜访,应先对客户的资金周转状况作一番了解,在其账户上有余额资金时进行约见;以签订正式合同为事由的拜访,则应适时把握成交信息及时约见。

(3) 根据会见地点选择最佳拜访时间。一般来说,会见地点约定在家中,则公关人员、商务人员就要考虑客户的工作时间表,最好让客户安排约见时间。而一旦确定了约见地点和时间,商务人员就应提前几分钟到达,一方面表示对营销工作的重视;另一方面遵守时间可以给客户带来好感,提高商务人员自身的信誉。

(4) 根据约见对象的意愿合理安排拜访时间。一般情况下,拜访客户的时间不宜太长,当拜访目的基本达到而客户对结束约见又有某些暗示时,商务人员应尽快考虑以圆满的方式结束约见,以免使客户产生反感。如有未尽事宜,可以再行约见。"马拉松"式的会谈,既达不到拜访的目的,又可能导致客户不愿再行约见,从而失去客户。

如果双方有约,应准时赴约,不能轻易失约或迟到。但如果因故不得不迟到或取消访问,一定要设法在事前立即通知对方,并表示歉意。

此外,约见的事由、对象不一样,约见的地点也应有所不同。一般可以选择在客户的工作单位、家里、社交场所和公共场所等。具体选择在哪里,应视情况而定。有的客户出于某种需要,不便在工作单位或家中接待商务人员的来访,就利用公共场所进行约见。

2. 预约客户的方法

在商务工作中,学会预约才能开启成功的商务拜访之旅。然而,许多时候人们预约客户会被拒绝,这不一定是客户对商务人员的提议没有兴趣,而多是由于商务人员预约技巧不佳。常用的预约客户的方法有以下几种。

（1）利益预约法

联系客户时，不要急于预约拜访时间，而是要迎合客户的求利心态，简要说明商品的利益，突出销售重点和商品优势，引起客户的注意和兴趣，这样有助于快速达到预约客户的目的。

（2）问题预约法

抓住客户的关心点进行提问，引起客户的兴趣，从而使客户集中精力，更好地理解和记忆商务人员发出的信息，为激发购买欲奠定基础并顺利预约。

（3）赞美预约法

每个人都有喜欢别人赞美的天性，商务人员可以利用人们的这种天性来达到预约客户的目的。赞美一定要出自真心，恰如其分，切忌虚情假意、无端夸大。

（4）求教预约法

虚心求教的态度能轻松化解客户一开始的反感。一般来说，人们不会拒绝登门虚心求教的人。商务人员在使用此法时应认真策划，把要求教的问题与自己的销售工作有效地结合起来，以期达到约见目的。

（5）好奇预约法

人们都有好奇心。商务人员可以利用动作、语言或其他一些方式引起客户的好奇心，以吸引客户的兴趣。

（6）馈赠预约法

商务人员可以在预约拜访之前，先赠送客户一些小礼品或公司的样品，以咨询客户反馈意见的名义，进而实现预约客户的目的。

（7）调查预约法

商务人员可以利用调查的机会预约客户，这种方法隐蔽了直接销售商品这一目的，比较容易被客户接受，也是在实践中很容易操作的方法。

（8）连续预约法

"精诚所至，金石为开"，在一次预约拜访失败后，商务人员千万不要灰心，而要消化客户信息，寻找新的亮点，多次与客户交流，最终顺利达到预约拜访的目的。实践证明，许多营销活动都是在商务人员连续多次预约客户，才引起了客户对其的注意和兴趣，进而为以后的销售成功奠定了的基础。

三、拜访过程中的礼仪

1. 准时到达

拜访一定要准时到达，要充分考虑到交通堵塞等情况，不要迟到。一般以提前10~15分钟到达为宜，这样可以从容调整自身状况，整体感受所要拜访公司的环境，感受公司文化和人员的精神面貌，为顺利拜访奠定基础。

2. 做好与前台的沟通

在进入客户单位之前，要先从头到脚检查一下自己的着装、仪容是否存在不符合礼仪规范的地方，如有，一定要及时整理好。如果是重要的拜访对象，要事先关掉手机或调整到静音状态，这体现了对拜访对象的尊敬，对访问事宜的重视。然后面带微笑，从容不迫地走向前台，礼貌地致意、问好，告诉前台自己来自哪个单位，要约见什么人，见面预约的时间，恳请前台予以安排。

一般拜访客户单位身份较高者，当前台没有查到预约记录但又不敢贸然拒绝时，前台会问来访者的来访的目的，如"您找王总有什么具体事吗？"这时，商务人员可以用间断、抽象性的字眼或用一些较深奥的技术专用名词向前台说明来意，让对方觉得你的来访很重要。也可以含糊地说："上次见面的时候和王总聊过合作的事情，王总让我过来再详细沟通一下。"

拜访客户一定要注意与前台处理好关系。第一次来访可以赠送一些小礼品，礼品应价格不贵但很精美实用。这样，前台对商务人员印象不错，一回生，二回熟，以后的拜访就会比较容易了。

3. 到达约定地点礼仪

到达拜访地点后，如果对方因故不能马上接待，可以在对方前台人员的安排下在会客厅、会议室或在前台，安静地等候。如果等待时间过久，可以向有关人员说明，并另定时间，不要显出不耐烦的样子。有抽烟习惯的人，要注意观察该场所是否有禁止吸烟的标示。即使没有也要问问工作人员是否介意抽烟。如果接待人员没有说"请随便看看"之类的话，就不要随便东张西望，到处窥探，那是非常不礼貌的行为。

到达被访人办公室时，一定要事先轻轻敲门，进屋后等主人安排后坐下。后来的客人到达时，先到的客人应站起来，等待介绍或点头示意。对室内的人，无论认识与否，都应主动打招呼。如果与对方是第一次见面，应主动递上名片或做自我介绍。对熟人可握手问候。如果你带其他人来，要介绍给主人。进门后，应把随身带来的外套、雨具等物品搁放到对方接待人员指定的地方，不可任意乱放。

注意言谈举止。要以优雅得体的言谈举止体现素质、涵养和职业精神，赢得对方的好感和敬重。在客户没有邀请入座之前不要随便坐下。被邀请入座时应表示感谢。如果客户是站着，则不要先于客户就座。

落座后要由商务人员先开口寒暄。谈话时开门见山，不要海阔天空，浪费时间。最好在约定时间内完成访谈，如果客户表现出有其他要事的样子，千万不要再拖延，如未完成工作，可约定下次拜访时间。在交谈过程中，即便与客户的意见相左，也不要争论不休。要注意观察客户的举止神情，当有不耐烦或有为难的表现时，应转换话题或口气，避免出现不愉快或尴尬的场面。

接茶水时，应从座位上欠身，双手捧接，并表示感谢。吸烟者应在主人敬烟或征得主人同意后方可吸烟。

对拜访过程中接待者提供的帮助要及时适当地致以谢意。若是重要约会，拜访之后给对方寄一封谢函或留一条短信，会加深对方的好感。

4. 不能会面情况的处理[①]

拜访客户时，即使事先已经约好，自己应约而来时仍然会碰到对方不在的情况。这时

---

① 未来之舟. 销售礼仪[M]. 北京：中国经济出版社，2009.

可以向前台转达自己来访未遇；也可以在自己名片的空白处写上："×月×日×点应约来访未遇，改天来访"的简短信息，请前台转交。如果对方在单位但没有出面接待，可能是"这会儿正忙""正在开会"等。遇到这种情况不要死缠烂打，而应该说："好，那我改日再来。"并说明什么时候再打电话预约下次见面时间。如果再三恳求说："两分钟也行，务必要见一面。"这种精神虽然可嘉，但并不恰当，很容易引起对方反感，反而得不偿失。过于匆匆见面不如下次再见面。

有时客户正在与其他客户谈话，甚至在你苦等了很久之后却说："改天再谈吧！今天没有时间了。"还有的时候眼看比自己晚来的客人，一个接一个地被客户接待却不理睬你；有时好不容易轮到被接待了，客户却临时有事走开了。这些时候虽然受到了委屈，但千万不要气馁，在和客户本人或前台约好下次拜访的时间后，礼貌、大度、精神抖擞地和前台或者其他接待过自己的人告别，让客户方看到你良好的修养和风度。

5. 适时礼貌地告辞

拜访中，即使谈得再投机也有结束的时候。作为拜访者，适时礼貌地告辞不仅是风度，更是智慧。拜访结束时彬彬有礼地告辞，可给对方留下良好的印象，同时也给下次的拜访创造良好的机会。所以，及时告辞、礼貌告辞这一环节相当重要。

拜访时间长短应根据拜访目的和客户意愿而定，通常宜短不宜长，适可而止，一般拜访时间应把握在1小时左右为宜，届时双方主要事宜都谈完了，就要及时告辞。此外，谈到快要就餐或休息的时间，也要起身告辞。或者事情谈得差不多了，又有其他人拜访客户，也应尽快告辞，以免给客户的接待造成不便。

当客户有结束会见的表示时，应立即起身告辞。如客户反应冷淡、交谈话不投机甚至客户不愿意搭理商务人员，或者客户不时地看表、有起身的动作等情况下，商务人员都要"知趣"而退。

准备告辞时不要选择在客户说完一段话之后，因为这会使其误以为商务人员听得不耐烦，应在自己说完一段话之后。同时告辞前不要有打哈欠、伸懒腰、看手表等表示疲倦、厌烦的举止。

告辞前商务人员要对客户的热情接待予以肯定和感谢。说完告辞的话就应起身离开座位，不要久说或久坐不走。告辞时要与客户和其他客人一一告别。

如果客户出门相送，主动与客户出手相握，以请客户留步，并热情地说声再见。

拜访客户中途因特殊情况不得不离开，无论主人在场与否，都要主动告别，不能不辞而别。

课后训练

1. 假如你明天要拜访一位重要客户，你需要做哪些形象准备和资料准备？

2. 进行拜访礼仪实践。学生2~4人为一组，利用业余时间，到亲朋好友家进行拜访。拜访的目的可以是社会调查、礼节性拜访或是请教问题等。拜访结束后，每个人写出详细的拜访过程，在教师的指导下，在全班进行拜访总结。

3. 案例分析

麦克拜访客户的秘诀

麦克具有丰富的产品知识,对客户的需要很了解。在拜访客户以前,麦克总是掌握了客户的一些基本资料。麦克常常以打电话的方式先和客户约定拜访的时间。

今天是星期四,16:00点刚过,麦克精神抖擞地走进办公室。他今年35岁,身高6英尺,深蓝色的西装上看不到一丝的皱褶,浑身上下充满朝气。

从7:00,麦克便开始了一天的工作。麦克除了吃饭的时间,始终没有闲过。麦克17:30有一个约会。为了利用16:00—17:30这段时间,麦克便打电话,向客户约定拜访的时间,以便为下星期的推销拜访而预做安排。

打完电话,麦克拿出数十张卡片,卡片上记载着客户的姓名、职业、地址、电话号码资料以及资料的来源。卡片上的客户都是居住在市内东北方的商业区内。

麦克选择客户的标准包括客户的年收入、职业、年龄、生活方式和嗜好。

麦克的客户来源有3种:一是现有的顾客提供的新客户的资料;二是麦克从报刊上的人物报道中收集的资料;三是从职业分类上寻找客户。

在拜访客户以前,麦克一定要先弄清楚客户的姓名。例如,想拜访某公司的执行副总裁,但不知道他的姓名,麦克会打电话到该公司,向总机人员或公关人员请教副总裁的姓名。知道了姓名以后,麦克才进行下一步的推销活动。

麦克拜访客户是有计划的。他把一天当中所要拜访的客户都选定在某一区域之内,这样可以减少来回奔波的时间。根据麦克的经验,利用45分钟的时间做拜访前的电话联系,即可在某一区域内选定足够的客户供一天拜访之用。

麦克下一个要拜访的客户是国家制造公司董事长比尔西佛。麦克正准备打电话给比尔先生,约定拜访的时间。

做好拜访前的准备工作使麦克成为一名优秀的业务员。

(资料来源:佚名.推销高手行动案例[EB/OL].[2019-04-20]. https://www.taodocs.com/p-233699526.html.)

思考讨论题:

(1) 麦克拜访客户有哪些秘诀?

(2) 本案例对你有何启示?

任务 18 商务接待

学习目标

- 做好接待客户的准备工作；
- 到交通工具停靠站迎宾符合礼仪规范；
- 接待客户的过程中，讲究陪车、引导客人、奉茶等礼仪；
- 陪同客人旅游符合礼仪规范；
- 送别客户符合礼仪规范。

情境导入

如 此 接 待

一天上午，惠利公司前台接待人员小张匆匆走进办公室，像往常一样进行上班前的准备工作。她先打开窗户，接着，打开饮水机开关，然后，翻看昨天的工作日志。这时，一位事先有约的客人要求会见销售部李经理，小张一看时间，他提前了 30 分钟到达。小张立刻通知了销售部李经理，李经理说正在接待一位重要的客人，请对方稍等。小张就如实转告客人说："李经理正在接待一位重要的客人，请您等一会儿。"话音未落，电话铃响了，小张用手指了指一旁的沙发，没顾上对客人说什么，就赶快接电话去了。客人尴尬地坐下……待小张接完电话后，发现客人已经离开了公司。

（资料来源：佚名.商务接待[EB/OL].[2016-06-18]. https://max.book118.com/html/2015/1113/29392984.shtm.）

问题：商务接待中应该注意哪些礼仪？

任务设计

客户接待工作是营销工作中一项经常性的工作。随着全球经济一体化，各企业形象意识的增强，客户接待工作也更加讲究规范。客户接待已经成为决定营销成败的因素之一。

做好接待工作，要求接待人员有良好的组织能力、协调能力、沟通能力和应变能力，从接待的准备工作，到接待过程中的迎送礼仪规范，需要每位商务人员认真对待并熟练掌握。严谨、热情、周到、细致的接待工作，会给客人留下深刻的印象，大大加强客户对公司的了解，从而增强与公司合作的信心，促进双方业务的开展，全面提升公司在客户心目中的形象和地位。在上面的案例中接待人员小张说话随意，忽视客人，甚至对其置之不理，使客户不辞而别，失望而去。作为商务人员要吸取其中的教训，做好客户接待工作。

为了完成本项任务的学习,建议在班级举行一次"接待拜访模拟训练",具体如下。

实训目标:熟悉接待、拜访的有关礼节,能够正确运用其礼仪规范。

实训准备:办公家具、茶具、茶叶、热水瓶或饮水机、企业宣传资料等。

实训方法:一部分学生扮演来访客户,一部分学生扮演某企业的商务人员接待客户,模拟演示以下情境。

(1)在门口迎接客人。

(2)引导客人前往接待室。

(3)与客人搭乘电梯。

(4)引见介绍。

(5)招呼客人。

(6)为客人奉送热茶。

(7)送别客人。

演示完毕,两组人员可角色对调,再演示一遍,充分体会接待、拜访的不同礼仪要求。

知识链接

一、做好接待的准备

接待,是给客人以良好第一印象的最重要工作。在接待工作中,把迎宾工作做好,对来宾表示尊敬、友好与重视,客户就会对东道主产生良好印象,从而为下一步深入接触打下基础。在迎宾工作中,要注意做好以下前期准备工作。

1. 掌握客户基本情况

商务人员一定要充分掌握客户的基本情况。这些情况包括:来访客户的人数(包括几男几女)、身份、所乘坐的交通工具、饮食习惯、民族及宗教信仰等。这样可以方便安排接待、用餐和住宿。如果来访者中间有身份很高的客户,商务人员要考虑请公司相关领导出面参与接待。如果来宾尤其是主宾曾经来访过,则在接待规格上要注意前后一致,无特殊原因不宜随意升格或降格。如果客户报出自己的计划,比如,来访目的、来访行程、来访要求等,应在力所能及的前提下满足其要求,尽可能给予照顾。

2. 制订具体接待计划

为了避免疏漏,一定要制定详尽的接待计划,以便按部就班地做好接待工作。根据常规,接待计划应包括迎送方式、迎送规格、交通工具、膳宿安排、工作日程、文娱活动、游览、会谈、会见、礼品准备、经费开支及接待、陪同人员等基本内容。对于客户来访可能讨论到的问题要有充分准备,客户谈什么、怎么谈,承诺什么、怎么承诺,询问什么、怎么询问等问题,要做到心中有数,提前预演。这样,当谈到这些问题的时候,才能迅速、规范地做出反应,以免被动。

3. 确认客户抵达时间

有时候,客户到访时间或因其健康状况,或因紧急事务缠身,或因天气变化、交通状况等的影响,难免会有较大变动。因此,接待方务必要在对方正式启程前与对方再次确认一下抵达的具体时间,以便安排迎宾事宜。

4. 做好客户住宿安排

如果接待方需要替客户安排住宿,就要问清楚客户需要多少房间,住宿的标准要求及对住宿有无特殊要求。接待方承担住宿费用时,要充分考虑交通、环境、饮食、气温、朝向、宗教信仰、生活习惯等因素,为客户选择一个适宜的住宿地点。如果是外国客户,因尽量安排在国际连锁酒店,这样无论是语言还是饮食,都符合他们的习惯。安排住宿时,如果是多位客户,订的又是双人标准间,则应该由客户方自己自由组合。

二、交通工具停靠站迎宾礼仪

1. 迎宾人员

一般来说,迎送人员与来访客户的身份要相当,但如果接待方当事人因临时身体不适或不在当地等原因不能前来迎送也可灵活变通,由职位相当的人士或由副职出面。遇到这种情况,应从礼貌出发向对方做出解释。另外,迎宾人员最好与来访客户专业对口。

2. 迎宾地点

来访客户的地位身份不同,迎宾地点往往有所不同。一般情况下,迎宾的常规地点有:交通工具停靠站(机场、码头、火车站等)、来宾临时住所(宾馆)、东道主的办公地点门外等。在确定迎宾地点时,还要考虑双方的身份、关系及自身的条件。

3. 迎宾时间

到车站、机场去迎接客人,应提前到达,绝不能迟到让客人久等。客人刚下飞机或下车就能看见有人等候,一定会感激万分;如果是第一次到这个城市,还能因此获得一种安全感。若迎接来迟,会使客人感到失望和焦虑不安,还会因等待而产生不快,事后无论怎样解释都无法消除这种失职和不守信誉造成的印象。

4. 迎宾标识

如果迎接人员与客人素未见面,一定要事先了解一下客人的外貌特征,最好举个小牌子去迎接。小牌子上尽量不要用白纸写黑字,这样会给人晦气的感觉;也不要写"××先生到此来",而应写"××先生,欢迎您""热烈欢迎××先生"之类的字样;字迹力求端正、大方、清晰,不要用草书书写。一个好的迎宾标识,既便于找到客人又能给客人留下美好印象——当客人迎面向你走来时会产生自豪感。在单位门口,不要千篇一律地写上"Welcome"一词,而应根据来宾的国籍随时更换语种,这样会给来宾亲切感。

5. 问候与介绍

接到客人后切勿一言不发、漠然视之,要主动与客人略作寒暄,比如说一些"一路辛苦了""欢迎您来到我们这个美丽的城市""欢迎您来到我们公司"之类的话。然后要向客人介绍自己的姓名和职务,如有名片可以同时递上;客人知道你的姓名后,如一时还不知如何称呼你,你可以主动表示:"就叫我小×或××好了。"其他接待人员也要逐一向客人作自我介绍,有时可由领导介绍,但更多的时候是由秘书承担这一职责。在作介绍时,态度要热情,要端庄有礼,要正视对方并略带微笑,可以先说"请允许我介绍一下",然后按职务高低将本单位的人员依次介绍给来宾。对于远道而来、旅途劳顿的来宾,一般不宜多谈。

6. 握手

握手是见面时最常见的礼节,双方相互介绍之后应握手致意。握手时要注视对方,微笑致意,并使用"欢迎您"等礼貌用语。迎接来宾时,迎宾人员一定要主动与对方握手。

7. 献花

有时迎接重要宾客还要向其献花,一般以献鲜花为宜,并要保持花束的整洁、鲜艳。在社交场合,献什么花、怎么献花,常因民族、地域、风情、习俗、目的的不同而有所区别。一般情况下,应注意从鲜花的颜色、数目和品种三个方面加以考虑。

8. 为客代劳

接到来宾后,在走出迎宾地点时应主动为来宾拎拿行李,但对来宾手上的外套、坤包或是密码箱等则不必"代劳"。客人如有托运的物件,应主动代其办理领取手续。

三、陪车礼仪

来访客户抵达后从交通工具停靠站到住地,以及访问结束后由住地到交通工具停靠站,有时需要主人陪同乘车。

主人在陪车时,应请客人坐在自己的右侧。有司机的时候,后排右位最佳,应留给客人。上车时,应主动打开车门,以手示意请客人先上车,自己后上。一般最好让客人从右侧门上车,主人从左侧门上车,以免从客人座前穿过。如客人先上车坐到了主人的位置上,则不必请客人挪动位置。

在接待客人时,客人一般会对将要参加活动的有关背景资料、筹备情况、有关建议,当地风土人情、气候、物产,富有特色的旅游点,近期本市发生的大事,本市知名人士的情况,当地的物价等感兴趣。所以,接待人员要向客人就上述信息作必要的介绍。

四、宾馆入住与探访

将来访客户送至宾馆,要主动代其办理登记手续,并将其送入房间。进入宾馆房间后,应告知来访客户餐厅何时营业,有何娱乐设施,有无洗衣服务等情况以便客人心中有数。一般来说来访客户到达,最关心的是日程安排,所以应事先制订活动计划。来访客户到宾馆后,应马上将日程表送上,以便其据此安排私人活动。根据活动安排,来访客户将与哪些人会面与会谈,也应向其作简略介绍。为了帮助来访客户尽快熟悉访问地的情况,还可以准备一些有关这方面的出版物给客人阅读,如本地报纸、杂志、旅游指南等。考虑到来访客户旅途劳累,主人不宜久留,应让其早些休息,离开前要说好下一次见面的时间和地点,并留下自己的地址和电话号码,以便来访客户有事联系。

从客户入住到来探访之间的时间不宜太长,太长了会显得不礼貌;也不能太短,太短了也许客户还没来得及整理行李,有的女士还要换服装,洗脸后略施淡妆。一般在客人入住至少一个小时之后来探望比较合适。对于这一点,也应该事先让客户知道,以便让他们有所准备。如果客户身份比自己高,最好请公司相关领导与自己一同探望,以显郑重。

五、引导客人的礼仪

1. 向客户行鞠躬礼

15°的鞠躬行礼是指打招呼，表示轻微寒暄；30°的鞠躬行礼是敬礼，表示一般寒暄；45°的鞠躬行礼是最高规格的敬礼，表达深切的敬意。在行礼过程中，不要低头而要弯下腰，但不能看到自己的脚尖；要尽量举行自然，令人舒适；切忌用下巴向人问好。

2. 引导手势要优雅

男性接待人员在作引导时，应在访客进来时行礼鞠躬，伸出手的时候眼睛要随着手动，手的位置在哪里眼睛就跟着去哪里。如果访客问"对不起，请问经理室怎么走？"，千万不要口中说着"那里走"，手却指着不同的方向。女性接待人员在作指引时，手要放下来，否则会碰到其他过路的人，等到必须转弯的时候，需要再次打个手势告诉访客"对不起，我们这边要右转"。打手势时切忌五指张开或表现出软绵绵的无力感。

3. 注意"危机"提醒

在引导过程中，要注意对访客进行危机提醒。比如，在引导访客转弯的时候，熟悉地形的接待人员知道在转弯处有一根柱子，就要提前对访客进行危机提醒；如果拐弯处有斜坡，就要提前对访客说"请您注意，拐弯处有个斜坡"。对访客进行危机提醒，让其高高兴兴地进来，平平安安地离开，这是每一位接待人员的职责。

4. 上下楼梯的引导方式

引导客户上楼梯时，假设接待者是女性，应请客人先走，客人从楼梯里侧向上行，引导者走在中央，配合客人的步伐速度引领；而引导客户下楼梯时，引导者应走在客人的前面，客人走在里侧，引导者走在中间，边注意客人动静边下楼梯。

5. 在走廊和电梯的引导方法

在走廊，接待人员应在客人的左斜前方，距离二三步远，配合步调。若左侧是走廊的内侧，应让客人走在内侧。引导客人乘坐电梯时，接待人员先进入电梯，等客人进入后关闭电梯门，到达时，接待人员按"开"钮，让客人先走出电梯。

6. 注意开启会客室大门

会客室的门分为内开和外开，在打开内开的门时不要急着把手放开，这样会令后面的宾客受伤；如果要开外开的门，就更要注意安全，一旦没有控制好门，很容易伤及客户的后脑勺。所以，开外开门时，千万要用身体抵住门板，并做一个请的动作，当客人进去之后再随后将门轻轻地扣住，这是在维护客人的安全。

7. 会客室安排和客厅引导方法

正常情况会客室座位的安排：一般会客室离门口最远的地方是主宾的位子。假设某会议室对着门口有一个一字形的座位席，这些座位是主管们的座位，而与门口成斜角线的座位就是主宾的座位，旁边是主宾的随从或者直属人员的座位，离门口最近的座位安排给年龄辈分比较低的员工。

特殊情况时会客室座位的安排：会客室座位的安排除了遵照一般的情况，也要兼顾特殊。有些人位居高职,却不喜欢坐在主位,如果他坚持一定要坐在靠近门口的座位时,要顺着他的意思,让客人自己去挑选他喜欢的位置,接下来只要做好其他座位的顺应调整就可以了。当客人走入客厅,接待人用手指示,请客人坐下,看到客人坐下后,才能行点头礼再离开。如果客人错坐下座,可提请客人改坐上座,但不要勉强。

六、奉茶的礼仪

在客户接待中,人们容易忽略奉茶中的一些小细节,从而扼杀了合作的良机。注重奉茶的细节和礼仪,才能给客户留下良好的印象,并营造出和客户商谈的融洽氛围,顺利实现企业的营销目标。奉茶要注意以下礼仪。

1. 多准备几种茶叶

对于茶,不同的客户有不同的喜好,有人喜欢绿茶,有人喜欢红茶,有人喜欢花茶……要想让客户满意,不妨绿茶、红茶、花茶、乌龙茶等各类常见茶叶都备上一些,因人而异,投其所好沏茶。

2. 茶具要专业

现在,许多人为了方便,常用一次性纸杯沏茶。生活中这无可厚非,然而在客户接待中,却显得对客户不太尊重,也让客户自此会轻视你。为客户奉茶,最好备有专业茶具,且茶具不能有破损和污垢,要洗干净、擦亮,这样才能更好地发挥茶的作用,营造商谈的和谐氛围。

3. 奉茶的讲究

奉茶多是在主宾交谈之时,这时为了不打扰客户商谈的情绪,尽量从客户的左后侧奉茶,条件不允许时也可从右后侧奉茶,切忌不可从其正前方奉茶。

给客人奉茶时,杯内的茶水倒至八分满即可,不可倒满,免得溢出来溅洒到客人身上。茶水冷热也要控制好,千万别烫着客人。茶水要清淡,除非客户主动提出浓茶要求。端送茶水最好使用托盘,既雅观又卫生;托盘内放一块抹布更好,以便茶水溢出时擦拭。端茶时,有杯柄的茶杯可一手执杯柄一手托住杯底或单手执杯柄;若茶杯没有杯柄,注意不要用手握住茶杯,以减少手指和杯沿部分的接触,更不可把拇指伸入杯内。

奉茶时可以按由右往左的顺序逐个奉上,也可按主要宾客或年长者——其他客人、上级领导——其他客人这个顺序敬奉。

4. 上茶不过三杯

中国人待客有"上茶不过三杯"的说法,第一杯叫敬客茶;第二杯叫续水茶;第三杯叫送客茶。如果一再劝人用茶,却又无话可讲,则有提醒来宾"打道回府"的意思。在面对较为守旧的客户时切忌多次劝茶和续水。

七、接待时的注意事项

1. 主动热情地接待客户

在来访客户到达本单位时,参与接待的相关领导和工作人员应前往门口迎接。进入办公室或会客室时,接待人员一般应起身握手相迎,对上级、长者、客户来访,应起身上前迎候。如果自己有事暂不能接待来访者,应安排秘书或其他人员接待来访客户,不能冷落来访客户。正在接待来访客户时,有电话打来或有新的来访者,应尽量让秘书或他人接待,以避免中断正在进行的接待。

2. 要保持亲切灿烂的笑容

笑是世界的共通语言,笑是接待人员最好的语言工具,访客接待的第一秘诀就是展现亲切笑容。当客户靠近的时候,接待人员绝对不能面无表情地问:"请问找谁?""有什么事吗?""您稍等"这样的接待会令客人觉得很不自在。一定要面带微笑地说:"您好,请问有什么需要我服务的吗?"

3. 注意使用温馨合宜的招呼语

接待来访客户时,最好不要或尽量减少使用所谓的专业术语,多使用顾客易懂话语。比如医学专业术语、银行专业术语等,许多顾客无法听懂那些专业术语,如果在与其交谈时张口闭口皆术语,就会让顾客感觉很尴尬,也会使交流受到影响。所以,招呼语要通俗易懂,要让顾客切身感觉到亲切和友善。同时,应尽量使用简单明了的礼貌用语,比如"您好""大家好""谢谢""对不起""请"等,向顾客展现自己的专业风范。另外,还应尽量使用生动得体的问候语。比如"有没有需要我服务的?有没有需要我效劳的?"这样的问候语既生动又得体。切记不要使用类似"找谁?有事吗?"这样的问候语,会让客户感到不舒服,甚至会把客户吓跑。

4. 妥善处理来访客户的意见或建议

对来访客户的意见和观点不要轻率表态,应思考后再作答复。对一时不能作答的事情,要约定时间再联系。对能够马上答复的或立即可办理的事,应当场答复,迅速办理,不要让来访者等待或再次来访。对来访客户的无理要求或错误意见,应有礼貌地拒绝,不要使来访者尴尬。

八、陪同旅游

对远道而来的客户,特别是重要客户,如果第一次来这个城市,陪同客户旅游也是常用的公关手段。具体包括以下两个方面①。

1. 事先安排

如果想安排客户在本地旅游,首先要看客户的行程安排是否允许。可以将陪同游玩的设想及日期告诉客户,征得客户的同意后再将旅游线路(含主要景点简介)、所需时间等信息告诉客户方,以征求其意见和建议。从日期上考虑,应该是处理完公务以后。游玩路线安排方面,景点不宜太多,重在著名、安全、健康、有特色、有纪念意义等。游玩之前要安排好交通工具,如果随旅游团旅游,要事先在正规的旅行社办好手续。在游玩当天,还要带上充足的饮料、零食、纸巾等物品。

如果客户方只有两三个人甚至一个人,接待方一个人陪同就可以;客户方有身份较高者时,应酌情邀请公司身份和对方差不多的同事一起陪同。如果接待者和对方很熟,也可

---

① 未来之舟. 销售礼仪[M]. 北京:中国经济出版社,2009.

以自己陪同。客户方人数较多时,陪同人员不宜一人,否则不方便照顾。

2. 注意事项

既然是旅游,而且是陪同客户旅游,应该本着"舒适、尽兴、安全"的原则,所以,无论是交通安排上还是饮食或旅游具体项目的选择上,一定要保证质量和档次。在景点买票时,安排客户稍事休息,自己去排队。如果有比自己身份低的同事在,可以请同事去买票,自己陪客户聊天,以免冷落客户。

陪同游玩时,应向客户介绍景点,特别是要介绍一些有趣的典故。如果接待者不清楚的话,应事先查阅相关资料,做好功课。游玩过程中应特别安排品尝本地的名吃、特色小吃。

商务人员还应该主动替客户买好人手一份的当地特色的旅游纪念品,如果有没同来的、自己也认识客户单位的其他人,特别是领导,应该购买后托来访的客户带回。不管客户如何要求,都不能让客户支付用餐、交通、旅游项目等费用。游玩是一件"体力活",所以旅游期间要安排好餐饮、休息,不能疲劳地连轴运转。

九、送别礼仪

俗话说:"出迎三步,身送七步。"送别是留给客人良好最后印象的一项重要工作。不管你前面的接待工作做得多么周到,如果最后的送别让来访客户备受冷落,整个接待工作就会功亏一篑。做好送别工作,关键在于一个"情"字。具体而言,送别时应注意以下礼仪。

1. 提出道别

在日常接待活动中,宾主双方由谁提出道别是有讲究的。按照常规,道别应当由来访客户先提出来,假如主人首先与来客道别,难免会给人以厌客、逐客的感觉。

2. 送别用语

宾主道别,彼此都会使用一些礼貌用语表达对对方的惜别之情,最简单、最常用的莫过于一声亲切的"再见",除此之外,"您走好!""有空多联系!""多多保重!"等也是得体的送别用语。

3. 送别的表现

一般来访客户告辞离去,商务人员只需起身将其送至门口,说声"再见"即可。如果上司要求你代其送客,则应视需要将来访客户送至相应地点。如果对方是常客,通常应将其送至门口、电梯门口或楼梯旁、大楼底下、大院门外;如果是初次来访的贵客,则要陪伴对方走得更远些。如果只将来访客户送至会议室或办公室门口、服务台边,则要说声"对不起,失陪",目送客人走远;如果将客人送至电梯门口,则宜点头致意,目送来访客户至电梯门关合为止;若将来访客户送至大门口或汽车旁,则应帮来访客户携带行李或稍重物品,并帮客户拉开车门,开车门时右手置于车门顶端,按先主宾后随员、先女宾后男宾的顺序或客户的习惯引导其上车,同时向其挥手道别,祝福旅途愉快,目送客户离去。在送别的过程中,切忌流露出不耐烦、急于脱身的神态,以免给客户带来匆忙打发他走的感觉。

课后训练

1. 小王做销售工作多年,积累了不少经验。近日,领导让他给新来的小张介绍一下接待客户的经验,如果你是小王你应怎样介绍?

2. 在你所在学校的"校园宣传日"里,要接待到校参观的学生家长和当年准备参加高考的考生,如果由你负责这项接待工作,你准备怎样做?请列出接待方案。

3. 案例分析

小张错在哪里?

小张大学毕业后在扬州昌盛玩具厂办公室工作。中秋节前两天办公室陈主任通知他,明天下午三点本公司的合作伙伴上海华强贸易有限公司的刘君副总经理将到本市(昌盛玩具厂的出口订单主要来自华盛贸易公司),这次来的主要目的是了解昌盛玩具厂是否有能力、有技术在60天内完成美国的一批圣诞玩具订单,昌盛玩具厂很希望拿到这份利润丰厚的订单,李厂长将亲自到车站接站。由于陈主任第二天将代表李厂长出席另外一个会议,临时安排小张随同李厂长一起去接刘副总经理,小张接到任务后,征得李厂长同意,在一个四星级宾馆预订了房间,安排厂里最好的一辆轿车去接刘副总经理。

第二天上午,小张忙着布置会议室,通知一家花木公司送来了一批绿色植物,准备欢迎条幅,又去购买了水果,一直忙到14:30,穿着休闲服的小张急急忙忙随李厂长一起到车站,不料市内交通拥挤,到车站后发现刘副总经理已经等待了十多分钟,李厂长不住地打招呼,表示抱歉,小张也跟着说,厂子离市区太远,加上堵车才迟到的,小张拉开车前门请刘副总上车说:"这里视线好,您可以看看我们的市容市貌。"随后,又拉开右后门请李厂长入座,自己急忙从车前绕到左后门上了车。小车到达宾馆后,小张推开车门直奔总台,询问预订房间情况,为刘副总办理入住手续,刘副总提行李跟过来。小张将刘副总送到房间后,李厂长与刘副总交流着第二天的安排,小张在房间里转来转去,看看是否有不当之处。片刻后,李厂长告辞,临走前告知刘副总晚上六点接他到扬州一家著名的餐馆吃晚饭。

小张随李厂长出来后,却受到李厂长的批评,说小张经验不够。小张觉得很冤枉,自己这么卖力,又是哪里出错了?

(资料来源:杜明汉.商务礼仪——理论、实务、案例、实训[M].北京:高等教育出版社,2010.)

思考讨论题:

(1) 小张的接待准备工作充分吗?

(2) 小张在礼仪上有什么不足?

(3) 小张接到这份接待工作后,应该怎样做更合适?

参考文献

1. 蒋俊凯,陈辉. 公共关系理论与实务教程[M]. 北京:化学工业出版社,2020.
2. 张丽娟. 公共关系实务[M]. 北京:中国人民大学出版社,2020.
3. 周朝霞. 公共关系[M]. 北京:机械工业出版社,2019.
4. 韩金. 公共关系——理论·案例·实训[M]. 北京:清华大学出版社,2019.
5. 殷智红. 公共关系实务[M]. 大连:东北财经大学出版社,2017.
6. 孙延敏. 公共关系入门:理论与案例[M]. 上海:上海交通大学出版社,2013.
7. 方莉玫,熊畅. 公共关系实务[M]. 北京:机械工业出版社,2013.
8. 李国辉. 生客卖礼貌,熟客卖热情:一本书学会销售礼仪[M]. 北京:机械工业出版社,2012.
9. 毕文杰. 你的职场礼仪价值百万[M]. 北京:中国画报出版社,2012.
10. 李霞,胡红霞,甘琛. 秘书礼仪实务[M]. 杭州:浙江大学出版社,2012.
11. 何燕子,欧绍华. 公共关系理论与实务[M]. 合肥:合肥工业大学出版社,2012.
12. 李鸿欣,冀鸿,冯春华. 公共关系原理与实务[M]. 北京:北京大学出版社,中国农业大学出版社,2011.
13. 谢红霞. 公共关系原理与实务[M]. 大连:东北财经大学出版社,2011.
14. 中国国际公共关系协会. 最佳公共关系案例(第9届)[M]. 北京:企业管理出版社,2010.
15. 中国国际公共关系协会. 最佳公共关系案例(第8届)[M]. 北京:中国市场出版社,2009.
16. 朱权. 公共关系基础与实务[M]. 北京:机械工业出版社,2008.
17. 杨俊. 新型实用公共关系教程[M]. 北京:高等教育出版社,2008.
18. 赵莹. 博客公关应用价值浅析[J]. 东南传播,2008(8).
19. 谢红霞. 公共关系实训[M]. 大连:东北财经大学出版社,2008.
20. 林友华,杨俊. 公关与礼仪[M]. 北京:高等教育出版社,2008.
21. 崔志锋. 礼仪[M]. 北京:科学出版社,2008.
22. 徐克茹. 秘书礼仪实训[M]. 北京:中国人民大学出版社,2008.
23. 吴蕴慧,徐静. 现代礼仪实务[M]. 上海:上海交通大学出版社,2008.
24. 徐克茹. 商务礼仪标准培训[M]. 北京:中国纺织出版社,2007.
25. 林友华. 社交礼仪[M]. 北京:高等教育出版社,2007.
26. 吕维霞,刘彦波. 商务礼仪[M]. 北京:清华大学出版社,2007.
27. 林成益,帅学华. 现代礼仪修养教程[M]. 杭州:浙江大学出版社,2007.
28. 任焕琴. 商务公共关系学[M]. 北京:清华大学出版社,2007.
29. 王银平. 现代公共关系[M]. 北京:高等教育出版社,2007.
30. 杨丽敏. 现代职业礼仪[M]. 北京:高等教育出版社,2007.
31. 杜创国. 公共关系实用教程[M]. 北京:清华大学出版社,2007.
32. 唐树伶,等. 服务礼仪[M]. 北京:清华大学出版社,北京交通大学出版社,2006.
33. 李莉. 实用礼仪教程[M]. 北京:中国人民大学出版社,2006.
34. 杨海清. 现代商务礼仪[M]. 北京:科学出版社,2006.
35. 李由. 沃尔玛·启动博客公关大战[J]. 经营者,2006(9).
36. 谢金余. 博客公关初探[J]. 东南传播,2006(9).
37. 王冬杰. 博客行销公关之道[J]. 首席市场官,2006(6).

38. 居延安. 公共关系学[M]. 上海：复旦大学出版社,2006.
39. 曾琳智. 新编公关案例教程[M]. 上海：复旦大学出版社,2006.
40. 熊越强. 公共关系实务[M]. 北京：清华大学出版社,2006.
41. 王世胜. 企业网络公共关系的实践与应用[J]. 新乡：河南机电高等专科学校,2005(3).
42. 黄寰,谢敏. 对网络公共关系的几点思考[J]. 哈尔滨：商业研究,2005(18).
43. 周黎民. 公关策划[M]. 武汉：华中理工大学出版社,1997.